国家哲学社会科学基金项目(08BZZ026)和
国家自然科学基金项目(70773047)资助

聚焦三农：农业与农村经济发展系列研究（典藏版）

征地补偿费分配制度研究

张安录等 著

科学出版社

北京

内 容 简 介

本书以湖北省为研究对象，分析国内外征地补偿制度及其研究理论基础，综合运用动态分析和静态分析、规范分析和实证分析、比较分析、统计与调查，以及文献研究和经验借鉴相结合的方法，探讨在公益性、非公益性和隐形市场下征地补偿费分配的调整机制。基于农地价值理论和阿马蒂亚·森（Amartya Sen）的可行能力理论，探讨了土地征收中土地产权主体的经济补偿和征地补偿费的分配，提出对产权主体的补偿标准和补偿方案。借鉴我国经济发达地区征地补偿的经验，对失地农民的社会保障资金来源和运行管理模式提出了政策建议。

本书可供各级政府农业部门，土地资源管理、农林经济管理及资源环境管理相关领域的科研院所及高校师生参考。

图书在版编目(CIP)数据

征地补偿费分配制度研究／张安录等著. —北京：科学出版社，2010（2017.3 重印）

（聚焦三农：农业与农村经济发展系列研究：典藏版）

ISBN 978-7-03-028335-1

Ⅰ. 征… Ⅱ. 张 Ⅲ. 土地征用－土地补偿费－分配制度－研究－中国 Ⅳ. F321.1

中国版本图书馆 CIP 数据核字（2010）第 137861 号

责任编辑：林 剑／责任校对：鲁 素
责任印制：钱玉芬／封面设计：王 浩

科学出版社 出版
北京东黄城根北街 16 号
邮政编码：100717
http://www.sciencep.com

北京京华虎彩印刷有限公司 印刷
科学出版社发行 各地新华书店经销

*

2010 年 7 月第 一 版 开本：B5（720×1000）
2010 年 7 月第一次印刷 印张：16 3/4
2017 年 3 月印 刷 字数：323 000

定价：99.00 元

（如有印装质量问题，我社负责调换）

张安录，男，1964年1月出生，湖北麻城人，博士。现为华中农业大学土地管理学院教授，博士生导师。2004年入选首届教育部新世纪优秀人才支持计划。兼任中国土地学会常务理事、中国土地学会学术工作委员会副主任、中国土地学会青年工作委员会副主任、教育部全国高校公共管理类学科教学指导委员会土地资源管理指导组成员、全国高校土地资源管理院长（系主任）联谊会副会长、中国生态经济学会资源与环境经济学专业委员会副主任、中国高等院校房地产联谊会理事、湖北省土地学会副理事长、华中农业大学学术委员会委员、华中农业大学学位委员会委员、华中农业大学职称评定委员会委员、湖北省高等学校优秀中青年科技创新团队带头人、教育部长江学者奖励计划评审专家等学术职务。

多年来一直从事土地资源管理、自然资源与环境经济学等领域的科学研究，主持过国家自然科学基金项目（编号：79770039、70273012、70373054和70773047）4项、国家社会科学基金项目（编号：08BZZ026）、高等学校博士学科点专项科研基金（编号：20070504020）、教育部新世纪优秀人才支持计划（编号：NCET-04-0738）、中华农业科教基金（编号：98-04-07-01）、美国福特基金、湖北省高等学校优秀中青年科技创新团队计划等20余项科学研究课题，发表过学术论著100余篇（部），获得过全国优秀博士学位论文提名（导师）、湖北省优秀博士学位论文奖（作者）等10余次。

总　　序

农业是国民经济中最重要的产业部门，其经济管理问题错综复杂。农业经济管理学科肩负着研究农业经济管理发展规律并寻求解决方略的责任和使命，在众多的学科中具有相对独立而特殊的作用和地位。

华中农业大学农业经济管理学科是国家重点学科，挂靠在华中农业大学经济管理学院和土地管理学院。长期以来，学科点坚持以学科建设为龙头，以人才培养为根本，以科学研究和服务于农业经济发展为己任，紧紧围绕农民、农业和农村发展中出现的重点、热点和难点问题开展理论与实践研究，21 世纪以来，先后承担完成国家自然科学基金项目 23 项，国家哲学社会科学基金项目 23 项，产出了一大批优秀的研究成果，获得省部级以上优秀科研成果奖励 35 项，丰富了我国农业经济理论，并为农业和农村经济发展作出了贡献。

近年来，学科点加大了资源整合力度，进一步凝练了学科方向，集中围绕“农业经济理论与政策”、“农产品贸易与营销”、“土地资源与经济”和“农业产业与农村发展”等研究领域开展了系统和深入的研究，尤其是将农业经济理论与农民、农业和农村实际紧密联系，开展跨学科交叉研究。依托挂靠在经济管理学院和土地管理学院的国家现代农业柑橘产业技术体系产业经济功能研究室、国家现代农业油菜产业技术体系产业经济功能研究室、国家现代农业大宗蔬菜产业技术体系产业经济功能研究室和国家现代农业食用菌产业技术体系产业经济功能研究室等四个国家现代农业产业技术体系产业经济功能研究室，形成了较为稳定的产业经济研究团队和研究特色。

为了更好地总结和展示我们在农业经济管理领域的研究成果，出版了这套农业经济管理国家重点学科《农业与农村经济发展系列研究》丛书。丛书当中既包含宏观经济政策分析的研究，也包含产业、企业、市场和区域等微观层面的研究。其中，一部分是国家自然科学基金和国家哲学社会科学基金项目的结题成果，一部分是区域经济或产业经济发展的研究报告，还有一部分是青年学者的理论探索，每一本著作都倾注了作者的心血。

本丛书的出版，一是希望能为本学科的发展奉献一份绵薄之力；二是希望求教于农业经济管理学科同行，以使本学科的研究更加规范；三是对作者辛勤工作的肯定，同时也是对关心和支持本学科发展的各级领导和同行的感谢。

李崇光

2010年4月

目　录

第1章 绪 论

1.1 征地补偿费分配制度的研究背景

世界经济发展的历史经验表明，人类社会的进步是一个不断由传统农业文明转向现代城市文明的全方位的结构转换过程，这一过程的社会标志便是城市化。城市化的产生和发展是农业不断发展和社会不断分工的结果。马克思在一百多年前就指出：现代化的历史是“乡村城市化”。发达国家的城市化发展经验也表明，一个国家的城市化水平达到30%以后，就进入城市化加速期[①]（沈建国，2000）。城市化的发展一方面使社会财富以前所未有的速度累积，土地等生产要素从农业向非农产业急剧转移，由此引起经济增长速度进一步加快；另一方面，大量的农业用地转为城市用地，给国家粮食安全问题和生态环境的保护带来了极大压力。土地征收是一个不可逆的过程，农业用地一旦征收为城市建设用地，将很难逆转。因此，研究土地征收问题意义重大。

我国土地资源的配置是由市场机制和政府调控机制共同实现。市场机制主要利用价格杠杆配置土地资源，即根据土地利用的经济效益调节土地资源的配置。从经济理论上讲，只要农地价值低于征收后的市地价值，就存在着土地征收的可能，但是农地不仅具有经济价值，还具有生态价值和社会价值。如果仅考虑农地的经济价值，按照市场规律决定征收与否，则会导致征收失控。因此，国家也采用调控手段，利用行政、法律和经济等手段配置土地资源，严格控制土地征收。

土地征收和土地征用是我国农村土地（农地）转为城市建设用地的合法途径。农村土地一般属于农民集体所有，集体拥有农村土地的所有权，农民拥有农村土地的承包经营权。城镇土地一般属于国家所有，城市政府代表国家行使国有土地的管理权、经营权和收益权，并享有受限制的支配权。农村土地一旦被征为国有土地，所有权就发生了转移，这种行为是一种强制性行为，村集体和农民在

① 美国地理学家诺瑟姆（May. M. Northam）发现，各国城市化发展的轨迹是一条S形曲线。一般认为，城市化水平在30%以下为初期阶段，30%～70%是中期阶段，70%以上是后期阶段。而城市化水平30%正位于S形曲线的拐点，将进入加速发展的中期阶段。

土地征收过程中的决策权比较小，土地征收后他们仅获得一定的补偿。土地征收过程中产生的收益在国家、地方政府、农村集体和农民之间进行分配，但不均衡。

我国实施了世界上最为严格的耕地保护制度。政府严格控制农地城市流转，然而土地资源却并没有得到合理有效的利用，用地矛盾也未得到有效的缓解，因土地而产生的社会问题依然突出。具体表现在以下四个方面。

1.1.1 农地城市流转速度过快，耕地面积锐减，威胁我国的粮食安全

据统计，1986~2002年，每年都有约16.84万公顷的耕地转变为非农用地，而人口每年新增1400万左右。我国人均耕地资源仅为0.11公顷，占世界人均耕地的1/3（保护耕地问题专题调研组，1997）。特别是在经济发达地区，城市化和工业化进程造成了耕地资源的大幅度减少，如“八五”计划期间，江苏苏南地区耕地损失率达0.4%~0.6%（曲福田等，2001）。改革开放以来，我国的耕地呈直线递减的趋势，而且这种趋势还在加快，短期内可能无法逆转（陈江龙等，2003），而人口却呈递增趋势，两者形成一个剪刀状。一方面是耕地的急剧减少，另一方面是人口的迅速膨胀，中国人的吃饭问题成为许多学者关心的问题。1994年，美国世界观察研究所所长莱斯特·布郎提出了《21世纪谁来养活中国》的疑问，一时间，粮食安全成为决策者和学者们所关注的焦点问题。“中国土地的人口承载潜力研究”课题组成果表明（郑振源，1996），如果在土地资源上仅以低、中水平进行投入，按照日摄入热量2720千卡路里①、蛋白质74克的营养水平，中国的土地潜力最多可以供养13.98亿人。中国要养活自己的人口，必须满足以下条件：①保护耕地，使耕地总面积不低于1.2亿公顷；②不断提高对土地的投入，努力实现现代化；③控制人口，使全国人口在2050年维持在16亿之内；④引导消费，保持东方型的膳食结构。也就是说，中国既要保护耕地和控制人口，又要增加土地投入，才能养活自己的人口。这就要求必须要把握土地征收合理的度。

1.1.2 在土地征收的过程中，农民的权益得不到保障引发社会矛盾

一是农民土地收益流失严重。粗略估计，改革开放以来，因征地导致农民被“剥夺”的收益在2万亿元以上（陈锡文，2002）。二是农民失地又失业。在现行的征地制度下，对农民土地的征收意味着土地的所有权由原来的集体所有变成了国家所有，农民失去了赖以生存和养老的土地，仅仅得到数额不多的土地补偿

① 1卡路里=4.184焦耳。

费、安置补助费和地上附着物补偿费，这些费用难以让失去土地的农民保持以前的生活水平，并且这些农民的就业问题也没有得到妥善解决。他们文化水平低，综合素质不高，如果不进行再就业培训，他们很难在城市找到就业的机会。这些农民失地又失业，经济状况严重恶化。三是农民的社会保障制度不健全。被征地的农民名义上已经转变为城市居民，但实际上他们却没有享受城市居民的待遇（陈映芳，2003）。被征地农民的医疗保险、社会保险、养老保险和城镇居民最低生活保障体系都还不健全。另外，农民工的权益和子女就学的问题也得不到有效保护，这些问题都给社会稳定造成极大的隐患（陈传锋等，2005）。

1.1.3 在征地过程中，土地增值收益和征地补偿费分配不公，加剧了社会矛盾

现行的征地补偿按土地的农业产值来计算征地补偿标准，这样的补偿标准显然是以土地农用且存在工农产品价格剪刀差为基础的，并没有考虑到农民的非生产性收益。原有的征地补偿标准已经不能确保提高甚至维持征地前农民的生活问题，也难以取代征地后不断强化的土地保障功能。在征地补偿分配结构中，征地补偿费主要应该是对农民的补偿。但在实际中，农民仅能得到补偿费的5%～10%，且往往由于征地暗箱操作、征地补偿费分配混乱、县级及以上政府截留的比例相对较高，致使农民得到的份额相对较少，造成大量的上访、对抗事件。来自国土资源部办公厅的一组统计数据显示：群众来反映征地纠纷、违法占地等问题的占信访接待部门受理总量的73%，其中有40%的人上访诉说的是征地纠纷问题，这其中有87%反映的是征地补偿问题，而在反映征地问题的上访中，有一半是集体上访（刘田，2002）。非公共利益性质的征地行为导致农民的土地发展权被无偿剥夺，从而使农民无法从以土地开发为先导的工业化、城市化进程中受益，显然有失公平。更何况，如此之低的补偿费还被行政权力阶层层层克扣、拖欠甚至打白条，农民权益严重受损，经济和精神受到双重打击，政府却从征地中获得了巨额收益（曲福田等，2001；黄祖辉等，2002；钱忠好，2004a）。

1.1.4 城乡分割的二元经济体制阻碍了城市化进程，城乡关系进一步对立

改革开放以前，中国城市化在政府主导下发展，城乡分割的二元经济体制阻碍了城市化的进程。1978年以后，市场逐渐在资源配置中发挥基础性作用，劳动力和农地城市流转开始在市场的作用下有序进行，城市化以空前之势兴起。我国以征地方式促成的农地城市流转，一方面加快了城市化和工业化的进程，另一方面造

成了农民生活水平下降和失地失业等问题的加剧，使城乡关系进一步对立。

土地征收问题不仅是关系到我国经济发展和粮食安全的重要问题，也是保障农民利益、维护社会稳定的一个关键问题。中央政府清楚地认识到该问题的重要性，因此，制定了严格的土地用途管制、农地城市流转审批制度和征地补偿制度。为什么以上的种种问题和矛盾依然严重呢？归根结底是由于制度的缺陷。土地征收过程中巨大的利益驱动和利益分配的不公导致了以上问题。十六大报告也指出，要“消除不利于城市化发挥职能的体制和政策障碍”。在此背景下，通过制度创新来推动城市化的发展已成为人们的共识。因此，本书研究的目的是通过土地征收及补偿制度的演变，探寻制度变迁的一般规律，同时，借鉴国内外土地征收及补偿制度的经验，为土地征收补偿制度的改革及利益关系的调整提供科学依据。本书首先从理论上探讨了土地征收的合理补偿和土地征收利益关系的调整，然后将理论分析与现实中的土地征收补偿和土地利益关系进行对照，得出土地征收补偿和利益关系的调整方向，从而进行制度的改革。因此，本书希望从土地征收补偿和利益关系两方面入手进行研究，探寻合理的征地补偿及利益分配制度，协调好征地过程中各个利益主体的关系，使土地资源更好地为社会经济发展服务。

1.2 国内外研究进展

1.2.1 国外研究动态

征地是政府为了公共利益而依法协商或强制取得私人土地并给予补偿的行为。为了公共目的，政府动用最高权（sovereign power）和公权力（public power）征收或征用私人土地的现象无论在资本主义国家，还是社会主义国家都是普遍存在的（Sax，1964，1971；Barlowe，1978；Olson R K and Olson A H，1999）。然而，各国由于其土地制度相异、社会发展背景不同、经济发展处于不同的阶段，因此，在制度安排、公共目的的界定、给土地所有权人或相关财产受侵害人的补偿等方面也不尽相同（Schwarzwalder，1999）。

尽管如此，国际上征地制度实施与相关研究的趋势可以归纳为公共利益界定、征地补偿、征收制度和政策三个方面。

1.2.1.1 征地公共利益的界定

公共利益的界定是征地难点，也是争论较大的问题。国际上主要有三种做法：明确列举、司法裁定和举行听证。日本将公共利益明确地界定为 35 种（Schwarzwalder，1999），其他类似做法的还有印度（Singh，2006）、德国、意大利等国；美国、菲律宾、澳大利亚、法国、越南等国则对公共利益的一般原则给予规定，给司法机构较大的裁量权；巴西、墨西哥、韩国等国则对公共利益采取原则性规定与列举式规定并用。

1.2.1.2 征地补偿

征地补偿是整个征地过程的关键，国际上征地补偿的理论可归纳为三种，即完全补偿（complete compensation）理论、适当补偿（appropriate compensation）理论和公正补偿（just compensation）理论。日本采用的补偿就是适当补偿，其他国家大多采用公正补偿（Schwarzwalder，1999）。即使是经济贫困的国家，如津巴布韦（Moyo，2005）、纳米比亚（Treeger，2004），也是采用公正补偿。关于补偿的标准确定，国际上通行的做法是以被征收（征用）土地的市场价值为基础，统筹考虑产权受侵害者的财务损失（financial loss）、土地利用状况、土地市场和过去征地补偿的历史、征地时间、土地投入构成等因素（Treeger，2004）。工业化国家多依据1938年联合大会提出的所谓Hull公式，并考虑以上因素来确定补偿费；发展中国家由于经济困难，反对使用Hull公式，而采用适当补偿或公正补偿，且不包括未来利润损失的（中间）平均补偿量（Brownlie，1998；Dugard，2001，2003）。BRS（Blume，Rubinfield，Shapiro）理论认为，如果征收补偿是以市场价值为基础的，那么个人投资多少的决策将忽视征收的可能性，个人的最优投资水平将是私人收益和私人成本相等的那点，它独立于财产损失的可能性。这样忽略破坏有价值财产造成的社会成本将可能带来无效率的结果：从社会的角度看，将出现过度投资的情况。从另外的角度看，如果给予一次性的补偿，这种补偿独立于财产上的投资费用，那么私人的预期损失将反映社会损失，一个有效率的投资决策将会作出，但是这种零补偿理论存在很大争议，因为实际上法庭常常偏向于依据市场价值给予补偿，许多法律和经济上的分析也支持这种补偿。政府采取征收手段来增加社会效率的时候应该为之付费（Giammarino，2005）。Burrows（1991）研究了强制征购（compulsory acquisition）的补偿问题，他认为补偿应该达到三个目标：对财产损失者提供公平的保护；给政府一个恰当的刺激把私人部门的损失包含在该项目的成本－收益分析之内；将财产损失者肆意从事无效率行为的激励最小化。Fishel和Shapiro（1988）区分了实物征收和管制征收在补偿上的差异。实物征收是征收了全部的所有权。政府试图首先在公开市场下购买这些土地；政府享有的征地权能够迫使犹豫的土地所有者放弃土地，而得到法院补偿的判决。管制征收是指政府限制了一个所有权的自然状态，如政府制定或改变一个管制的法规，使某块土地的价值降低。这些情况下，政府经常减少应提供的公平补偿，甚至不补偿管制征收。Esposto（1996）的分析指出，政府强制征收时，其必须支付的宪法规定的“公平补偿”数量是不确定的（因为1979年，美国最高法院承认市场价值和公平补偿的区别，规定市场价值不是公平补偿的单独衡量标准）。因此，补偿大小最终可能由法庭判决。于是，“公平补偿”能够减少政府征收的偏好。然而，“公平补偿”由此引发了对补偿大小的争议。Fishel（1996）和 Shapiro（1988）认为，土地征收补偿具有双重目的：一是对私人财产提供足够保护；二是约束国家权力，因为如果不要求补偿，国家权力很容易被滥用。Blume 和 Rubinfield（1984）曾运用保险模型来解释征收补偿。他们认为，由于存在道德风险和逆向选择的缘故，对于可能发生的土地征收不能由商业保险公司向被征地者提供商业保险；而国家对居民财产的征收补偿相当于一种政府保险，居民缴纳的税收相当于是一种保险费，因此，土地征收补偿具有保险功能。Farber（1992）认为，土地征收补偿的目的是为了保护私人财产利益不因政治上的不公而受到损害。这种理论集中讨论对土地实物征收的补偿，并注重防范由于政治权力滥用而对弱势群体造成危害。

1.2.1.3 征收制度和政策

荷兰 Erasmus 大学微观经济学系的 Janssen 和 Niehoff（1996）在信息不对称的前提下，建立了单方报价的博弈模型，解释政府和农民达成一致的过程；美国伊利诺伊州立大学金融系的 Trefzger 和法律系的 Colwel（1996）研究以市场价值为衡量标准的公正补偿，认为土地征收（takings）价格太高，尚不足以实现社会最优；美国特拉华大学的 Mangone（2002）研究政府为保护环境对湿地和海洋征收而带来的社会冲突；美国东密歇根大学经济系的 Esposto（1996）对征地制度（eminent domain）的社会最优问题和风险以及政治经济问题进行了研究；美国密西根大学的 Blume 和伯克利大学的经济学和法学教授 Rubinfeld（1984）对征地补偿进行了经济学分析；美国亚利桑那大学的经济学教授 Inne（2000）对私人土地及其公共使用价值被征和补偿进行了经济分析；Thompson（1997），Innes，Polasky 和 Tschirhart（1998）对为美国濒临物种征地的经济补偿问题进行了研究；Moyo（2005）对津巴布韦因土地改革以及土地征用的公平性问题和 Treeger（2004）对纳米比亚土地征收的法理问题进行了分析；Peterson（1990）、Thompson（1997）对美国征地条款和政治程序进行了法理分析。Burrows（1991）认为一个补偿机制最大的挑战是要达到三个目标：①提供对失去所有权者公正的保护；②确保政府有适当的动机把私人方面的损失纳入公共工程的成本收益评估中；③最小化失去所有权者放纵地实施无效率行为的动机。

1.2.2 国内研究动态

1.2.2.1 有关土地征收制度的研究

国内对土地征收方面的科学研究起步比较晚，始于 20 世纪 80 年代中后期，并且研究内容也比较零散。20 世纪 90 年代以后，伴随着我国工业化和城市化进程的加快，粮食安全问题、耕地保护问题以及生态环境问题日益严重，土地征收问题越来越受到学者们的关注，其研究成果也大大增加。国内学者对土地征收问题的研究主要集中于这样几个方面，即征地权行使范围、“公共利益”界定、征地补偿、失地农民问题及征地制度改革等。

（1）关于征地权行使范围和“公共利益”界定的探讨

目前，我国普遍存在着征地范围过大的问题，这是法律上的矛盾导致了土地征用权滥用（汪晖，2002）。我国缺乏对土地征用的公益限制，《中华人民共和国宪法》和有关法律都没有明确规定（黄东东，2003）。只有当公共利益需要土地时，国家才能行使土地征地权。公共利益需要的具体判断标准应该是该用地项目具有不可分割性、受益的非排他性和不以营利为目的（陆红生和韩桐魁，2003）。公共利益又是一个动态的概念，补偿理论与原则的选择随经济发展而变化，土地征收是政府引导土地利用的重要权力。由于公共利益需要，土地产权从绝对性向社会性转化，产生了政府的土地征收权（陈江龙和曲福田，2002）。邱长生（2006）从土地征收补偿制度的功能来看，认为激励与约束功能失衡，导致农用地转为非农地的速度过快，各种用途的用地比例失调和不合理，从而也加剧了资源配置的不当，补偿保障功能的有限及过小或弱化都会进一步激化农民与政府的矛盾，影响社会稳定。钱忠好（2004a）也指出，现阶段我国土地征收已呈现出一定的非均衡态势。为最大限度地避免土地征收的政策失灵，实现土地征收由非均衡向均衡的转变，关键是要严格界定“公共利益”的范围；完善征地补偿机制和安置制度；增强征地过程的透明度；加强征地监督。

（2）关于征地补偿的探讨

我国征地补偿费偏低，这个在学术界已经达成了共识。有些学者认为征地补偿费偏低是地权歧视、原始积累、政府双重职能混淆的表现（陈利根和陈会广，2003；黄贤金，1996）。土地征收补偿理论与原则的选择已经与我国当前的社会经济背景不适应（陈江龙和曲福田，2002）。陈泉生（1994）论述了土地征收补偿的性质、理论依据和原则，并借鉴世界各国土地征收补偿的范围和标准，认为我国土地征收补偿应扩大补偿范围和提高补偿标准，避免土地征收与地产经营出现较大差距，以维持农民现有的生活水平。随着市场经济的发展，客观上要求土地作为一种商品，其价值由市场来确定。关于征地补偿，唐健（2004）归纳出几种观点：一是原用途加社会补偿；二是市场价值或高于市场价值补偿；三是征地补偿对损失补偿范围与标准均呈日渐放宽之势。刘慧芳（2000）在对我国农地地价构成和量化进行研究后，认为农地转用价格应包括农地质量价格和农地社会价值，其中，农地社会价值包括农地对农民所具有的社会保障价值和农地为社会提供粮食安全所具有的社会稳定价值，并对这三部分价值在各产权之间进行分配。

刘卫东（2006）从失地农民土地财产权益的实际损失补偿的角度分析，他认为征地补偿费应该包括土地的机会成本、城市居民最低生活保障待遇（包括补助最低生活费、医疗保险、养老保险、失业保险等）、失地农民再就业培训费和失地农民创造就业机会的基本投资差额。黄贤金等（2001）认为，征地费应参照被征土地的市场价，国家征地按土地原用途的实际收益确定补偿的做法，应改为按其预期收益来确定。对经营性用地，征地补偿应参照被征土地相邻地区的市场价格予以补偿；对公共性质事业用地，应以基准地价为准或接近市场价格水平补偿，一般是市场价格的80%～90%。黄祖辉和汪晖（2002）对土地发展的补偿方式界定为两种：一种是城市规划中的分区控制，不需要进行补偿；另一种是对在土地规划区、保护区中的土地加以限制，如基本农田保护区，应当予以补偿。

（3）失地农民问题的探讨

对于征地过程中侵犯农民权益的问题，学者们也进行了分析。陈映芳（2003）认为，我国非公共利益的征地行为剥夺了集体土地发展权，使集体土地使用者遭受双重损失。低补偿高消费使征地农民的生活很难维持以前的水平。被征地农民就业难，他们不愿像外来农民工那样过反生活原则的日子，他们想过城市居民那样有意义的生活。可被征地者的非市民待遇和市民意识将引起社会矛盾（林毅夫，2004）。肖屹和钱忠好（2005）结合中国土地征收的实践，探讨了土地征用中农民土地权益受损的问题。交易费用产生土地产权公共域Ⅰ和公共域Ⅱ，农民组织谈判能力的缺乏导致农民无法有效获取公共域中的土地产权。要切实维护农民土地权益就必须降低土地征用中由非正常因素产生的交易费用，提升农民的组织谈判能力。肖屹等（2008）采用理论模型分析法、实证分析法和比较分析法分析土地征用中农民土地权益受损程度的问题。研究结果表明，由于政府垄断、工农产品价格“剪刀差”以及市场失灵的存在，扭曲了土地收益分配格局，使得土地征用中农民权益受损严重。鲍海君和吴次方（2002）认为，在城市化进程中，农村集体土地将被大量征收，大量农民将成为失地农民。现行的征地安置标准过低，且方式单一，导致大量失地农民转化为城市贫民，其结果必然会影响到社会的安定。建立失地农民社会保障体系，既可使他们获得基本的生存权与发展权，又可促进社会稳定发展。

（4）关于征地制度改革的探讨

对征地制度改革的探讨，目前存在五个主要分歧：一是政府是否该垄断城市土地一级市场；二是按原用途补偿是否合理；三是是否该提高补偿标准；四是征收土地是否需要一家一户与农民协商；五是征地目的是否正当（唐健，2004）。虽然目前存在以上的几种分歧，但是在有些方面学术界达成了一致。例如，产权残缺和市场畸形是导致征地制度缺陷的根源（张合林，2006）。我们需要明确界定公共利益，规范政府土地征收行为；提高土地征收补偿标准，完善土地征收补偿机制；完善社会保障体系，赋予农民国民待遇；建立有效约束机制，避免政府暴力潜能；打破政府土地征收垄断坚冰，允许非农建设用地入市（钱忠好，2004）。林毅夫（2004）就征地问题进行了探讨，他认为问题的根源是体制上有很多不适应现实要求的地方。征地补偿低导致农民抗议引起了社会矛盾。经济发展、保护耕地以及保障失地农民的利益是目前征地问题需要解决的重点，一方面要利用国际经验，另一方面要积极探索制度创新，建立一个有利的土地征收制度，保证中国经济快速平稳增长。

1.2.2.2 有关土地利益关系及收益分配的研究

有关征地过程中土地利益关系及收益分配的研究，学者们多以马克思的地租地价理论、土地产权理论、孙中山的“涨价归公”论作为理论基础，明确土地价值构成和非农化过程中的土地增值，按照“谁受损，谁补偿；谁投资，谁受益”的原则进行收益分配。但是对该问题的研究，学者们多是进行实例分析，仅仅停留在现状分析的基础上，即现实中的土地收益分配是怎么样的，但是存在着收益分配不公该如何改进，改进的理论基础是什么？“谁受损，谁补偿；谁投资，谁受益”的原则如何实施，受损如何量化，投资额如何界定，合理的利益关系又该是怎样？这样一些问题并没有得到解决。

（1）关于土地利益关系及收益分配理论的研究

于恩和和乔志敏（1997）运用马克思的级差地租理论研究土地利益关系及收益分配问题。他们认为，级差地租Ⅰ是土地物质收益，即真正的地租，应归土地所有者；级差地租Ⅱ是土地资本收益，应归土地投资者。原玉廷（2005）将马克思的地租理论运用到城市土地管理体制的“三权分离”中。按照所有者、经营者和使用者各自的权利和责任取得相应的土地收入。绝对地租归中央政府，级差地租（垄断地租）归地方政府，平均利润归城市土地的实际使用者。毛泓和杨钢桥（2000）认为，土地利益分配实质上是土地产权权能在各利益主体之间的配置。土地产权权能在各产权主体之间的不同配置，就会形成不同的土地产权结构，而不同的产权结构又会形成相应的土地利益分配格局。姜开勤（2004）认为可借鉴收益还原法进行分配，因农用地非农建设发展而产生的收益增值应归国家，因土地自然增值产生的收益应归全社会所有，征地不完全补偿，增值理应归属农民及农民集体。罗丹和严瑞珍（2004）等对我国不同农村土地非农化模式的利益分配机制进行了比较研究。综观以上的土地利益及收益分配原理，都运用了“谁投资、谁受益；谁损失，谁补偿”的原则，按照公平与效率的观点，谁在土地征收过程中利益受到损失，就应该得到补偿；谁在土地征收过程中贡献大，就应该获得相应的收益，但是损失如何测算，贡献如何剥离，尚没有人回答这样的问题。

（2）关于土地利益关系及收益分配的实证研究

很多学者把土地征收过程中的土地收益理解为征地补偿或者是城市土地中的租税费。以征地补偿为对象的研究很多，有些学者用宏观数据（或统计数据）进行分析。例如，朱道林等（2006）利用国家统计数据对全国各省 2001 年的征地补偿及转用后增值进行计算。黄朝明等（2004）对全国部分地区征地补偿费进行了分析，得出乡村集体的补偿主要以土地补偿费为主，农民主要获得青苗补偿费和地上附作物补偿费，乡村集体和农民个人的分成比例为 4∶6，西部地区农民获得的青苗补偿费和农民集体获得的土地补偿费占征地成本构成的比例较东中部高，其原因主要是西部地区农地是农民的主要生活来源和保障。西部地区的安置补助费在总费用构成中的比例比东部地区低，主要原因是东部农民转业或就业的成本较高。还有些学者以某个县市（或某个案例）进行分析。例如，马贤磊（2006）等将土地征收收益分解为自然增值和土地价格扭曲两部分，利用调查数据对比分析了 A 市和 B 市没有消除、消除部分和消除全部政府价格扭曲时的增值收益大小及其分配情况。吕彦彬和王富河（2004）及吕彦彬（2005）对某县的实证研究表明，在土地征收过程中，县、乡政府获得了占土地总收益 52. 4% 以上的收入，县级以上政府获得了约占土地总收益 15. 4% 的收入，农民利益集体获得了占土地总收益 32. 2% 的收入。显然，地方政府有强烈的征地动机来“以地生财”。汪晖（2002）以城乡结合部的土地征收为例，讨论现行法律的矛盾与滥用征地权之间的关系，分析现行土地征收制度下的征地补偿标准和征地补偿机理，探寻改革的途径。通过对浙北某县的调查发现，每亩耕地补偿费大致在 5 万元左右，其中农民能得到的是 2 万 ~3 万元，当前征地补偿标准难以保证农民维持原有的生活水平，可支配补偿费的分配形式主要有：完全归承包户；部分归个人，部分在生产队范围内分配；全部在生产队范围内分配。征地赔偿主要考虑的因素有：对被征收土地本身的赔偿；对失地农民的生活安置；对残留土地和相邻土地损失的赔偿。高珊和徐之明（2004）对江苏省的调查结果显示，全省土地征收的收益分配比例为：政府大约得 60% ~70%，村一级集体经济组织得 25% ~30%，农民只得 5% ~10%。加之征地补偿分配混乱，乡镇、村、组、农民之间缺乏可操作的统一分配方法，导致农民所得进一步减少。诸培新（2006）、曲福田等（2001）、张宏斌（2001）等也都分别以经济发达地区的某县（市）为例，计算出在征收过程中的土地收益分配关系，调查得出补偿费、各种税费以及各个利益集团获得的土地收益。

从已有实证研究来看，以发达地区居多，而对中西部的征地问题研究较少，已有研究也并没有区分用途，更没有探讨这种利益关系是否合理，该如何改进的问题。我们在调查中发现，不同用途下的土地征收补偿和利益主体间的关系差别很大。因此，本书试图对公益性征收、非公益性征收和隐形市场下土地征收的补偿及利益关系分别进行研究，同时提出调整方案。

1.2.3 研究评述

综上所述，国内外学者对土地征收问题都作了大量的研究，主要集中在公共利益界定、土地征收补偿、政府征地的制度和政策等方面。国外学者在这方面的研究相对国内起步较早，作的也更加深入。

首先，从国外对土地征收补偿及利益关系问题的研究来看，国外大多数国家实施的是土地私有制，在土地利用政策的允许范围内，由土地所有者和土地开发商直接进行土地交易。即使是因为公共利益而征收农用地也按照市场价格给予合理的补偿，被征地群体的利益得到了充分的尊重和保护，并且有严密的征地程序和法制监督体系来保证该群体的利益不受侵害。因此，相对国内而言，因土地征收补偿而引发的社会矛盾并不突出。此外，国外经济发达国家对于土地征收过程中的征地补偿、司法监督等制度都比较完善。

其次，从国内对土地征收补偿及利益关系问题的研究来看，已有的研究多是对土地征收过程中存在的问题或者现象进行探讨，如征地过量导致大量的土地闲置；征收补偿低，导致农民生活困难、失地农民问题突出；土地利益关系不合理，加剧了社会矛盾等。但是，对于这些问题存在的深层次原因是什么，如何来改进并没有进行深入的研究。对征地制度改革的探讨也只是给出了一些思路或者仅仅是一种理念，即提高征地补偿标准、严格限定征地范围、调整土地利益关系、保障安置失地农民等，但是补偿标准提高到多少，土地利益关系如何才算合理……这样一些很具体的问题学者们并没有回答。在土地利益关系方面，虽然国内学者研究得比较多，但大都是定性分析流转前后利益主体的收益情况，定量研究很少。即使作定量的研究也是以一个县（市）为例，单从总体上计算出农民、集体、地方政府和中央政府分得的土地收益份额，并没有分类别归纳出各种转换方式下各个主体之间的利益状况。

土地征收过程中的补偿及利益关系问题是目前学者们关注的焦点。随着我国城市化进程的加快，越来越多的农用地征收为城市建设用地。然而，政府给予农民的补偿低、农民的权益得不到保障、生活水平趋于下降，不合理的土地利益关系加剧了社会矛盾。本书以期探讨上述问题的深层次原因，进行定量分析，以中部地区的湖北省为例，选取有代表性的四个城市，并借鉴东部沿海地区和国际上的经验，按照公益性用途征收、非公益性用途征收和隐形市场下的征收类型，分别探讨土地征收过程中各个主体之间的利益关系，为征地制度的改革提供依据。因此本书无论是从理论上还是从实证上来讲，都具有价值和意义。

1.3 研究思路、研究内容和研究方法

1.3.1 研究思路

本书主要以已有理论研究与实践成果为基础，针对快速城镇化过程中的土地征收问题，分析了土地征收中的收益及利益关系主体，回顾了土地征收补偿制度的演变过程，找到制度变迁的一般规律。首先，本书试图从理论上探寻合理的土地征收补偿标准和利益关系的调整思路；其次，通过实地调查全面分析现实中的土地征收补偿及利益关系情况，将现实与理论下的征地补偿及利益关系进行对比，从而得出征地补偿和利益关系调整的方向，为征地制度改革提供依据；再次，借鉴国内外的先进经验，运用福利衡量指标、意愿调查法、权能等方法来研究合理的征地补偿办法；最后，结合我国江浙一带的社会保障经验，制定出适合失地农民的社会保障办法，并探讨征地补偿资金的分配模式及政策制度保障。

1.3.2 研究内容

本书的主要研究内容包括以下六个方面。

第一，研究土地征收的含义、土地征收的利益及利益关系主体、土地征收补偿制度的演变，从而探寻制度变迁的一般规律。

第二，研究近几年土地征收和补偿状况。利用农地价值理论和农地功能理论探讨合理的征地补偿标准，将现有制度下的征地补偿标准与现实征地补偿、合理性征地补偿标准进行对比，从而指导征地改革的方向。

第三，区分公益性、非公益性和隐形市场下的土地征收三种类型，分别研究征地补偿费的分配情况。按照两两主体之间的利益关系进行调整。

第四，从福利指标衡量、意愿调查法、土地产权等角度研究湖北省的合理征地补偿办法，为有关制度的出台提供理论依据。

第五，借鉴我国江浙一带的经验，研究失地农民的社会保障来源和运行管理模式。

第六，研究征地补偿资金来源、分配模式和有关政策制度的保障措施。

1.3.3 研究方法

（1）静态分析和动态分析相结合

制度本身是因社会发展而逐步完善和改进的，社会在发展、在进步，相应的

土地制度也在不断变迁。因此，对征地的补偿制度是按照时间变化，从计划经济时代到市场经济时代，探索制度变迁的过程与特征。同时，土地征收本身也是一个动态的概念，是土地用途由农地转为城市建设用地，土地所有权由农村集体转为国有的过程。然而，对每个时期、每个地区、每种征地项目下的补偿及各个利益主体的关系分析，又是采取静态的分析方法。

（2）规范分析和实证分析相结合

实证分析描述的是客观现象，回答“是什么”的问题，而规范分析在于形成一种解释现象的理论，回答“应该是什么”的问题。本书在理论研究中运用了规范分析的方法。例如，在探讨合理的征地补偿标准中，通过农地价值理论和农地功能理论，回答了合理的土地征收补偿标准应该是什么的问题。在对土地征收利益关系调整的原则与依据进行分析时，也采用了规范分析的办法。同时还运用了实证分析的方法，以湖北省为研究对象，选择了四个典型城市，通过实地调查分析了现实中的土地征收补偿及利益关系情况。本书运用这种规范分析与实证分析相结合的办法得出制度调整的方向。

（3）比较分析法

比较分析法贯穿于研究的始终，是本书运用的主要方法。比较分析法研究的思路就是将理论上探讨的合理的征地补偿标准与实际当中的征地补偿情况进行对比，找到数量偏差，进行征地补偿制度的改革。将理论上探讨的合理的利益关系与现实中的土地利益关系进行对比，找到征地制度改进的突破口。

（4）统计与调查相结合

本书涉及大量的数据，数据主要来源于三个方面。其一是国家的有关统计资料，如对我国耕地面积变化分析，土地征收制度的变迁过程研究等；其二是从有关部门获得的统计数据，如对湖北省历年不同地区土地征收数量的获取，湖北省的土地征收补偿、征收税费标准及流向的规定；其三是实地入户调查获得的第一手数据，如课题组对湖北省四个典型城市武汉、荆门、宜昌和仙桃进行问卷调查和访谈，为实证分析湖北省的土地征收补偿及利益关系提供基础数据。

（5）文献研究和经验借鉴法

通过对国内外相关研究的回顾，归纳已有的研究成果，为本书的研究做铺垫。同时，在土地征收制度及征地补偿方面，借鉴了国内外的先进经验，如对国外的经验借鉴是通过参考相关文献，国内发达地区的经验借鉴是通过实地调查，选取江浙一带的四种模式，如嘉兴、宁波、绍兴和昆山模式，分别从征地补偿、社会保障等方面提供相关经验，为中部欠发达地区的制度改革提供依据。

第2章 国内外征地补偿制度比较及经验借鉴

当前有关城市化进程中的土地征收补偿和失地农民安置保障问题成为政府和学术界极为关注的焦点问题。不同的国家制度决定了不同的土地制度。西方发达国家实行土地私有，土地按照市场价格进行交易，当国家为公共利益需要征收农用地时，可按照市场价值或近似市场价值对农民进行补偿，补偿制度与补偿标准相对完善。我国社会主义市场经济背景下的城乡分割二元经济体制形成了城乡二元土地市场结构。城市土地市场不完善，加之农地被限制流转，致使征收和征用成为农地变为城市土地的唯一合法途径。国家为公共利益需要征收农用地时，应根据《中华人民共和国土地管理法》（以下简称《土地管理法》）规定，按照原土地年产值倍数法进行补偿。我国幅员辽阔，不同的地区可根据本地实际情况制定相应的征收政策、失地农民补偿办法和保障措施，而东部、中部和西部的城市化和经济发展水平差异很大，在征地过程中，东部发达地区和中西部欠发达地区表现出不同的问题和矛盾。东部发达地区处于较快的城市化进程和经济发展阶段，其先进的经验值得中西部地区借鉴，而出现的问题往往也是中西部欠发达地区需要预防的。《中共中央国务院关于推进社会主义新农民建设的若干建议》强调，要完善对被征地农民的合理补偿机制，加强对被征地农民的就业培训，拓宽就业安置渠道，健全被征地农民的社会保障机制。因此，本章借鉴国内外的先进经验，以经济发达国家和国内发达地区，如长江三角洲地区的浙江和江苏部分城市为代表，将发达国家和国内发达地区的征地模式和中部欠发达地区的征地制度进行比较，以期完善中部地区的土地征收制度。

2.1 国外征地补偿制度及其经验借鉴

在土地私有制国家（地区），土地征收实质上是把属于私有财产权的土地转化为公众或政府所有，用于社会发展目的的一种行为。根据市场经济国家私有财产权受法律保护的原则，对这种转化必须给予合理的经济补偿。1810年3月8日，世界上第一部土地征收法在法国颁布后，发达国家的土地征收及补偿制度都在不断地完善，其做法对于我国加快城镇建设步伐、规范征地补偿的政府行为、协调社会矛盾等各个方面都有值得借鉴之处。

2.1.1 美国

美国在成立初期，征收土地是没有补偿的。现在的美国，土地已经完全商品化。宪法明确规定，只有限于公共目的，而且需有合理的补偿，政府及有关机构才能行使征地权。被征收人若能举证某征地行为不符合公共利益，即可提请法院裁决该征地行为无效。美国是一个以土地私有为核心的国家，其土地分属联邦和州政府管理。土地征收权分联邦、州、县三级。土地征收实际上是土地购买，本质上属于市场行为。美国联邦宪法规定，只有通过公正的法律程序后，土地才能被征收，且政府需要出示公告。在没有出示公告时，要召开听证会，采取司法或类似司法的程序。

美国的土地征收补偿是以征用前农地的市场价格为计算标准，它充分考虑土地所有者的利益，不仅补偿被征土地现有的价值，而且考虑补偿土地可预期、可预见的未来价值；同时还补偿因征地导致相邻土地所有者、经营者的损失，充分保障土地所有者的利益。美国的土地征收还给予被征收者一定的税收优惠，而出售土地将被课以高额的税收，所以，愿意土地被征收的人比打算在市场上出售土地的人多。

2.1.2 法国

法国的征地制度有以下特殊性。第一，征地范围广阔。法国只要从公共利益出发，经过政府确认，就可以进行土地征收。法国政府甚至出现过为了未来公共建设而提前征地的情况。第二，征地主体相对宽泛。征地主体有以下几类：中央及地方政府；具备条件的公益法人；符合一定条件的混合经营公司、公用事业单位及受当局委托的其他法人。第三，征地程序完备。征地首先向市镇首长提出用地申请，事前公示，以听取广大群众的意见，论证该征地是否具有公益性。在决定征收后，给予相应的补偿。如果双方对补偿标准不能协商一致，可以向法院申诉。通常，法国基于控制补偿额的考虑，往往以征收公示前一年而非当年的土地实际用途为准予以补偿，对征地补偿中的市场因素考虑得相对较少。

举行听证是法国征地制度的主要特色。在涉及一些重大征地行为时，相关单位还进行听证会。由当局选出具有广泛代表性的调查委员，对其建设项目的性质、必要性等进行深入调查，充分发表意见，并将听证会内容上报市镇首长统一决定。

2.1.3 德国

德国在土地使用上一向认为应该公益优先，以实现土地资源优化配置。德国从最佳利用土地、调节土地供给、进行城市再开发等角度出发，积极实施土地征收行为。为防止征地权滥用，德国土地征收主体被严格限定为地方政府和依法取得公益建设的单位。在征地补偿标准上，德国比法国灵活，它以正式征收日期的交易交割为准，由土地鉴定委员会通过调查后决定，土地征收补偿价格由全国土地调查委员会经过调查后核算并最终实施。德国的土地征收补偿范围和标准为：①土地或其他标的物损失的补偿，其标准为土地或其他标的物在征收机关裁定征收申请当日的移转价值或市场价值；②营业损失补偿，其标准为在其他土地投资上可获得的同等收益；③征收标的物上的一切附带损失补偿。对补偿金额有争议时，应依法律途径向辖区所在的土地法庭提起诉讼，以充分保障被征地所有权人的合法权益。同时，各类补偿费由征收受益人直接付给受补偿人，且各类补偿应在征收决议发出之日起一个月内给付，否则征收决议将被取消。另外，德国的土地征收补偿方法，除了现金补偿，还有代偿地补偿、代偿权利地补偿等。为增加政府财政收入和防止土地投机行为，政府规定，在城市再开发的收购价格中，自实施征地计划到正式实施征地期间的土地上涨部分归国有。

2.1.4 瑞典

瑞典是欧洲土地征收力度最大的国家，其土地公有化在第二次世界大战后陆续开展，20 世纪 60 年代中期，首都斯德哥尔摩已经有近七成的土地被征为国有。瑞典城市在世界上的规划相当出色也许与其征地制度有关。

瑞典明确规定了征地的范围：城市土地再开发以及周边因此会升值的土地都可被征收；历史名胜区域内的土地可以由国家出面征收；违背城市规划的建设地区，或者会影响整个地区开发建设的，若业主不愿出售土地的都将被强制征收。法律规定，在城市规划编制期间，为保证规划的顺利进行，凡涉及土地在两年之内不许交易；已经被征收的土地利用不充分，或者可能出现土地贬值时，原土地所有者有优先购买的权利。

2.1.5 英国

英国征地主体包括政府机关和公用设施单位，征地给予法定补偿，但征地主体对公布将进行土地征收而引起的地价上涨部分不予补偿；如果向得到使用许可的土地进行征收，则征地主体将补偿因获得使用许可之后的地价上涨部分。这在英国推行公有化时期一度十分流行，但在撒切尔夫人执政倡导私有化时期，公共部门的土地征收量已经大为减少，在确实需要土地征收时，都基本上以市场价格为参照进行协议购买。20 世纪 90 年代以来，公共部门在民间压力下，被迫将以前征收而还没有利用的土地向公众出售。在市场力量的作用下，英国政府在征地行为上经过了一个轮回，由征地者变成了供地者。

英国对土地征收的补偿作了较详尽的规定，包括土地征收补偿原则、补偿范围和标准。土地征收补偿以愿意买者与愿意卖者之市价为补偿的基础，补偿以相等为原则，损害以恢复原状为原则。土地征收补偿的范围和标准：①土地（包括建筑物）的补偿，其标准为公开市场土地价格；②残余地的分割或损害补偿，其标准为市场的贬值价格；③租赁权损失补偿，其标准为契约未到期的价值及因征收而引起的损害；④迁移费、经营损失等干扰的补偿；⑤其他必要费用支出的补偿（如律师或专家的代理费用、权利维护费用等）。

2.1.6 日本

日本政府于 1951 年制定《土地征收法》。根据该法的规定，重要的公用事业都可运用土地征收制度。公共利益包括依照《城市规划法》进行的道路、公路等的修建；依据《河川法》进行的水库、堤防等防洪设施的建设；根据《港湾法》进行的港湾建设等。公共利益界定十分具体，操作性强。征收损失的补偿以个别支付为原则，而支付的财物原则上以现金为主，补偿金额须以被征收的土地或其附近类似性质土地的地租或租金为准。具体来看，日本征收土地的补偿包括五种。

1）征收损失补偿。对征地造成的财产损失进行补偿，按被征收财产的经济价值即正常的市场价格补偿。一般要遵循以下原则：①起业者支付原则。土地所有者因土地被征收等而受到的损失由起业者负担。②分别支付原则。对每个权利者分别支付与其损失相符的赔偿金。③现金支付原则。原则上以现金支付为主，除了现金补偿，还有替代地补偿（包括耕地开发、宅地开发、迁移代办和工程代办补偿等）。④赔偿金先付原则。在被征收者失去权利前就应当支付赔偿金。

2）通损补偿。对因征地而可能导致土地被征者的附带性损失的补偿。土地被征收后，土地上的建筑物、设备、树木等搬迁到别处就会产生搬迁费用、歇业和停业损失、营业规模缩小损失等，因此要支付搬迁费赔偿、歇业赔偿、停业赔偿、营业规模缩小赔偿、农业赔偿和渔业赔偿等。

3）少数残存者的补偿。对因征地使得人们脱离生活共同体而造成的损失的补偿。例如，修建水库等大型公共事业建设，使建设地区的社会本身遭受破坏，多数人要搬迁，但少数人残存下来。对这些残存者因脱离生活共同体而造成的损失，应给予适当赔偿。

4）离职者的补偿。对因土地征收造成业主失业损失的补偿。

5）事业损失补偿。因公共事业完成后所造成的污染对经济和生活损失等的补偿。

2.1.7 韩国

韩国早在 20 世纪 60 年代就在《土地征收法》中明确规定，只有涉及军事国防、修建铁路、供电、煤气等公用设施，建设研究所、公园、市场等公益性项目以及经过政府授权的单位进行出租或出售为目的的福利住宅等才能实施征地行为。征地主体必须经过严格审核，得到建设部行政长官认可。

韩国对征地补偿标准制定得比较合理。补偿额度的计算以征地裁决时的价格为准，而征地裁决价格又参照附近土地交易价格。在缺少可供参照价格的地区，当局就以《国土利用管理法》所公布的基准地价为准，结合从公告之日起至裁决之日止的地价变动率、批发价格变动率等指标进行综合评估。

韩国土地征收在法律上和日本的土地征收法规相似，但征地主体比日本相对宽松，强制性更明显，这也许和日本土地比韩国更为紧张且日本市场经济成分更浓相关。韩国将批准的土地统一征收，杜绝了土地投机者的出现，这点韩国又吸收了法德等国家的成功做法。韩国还规定个人和法人的住宅用地不能闲置或者超过一定期限和数量，超过期限将被课以重税，超过限制拥有量土地将被收回。

韩国的征地补偿包括以下四种。①地价补偿。统一以公示地价为征收补偿标准。②残余地的补偿。残余地价值降低或其他损失的补偿和因残余地需修筑道路、水沟等设施或其他工程时，应给予补偿。③迁移费用补偿。包括营业损失补偿和其迁移费用补偿。④其他因测量、调查而产生的损失。因事业的废止或变更而产生的损失，或残余土地以外土地整治费用的损失都应该给予补偿。

2.1.8 对我国的经验借鉴

从表 2-1 可以看出世界主要国家和地区的土地征收制度特征。从补偿价格来看，除了韩国和中国，其他国家和地区都实现了市场价补偿，这也是未来我国征地补偿的一个发展趋势。从补偿程度来看，由高到低分别为：充分补偿、正当补偿、适当补偿。西方发达的资本主义国家都实现了较高层次的公平补偿和合理补偿；而对于亚洲国家，补偿层次相对较低，采取的多是正当补偿；中国的补偿层次最低，仅停留在适当补偿，这对于农民利益是严重的剥削和损害。

表 2-1　世界主要国家和地区土地征收补偿比较

国家或地区	补偿原则	补偿标准	计价标准
美　国	合理补偿	市场价格补偿，但确定的市场价格不反映买后的财产价值	市场价格（正式征收日）
英　国	合理补偿	以被征收土地所有者在公开土地市场能得到的出售价格为计算标准	市场价格（正式征收日）
法　国	公平补偿	被征土地市场价格，以最终裁决日一年前的土地用途为准确定地价，或以所有者纳税时的申报价格作为参考确定价格	裁定价格
瑞　典	公平补偿	以征地日 10 年前的该土地价格为准	纳税申报价格
德　国	相当补偿	以政府公布土地征收时土地的市场价格为准。对于农业用地，补偿费等于被收回土地的现行市价	市场价格（正式征收日）
日　本	正当补偿	补偿金额要按照法律规定的办法进行计算。按被征收财产的正常市场交易价格计价，并按签订合同时的价格计价，对以后价格变动的差额不再进行追加	市场价格（正式征收日）
韩　国	正当补偿	征收者与被征收者协议补偿，协商不成由土地征收委员会做审理和裁决。以征地裁决日邻近类似土地的交易价格作参考确定	法定价格
中　国	适当补偿	按照农业年产值倍数法补偿	法定价格
中国香港	合理补偿	一般是根据土地收回当日的市场价格确定，如果上述计算的补偿金额不足以补偿业主的实际损失，政府会在法律许可的补偿外，另加一笔补偿费	市场价格（正式征收日）

资料来源：根据刘丽，王正立的《世界主要国家的土地征用补偿原则》整理得到。该文章发表在《国土资源情报》2004 年第 1 期

通过与世界发达国家和地区的土地征收补偿制度相比较，我国征地制度的改革可以借鉴以下四点。

第一，遵循市场原则，提高征地补偿标准。从理论上讲，市场是决定土地产权价值的最佳手段，对于土地征收，其补偿应依据征收期限内对农民集体造成的直接损失和间接影响而确定；而对于征收，农民集体失去了土地永久的所有权，其价格应为土地无限期收益总额极限值的资本化。我国应借鉴大多数国家和地区的做法，提高征地补偿标准，以市场为基础，将土地补偿费与青苗及建筑物、构筑物补偿费，以及残地补偿费等主要补偿项目的补偿价格参照当前土地的市场价格，充分体现效率和公平原则。

第二，建立有效的补偿和监督机制，合理分配征地补偿费。目前国家基础设

施（公路）项目的征地费是由政府定价，其合理性并不为社会所监督，存在强制村民接受征地的行为。征地后实施安置补偿不规范，甚至出现不按法定程序安置的情况。客观上也缺乏追究法律责任的相关法规，对征地费用的管理更缺乏必要的透明度和社会监督，形成了滋生腐败的客观条件。

土地补偿的分配，应该是集体经济组织和村民共同享有。个别村社以发展地方经济、公益事业和工作经费为由层层截留征地补偿款，使本来就较低的补偿费到了农民手中则更少，由此引发种种尖锐的矛盾。有的村社拿着土地补偿费发愁，分也不是不分也不行，有的长期不公布财务账目，甚至出现非法挪用征地补偿款的情况，这些不仅容易产生腐败，对耕地保护也极为不利。现行法律制度对"集体"界定模糊，村干部成为集体组织的"代言人"，现实中以村民委员会的名义来强占土地补偿费的事件时有发生，作为弱势群体的农民在因征地补偿费用引发的争议中处于不利地位。因此，国家应进一步明确界定农村土地征收补偿的受益主体，一方面使农民不会因丧失土地使用权而丧失土地收益权，较好地保护农民的合法权益，另一方面也要有效地防止集体财产流失。

第三，征收土地补偿方式应多样化。虽然许多国家或地区的补偿方式一般采用货币补偿的方式，但考虑到我国近年来物价上涨等因素，以及农地对农民而言具有多种社会保障功能，现金补偿往往无法维持被征收人原有的生活水平。我国可以借鉴日本、德国等国家的经验，土地征收的补偿方式既可以采用货币补偿，也可以采用实物补偿。而实物补偿又可以采取留地补偿和替代地补偿相结合的方式，从而有效保障和维护被征地农民的切身利益。

第四，建立土地纠纷仲裁机构。随着市场经济的不断发展和农民法律意识的增强，由征地引发的矛盾特别是对补偿费的争议会越来越多。按照目前法律规定，发生征地补偿费争议的，应由县级以上政府协调，协调不成的则由批准征收土地的人民政府裁决。这种由政府当裁判员的做法，不符合国外通常由独立于政府的机构来仲裁征地纠纷的国际惯例。因此，有必要建立专业的仲裁机构来裁决征地纠纷，这样可以有效地保护国家、集体、农民三者之间的合法权益，公平、合理地予以调处。

2.2 国内发达地区土地征收制度及补偿

2.2.1 征地补偿

传统宪法学理论从实现正义的目标出发，主张补偿标准应当符合公平原则。目前，学术界对征地补偿主要有以下几种观点：一是原用途加社会补偿（唐健，2004）；二是市场价值补偿；三是根据被征地者失去土地后的成本补偿（卢海元，

2003；陈晨，2004）；四是通过合理配置和界定土地发展权来进行补偿（黄祖辉和汪晖，2002）。在成熟的市场经济国家，人们认为公正补偿是安置被征收土地在公开市场上能够实现的客观合理价值而进行的补偿，即按照公平市场价值进行的补偿（王小映，2007）。Novak，Blaesser 和 Gesebracht（1994）认为，公平市场价值是购买者和出售者没有一方受到强迫而都愿意接受的土地价格。在土地征收中，土地的公平市场价值只能通过评估确定，影响土地公平市场价值的因素主要包括实物因素和外部因素。其中，实物因素是指土地财产的改良物、建筑物、永久的和可移动的附属设施、自然物（如庄稼、矿产、水、空中权、开发权）等；外部因素包括市场需求、区域经济发展水平、土地开发规划、区划许可用途、与规划用途一致的已开发地区的通达程度、土地征收时的实际用途等。此外，确定土地的公平市场价值还需要考虑土地在将来的最佳用途。

目前，我国所实施的年产值倍数法补偿标准已经难以满足被征地者生活水平不降低的要求。我国的一些发达地区已经探索并实施了超过《土地管理法》规定的更高征地补偿标准。浙江省 2003 年就在征地补偿标准方面提出了“区片综合价”的概念，并按照区片综合价来制订征地综合补偿标准，成为全国最早实施区片综合价的地区。《关于开展制订征地统一年产值标准和征地区片综合地价工作的通知》（国土资发［2005］144 号）要求，征地区片综合地价是指在城镇行政区土地利用总体规划确定的建设用地范围内，依据地类、产值、土地区位、农用地等级、人均耕地数量、土地供求关系、当地经济发展水平和城镇居民最低生活保障水平等因素，划分区片并测算的征地综合补偿标准（原则上不含地上附着物和青苗的补偿费）。无论是集体农地，还是国有农地；无论是规划为公共目的用途，还是规划为经营性或私人性用途；集体土地和国有土地无论是被征收，还是被政府机构收购储备或是经过交易许可而流转入市，只要土地的区位相当、自然条件相似、使用的土地相同，对其补偿水平就应当一致，实现同地同价的公平补偿。征地统一年产值标准和征地区片综合地价，将征地制度改革向前推进了一大步，真正实现了同地同价的做法。浙江不同的地区又根据本身的实际情况，制定了相应的政策，形成了具有代表性的嘉兴模式、宁波模式和绍兴模式。江苏昆山是中国百强县第一，其征地模式也颇具代表性。

2.2.1.1 宁波模式

宁波是中国进一步对外开放的副省级计划单列市，是具有制定地方性法规权利的较大的市。宁波市位于东经 120°55′至 122°16′，北纬 28°51′至 30°33′，地处中国东部海岸线中段，长江三角洲南翼，浙江省东部的东海之滨。东有舟山群岛为天然屏障，北濒杭州湾，与上海隔湾相望，西接绍兴市，南临三门湾，与台州相连。全市总面积 9365 平方公里，其中，市区面积为 1033 平方公里。2006 年末，户籍人口560.4万人，其中，市区人口215.8万人。生产总值2864.5亿元，全市耕地面积209958.9公顷。

(1) 补偿标准

我们所调查的区域位于宁波市三江片（指海曙、江东区及江北区甬江镇部分区域），该地区的征地补偿是按照被征收土地的原用途实现区片综合价补偿。区片综合价实质上就是以前所说的征地补偿费，包括土地补偿费、安置补助费和青苗及地上附着物补偿费，补偿标准如表2-2和表2-3所示。

表2-2　宁波市三江片土地补偿费

编　号	分　类	年产值/（元/亩）	倍　数	标准/（元/亩）
1	农用地	3 500	10	35 000
2	建设用地	3 500	10	35 000
3	未利用地	3 500	5	17 500

表2-3　宁波市三江片安置补助费

编　号	分　类	年产值/（元/亩）	倍　数	标准/（元/亩）
1	农用地	3 500	15	52 500
2	建设用地	3 500	15	52 500
3	未利用地	3 500	7.5	26 250

宁波市三江片的土地补偿费取用的是《土地管理法》中前三年产值的最高倍数10倍，而宁波市人均耕地面积为0.85亩[①]，按照《土地管理法》规定的安置补助费是根据人均耕地面积计算。每一个需要安置的农业人口的安置补助费标准，为该耕地被征用前三年平均年产值的4～6倍。即使按最高标准，其倍数也应该为年产值的7倍，而宁波却给予15倍的补偿。另外，宁波市实行完全村民自治，村务公开。补偿费发放到村级之后，村如何发放到农民手中以及发放的比例完全由村民代表大会决定，村干部和农民可以协商解决，有矛盾可向土地部门反映，土地部门作为第三方进行裁决或请专门的机构进行评判。发达的经济、有效的制度和较高的素质是宁波模式得以有效实施的基础。

(2) 留地安置和股份制

宁波市为使被征地农民“眼前利益有保证，长远生计有保障”，采取了典型的留地安置模式。《宁波市人民政府办公厅关于完善市区村发展留用地使用管理工作的意见》（甬政办发［2005］131号）中规定：“村发展留用地的基数按2001年可转为建设用地的实有集体农用地的10%计算。村发展留用地的选址，既要服从土地利用总体规划、城市规划和产业政策，也要有利于村级经济发展，

① 1亩≈0.06667公顷。

相对集中、合理使用。村发展留用地可以保留集体土地性质，也可以按规定转为国有，其集体土地所有权、使用权或国有土地使用权归该村集体经济组织。村发展留用地一般应由本村自行开发，也可由几个村联合开发。村发展留用地可以实行集体经营、承包经营、租赁经营等。村集体经济组织可以将已经转为国有的留用地委托国有土地资源部门按照规定程序以招标、拍卖、挂牌方式出让，或者可以申请市土地储备中心收购留用地指标，收购价格参照该村所在同类土地级别近年经营性用地（商品住房用地除外）市场出让的平均价执行（剔除相应征地拆迁平均成本）。村发展留用地所得款项应优先用于弥补社员（村民）养老等社会保障支出的不足，其余全额充入集体资产。"

农村经济合作社（集体土地入股）也是宁波模式的特征。每个村都结合自身的特点制定入股的方式。我们所调查的是宁波市江北区洪塘街道的下沈村。江北区农村改革领导小组办公室于 2005 年就起草了关于农村经济合作社股份合作制的文件。下沈村是 2006 年初开始具体实施的，该村以土地征收资金、剩余地折算资金以及留地资金作为股本，按人口和劳动年龄分股。人口股是以股份实施之日起，按在册的本村社员及社员子女确定。农龄股按原村经济合作社社员从事本村各业生产的年限确定。农龄的起始日一般从年满 16 周岁计算。人口股占 60%，劳动贡献股占 40%。在股份分红时应正确处理积累与消费的关系，并考虑经营风险。其当年经营净收益，即经营收入扣除管理费用、应付债务、资产折旧等，再依法提取一定比例的公积金、公益金及必要的任意公积金之后，分红比例不得超过 60%。由于下沈村地处江北工业园区，其留置地主要用于构建标准厂房。下沈村管辖 3 个自然村，留置地有 70 多亩。2004 年，该村向江北区土地局协议出让了两块地，出让金额为 27 万元/亩 ×20 亩 +21 万元/亩 ×20 亩 =960 万元，剩下的 12.6 亩，建厂房收租金 8 元/（平方米・月）×6390m^2 =51 120 元/月。此外，还有 24 亩留置地刚批复下来，未建造。据调查，2006 年该村人均分得的利润为 1000 元。与周围的村相比，该村红利分得较少，因为该村实施股份制的时间较晚，而且工业用地相对其他经营用地租金较少。通过与村干部和土地局有关领导的交谈了解到，实施留地安置模式，好处是显而易见的，村集体有了自己的创收来源，为农民的长远生计提供了保障，但是留地安置也存在一些弊端。首先，安置地的经营管理受到村干部能力和素质的影响。从目前来看，村干部素质普遍不高，一亩地的资产价值少则几十万，多则成百上千万，如此之高的土地资产价值，村干部能管理得好吗？土地价值是否真正能够得到市场化显现，这个值得我们考虑。其次，由于受土地利用总体规划的限制，有些征收土地是用于公路基础设施等公益性用途，本村留地安置无法用于经营性用途，只能跨村异地安排，这样容易造成管理上的困难。政府官员对留地安置模式的做法褒贬不一。

2.2.1.2 嘉兴模式

嘉兴市实现区片综合价，区片综合价标准（包括土地补偿费和安置补助费）为：一级区片中的水田、旱地及养殖用地每亩补偿为2.5万元；二级区片同类土地每亩为2.25万元；其土地补偿费标准如表2-4所示。区片综合价扣除土地补偿费后的余额为安置补助费，安置补助费直接打入失地农民养老保障账户，不直接发放到人手中，只要达到退休年龄便可领取退休金。

表2-4 嘉兴市土地补偿标准 单位：元/亩

地类名称	水田、旱地、精养鱼塘	蔬菜基地	园 地	其他土地
土地补偿费	6 400～7 040	9 600～17 600	7 200～9 600	3 200～3 520
青苗补偿费	800	1 500～2 000	800～2 200	—

由农村集体经济组织或村民委员会集中管理使用的土地补偿费，可以建立土地基金，采取农村合作基金会或实行农村企业股份合作制的办法进行管理。土地基金存入农村合作基金会，以借贷方式实行有偿使用。本金不直接分配，所得利息定期分配给农村；实行农村企业股份合作制的可将征地补偿费计算到人，折成企业股，按股分红。

土地补偿费用于发展生产和失业人员的生活补助。被征地的农村集体经济组织和村民委员会可将土地补偿费用于购买土地被征收人员的养老保险。男满45岁、女满35岁的土地被征收人员在市就业局为其缴纳养老保险金的基础上补足15年养老保险金；16周岁以上，男45周岁、女35周岁以下的土地被征收人员缴纳不高于3年的养老保险（自谋职业者除外）。

嘉兴市安置补助费全部强制性转入社保，16岁以上需要办理一次性自谋职业者应与市职业介绍中心签订协议，其安置补助费标准为每人一次性12 000元，与本人按嘉政发（1998）200号文件办理所需费用的差额部分由用地单位补足，满2年后没有职业的领取失业证，进入劳动力市场，自主择业。

安置补助费成本=5000元/年×15年（养老的缴费基数是5000元，要缴纳15年）+160元/月×12个月×15年（退养年龄）+培训费用=7.5万+2.8万+培训费=10.38万元

土地补偿费（880元年产值标准×8倍）7040元主要用于村级公共社会建设。

嘉兴市征地补偿办法实施的原则是重个人轻集体，村级高度自治，每个村可根据自己的实际情况制定相应的政策，每个组也有自己的小政策。完善的社会保障制度是嘉兴市的典型特点，也值得其他地区借鉴。嘉兴并没实行宁波的留地安置做法。在调查过程中，嘉兴市的有关领导也提出了对留地安置做法的质疑。一

是留地安置的做法，不利于对村干部的保护，容易滋生腐败。二是集体土地资产经营的好坏与管理者的水平密切相关，容易导致不同村之间贫富差距拉大，造成新的社会动荡。三是从社会群体来看，原集体经济组织成员是以土地资产为纽带形成的“团体”，这容易导致社会群体的分化，形成“城市孤岛效应”，易引起突发事件。四是留地安置模式的安置地块分散，不利于城市规划的实施和土地规模效应的产生。

嘉兴模式的典型特征是实现城乡一体化，采用卫星城模式，城乡都通行公交，实现了半小时经济圈（到嘉兴下属 5 个直辖县都在半小时内，这 5 个县经济水平都排在全国前 30 位），农村用电用水和城市一样，城市化率达到 42%，城乡贫富差距为浙江地区最低。2006 年，该市农民人均纯收入为 9000 元，城市人均纯收入为 19 000 元。

2.2.1.3　绍兴模式

绍兴是首批中国历史文化名城之一，首批中国优秀旅游城市之一，是著名的水乡、桥乡、酒乡、书法之乡，是蔡元培、鲁迅、周恩来的故乡，毛泽东主席称绍兴为“鉴湖越台名士乡”。绍兴地处长江三角洲南翼，浙江省中北部杭甬之间，下辖绍兴县、诸暨市、上虞市、嵊州市、新昌县和越城区，面积 8256 平方公里，人口 434 万，其中，市区面积 339 平方公里，人口 64 万。全市乡镇行政区划调整，县（市、区）的城区面积由 447 平方公里扩大到 950.25 平方公里。乡镇数从 135 个减少到 98 个，街道数从 6 个增加到 20 个。绍兴市 2007 年经济走势总体平稳，上半年全市实现生产总值 890.72 亿元，按可比价计算，比去年同期增长 14.7%，增长速度比上半年年度提高了 1.5 个百分点。其中，第一产业增加值 45.36 亿元，增长 2.8%；第二产业增加值 539.94 亿元，增长 16.4%；第三产业增加值 305.43 亿元，增长 13.6%。根据绍兴市土地利用总体规划（1996 ~ 2010 年），全市 1996 年耕地面积为 211 601.5 公顷，规划到 2000 年耕地保有面积 208 260 公顷，其中，基本农田 179 860 公顷，到 2010 年耕地保有面积 205 994 公顷，其中，基本农田保护面积 179 860 公顷。绍兴市人均耕地面积仅 0.58 亩，是全国人均耕地面积的 1/3。

（1）补偿标准

绍兴的征地模式主要是货币安置。绍兴的补偿办法也是按照区片综合价，区片综合价是根据土地区位、土地利用状况等因素，由土地补偿费和安置补助费组成。市区暂划分为 A、B、C、D 四类区片，今后可根据社会经济发展状况予以调整。土地补偿费归农村集体经济组织所有，主要用于发展经济和改善生产、生活条件，也可部分用于被征地农民养老保障的补助。安置补助费应专款用于需要安置的被征地农民，被征地单位应动员需安置人员参加社会养老保险，在征得需安置人员同意后用于支付其社会养老保障费用（表2-5）。被征地单位的计税耕地被全部征收后，原农业人口经市公安、国土资源部门审核，全部转为非农业人口；原来属于集体所有的其他土地（包括溢余耕地等），依法转为国有，并进入土地储备中心，由其实行统一管理。

绍兴市建立了征地台账制度和征地调节资金，实行专款专用。资金主要从土地出让等收入中筹集，其中，经营性用地按出让面积每平方米提取15元，其他用地按出让面积每平方米提取2元（注册资金500万美元以上的外商独资合资项目免交）。征地调节资金主要用于征地补偿费用的平衡，确保征地补偿费用及时足额到位；财政补助被征地农民参加基本生活保障的支出，并且分出一定比例专项资金用于被征地农民劳动技能培训，提高农民素质。

表2-5　绍兴市征收耕地补偿标准

区片分类	范　围	区片综合补偿标准/（元/亩）
A类区片	规划建成区：塔山街道、府山街道、北海街道、蕺山街道、东湖镇（不包括生态产业园区）鉴湖镇（城市规划区内部分村）镜湖新区：灵芝镇（不包括原齐贤镇七里江等15个行政村）	25 000 + 13 000 *M*
B类区片	越城区：东湖镇（生态产业园区部分村），鉴湖镇（城市规划区外部分村），皋埠镇，绍兴经济开发区：稽山街道（浙江省稽山旅游度假区）	20 000 + 13000 *M*
C类区片	镜湖新区：东浦镇、灵芝镇七里江等15村	20 000 + 10 000 *M*
D类区片	袍江工业区：斗门镇、马山镇	15 000 + 10 000（7 200 + 2 800）*M*

注：①区片综合补偿标准 = 土地补偿费 + 安置补助费 × 需安置人口，“*M*”为每亩需要安置的农业人口。

②D类区片安置补助费中，2800元从村集体土地补偿费中支出。

③征收耕地以外的其他农用地，土地补偿费按耕地补偿标准的60%补偿，征收未利用地的，按耕地补偿标准的50%补偿。

④征收常年蔬菜基地的，A、B、C类区片土地补偿费按每亩36 000元予以补偿，D类区片按每亩15 000元予以补偿。

⑤青苗费按当季作物产值计算，地上的建筑物、构筑物、农田水利设施等补偿费，按照其实际价值计算。

（2）留地安置和股份制

绍兴市留地安置的比例和执行力度较宁波小。市区按被征地单位2002年底总耕地面积的2%和被征地村每千村民5亩面积之和给予安置留地，当被征地单位的总耕地被征收到60%以上时，由市国土资源部门会同有关单位一次性核定被征地单位的留地面积，并按规定办理用地审批手续（其中，列入城中村改造村的留地由城中村改造牵头单位负责统筹安排）。鼓励和支持被征地单位在符合城市规划的前提下，使用留置地发展除商品住宅开发外的第二、三产业，安排被征地农民就业。留地安置一般应以镇（街道）为单位，按照“聚零为整，相对集中”的原则，以及城市总体规划和土地利用总体规划的要求，落实到具体地块。安置地块可用于建设标准厂房、农贸市场、超市、社区服务设施、外来人口居住公寓楼等五类项目，不得开发建设商品房。供地价格按不同项目分别确定。建设标准厂房的供地价格为综合成本价，政府免收土地出让净收益；建设农贸市场的，按具体地块的规划用途、规划条件等进行评估，政府收取不低于土地评估价20%的土地出让金，最低供地价格不得低于综合成本价；建设社区服务设施、超市、外来人口居住公寓楼的，按具体地块的规划用途、规划条件等进行评估，政府收取不低于土地评估价40%的土地出让金，最低供地价格不得低于综合成本价。

2.2.1.4 昆山模式

昆山的征地补偿标准依旧实施传统的年产值倍数法补偿方式，尚未实施区片综合价。具体补偿和分配标准如表2-6所示。

表2-6 昆山征地补偿标准

补偿类别	补偿标准	分配标准
土地补偿费	年产值10倍，即1.8万元/亩	70%（12 600元/亩）直接分配给被征地农民，用于被征地农民征地后生活、生产；30%（5 400元/亩）给村集体组织，用于农村集体经济组织的公益性事业，以及解决历史遗留的被征地农民的生活问题
安置补助费	按照需要安置的被征地农民人数计算，2万/人	用于参加征地保养，计入该类人员的征地保养个人账户
青苗补偿	按前三年平均年产值计补：900元/亩	直接发放给被征地农民
地上附着物补偿	按实物市场价格进行评估	直接发放给被征地农民

2.2.1.5 武汉做法

武汉市的征地补偿仍然是按照《土地管理法》中的年产值倍数法进行的。有时政府为了招商引资，在征地过程中，还压低征地补偿费。由于利益分配的不合理和缺乏有效的监督机制，补偿款层层截留，农民实际得到的还要少。征地实施单位一般不直接面对农民个人，而只面对村、乡两级，征地补偿费一般先经乡政府，再经过村委会，最后才到农户，资金拨付一般也是先到乡政府，只有个别地区直接到村。农民在此过程中往往处于最劣势的地位。具体的征地补偿情况在后文将作详细介绍。

武汉市的征地补偿实行完全的一次性货币安置补偿办法，而没有从农民长远生计考虑。素质高的农民会利用补偿款进行投资，以期获得长远收益，而大部分农民则只顾眼前利益，一旦补偿款用完，又会找政府。因此，武汉市在征地补偿方面应该多为农民将来生活着想。

2.2.2 失地农民社会保障

在全面、正式的农村社会保障体系尚未建立的情况下，土地实际负担着农民最基本的生活保障功能。从某种意义上讲，现阶段我国实行的农村土地制度，实际上也是我国农村的社会保障制度，即失业和养老保险制度，农民承包的小块土地至少可以保证农民有活干、有饭吃，能够保证社会稳定。农民失去土地后，既丧失了拥有土地所带来的社会保障权利，又无法享受与城市居民同等的社会保障权利，使得失地农民成为介于农民和城市居民之间的特殊群体。2006 年 2 月公布的中央 1 号文件《中共中央国务院关于推进社会主义新农村建设的若干意见》的第五部分“加快发展农村社会事业，培养推进社会主义新农村建设的新型农民”中明确提出：“逐步建立农村社会保障制度。按照城乡统筹发展的要求，逐步加大公共财政对农村社会保障制度建设的投入。”浙江省率先推行了失地农民的社会保障制度。2001 年 10 月 1 日正式实施的《浙江省最低生活保障办法》规定了城乡一体化的最低生活保障制度，这为建立失地农民最低生活保障提供了制度上的借鉴。

目前，我国中央财政用于社会保障的支出占中央财政总支出的比例还很少，仅有 10% 左右，这一比例在世界上属于较低水平，加拿大为 39%，日本为 37%，澳大利亚为 35%，而且，这 10% 的投入绝大部分给了城镇职工。很多学者和决策者都认为，社会保障制度的建立和执行与经济发展水平直接相关，但实际上，有相当数量与中国发展水平相当的发展中国家和地区建立的社会保障制度，并没有“统一”的经济条件要求，更没有“统一”的模式。一般的，较充分的社会保障内容包括：社会保险、社会救助、社会福利、社会优抚等。社会保险是基本保障，保障劳动者的基本生活；社会救助是最低层次的社会保障，保障贫困者的最低生活；社会福利是高层次保障，增进公民生活福利；社会优抚是特殊保障，保障特殊行业、特殊人员的基本生活。实际上，只要具备一定的经济发展水平，每个国家和地区均可以建立与之相适应的失地农民社会保障制度。

从我国的社会保障模式来看，建立社会保障制度比较完善的地区都是经济基础比较好的地区，城乡统筹目前很难实现，只能尽量缩小此间的差距。从我们所调查的四个经济基础较好的地区：绍兴、宁波、嘉兴和昆山来看，我国失地农民的社会保障制度还处于探索阶段，决策层还没有统一的标准。

2.2.2.1 宁波模式

（1）保障内容

宁波市三江片失地农民的社会保障体系内容主要包括：失地农民最低生活保障、失地农民养老保障、失地农民医疗保障、为失地农民提供受教育和培训的机会四个方面（表2-7）。

表2-7 2006年宁波市三江片失地农民的社会保障情况调查表

保障种类	特点及主要保障标准
失地农民最低生活保障	每月最低基本生活保障为270元，补助对象俗称“五保户”
失地农民养老保障	自愿参保，男性年满60岁，女性年满55岁，可按月按标准享受养老保障待遇：1档380元，2档230元，3档280元。不满年龄的，要缴纳养老保险费：1档4.6万元，2档3.3万元，3档2万元。资金缴纳实行“个人出一点，集体凑一点，国家补一点”的模式，实行基金积累的个人账户。个人、集体和国家的出资比例大约为4:3:3
失地农民医疗保障	享有失地农民养老保险的只能享受农村合作医疗，已经享有城镇职工基本养老保险的可享受城镇医疗保险。按照“只靠一头，自愿选择”原则。 农村合作医疗门诊仅报销10%，住院分档次报销，超过5万元的，有大病救助保险。每年个人缴纳5元，村集体给予100元，其他由政府配套支助。 城镇职工基本养老保险福利层次更高，享受待遇更好
失地农民再教育培训	在城区街道或被征地单位人员较多的乡镇设立劳动保障服务机构，为被征地人员提供失业登记、求职登记、职业指导、职业培训、职业介绍、劳动和社会保障事务代理等服务。同时，积极鼓励被征地人员自谋职业，并为就业困难人员提供就业援助。每年政府都会免费进行10次左右的再教育培训，有意向的被征地人员可向所在乡镇或街道劳动保障服务机构报名，免费参加

（2）资金运作

宁波市的最低生活保障和农民的基本医疗保险并不是因为征地而获得，真正因为征地而获得的保障是失地农民养老保险。失地农民养老保障资金来自“个人出一点，集体凑一点，国家补一点”的模式，实行基金积累个人账户。失地农民“个人出一点”主要是安置补助费，有些地方强制将安置补助费转入个人养老保险账户（如浙江省嘉兴市），而宁波市则实行农民自愿参保的方式。虽然是自愿，但农民已经考虑到了未来养老问题，参保率高达97%。“集体凑一点”主要来自土地补偿费和集体经济的积累，“国家补一点”主要来自土地转用后的增值收益，少部分来源于中央政府和地方政府的财政拨款、失地农民社会保障基金运营收入以及慈善机构的捐赠等。个人、集体和政府出资的比例大致为4∶3∶3。

宁波市失地农民养老保障从2003年就开始实施，补偿标准以逐年20元的标准提高。被征地人员养老保障资金的管理实行市、区两级统筹。宁波市三江片的养老保障基金纳入市级统筹，其他各区自行统筹。养老保障费由各区被征地人员养老保障经办机构负责收缴，实行收支两条线管理，并接受财政、审计部门及社会各界的监督。

2.2.2.2 嘉兴模式

嘉兴是全国失地农民养老保障实施最早的地区，也是全国的试点城市。从1993年开始，嘉兴就考虑到了失地农民的养老保障问题，实行招工安置结合货币安置的模式，但这种单位保障模式在执行的过程中暴露出一系列弊端。由于农民的文化素质和劳动技能有限，在企业改革的过程中，失地农民成为最先被淘汰的对象。即使给他们安排了工作，但由于他们无法适应，最终还是失去工作，生活失去了保障。由于这种单位保障模式无法保障农民的生活，因此，1998年，嘉兴又探索了一条新的社会保障模式，即失地农民强制参保模式，失地农民的养老成本直接打入征地成本。不再向被征地村集体及农民直接支付安置补助费，而由市、县政府根据当地实际，区别被征地人员的不同情况，规定不同的安置补助标准，并将该费用划入劳动保障部门设立的“安置费”专户，实行封闭运行，真正落实到被安置人员个人，逐步摸索出一套适合本区实际的“以养老保障为主要方式，与就业市场相适应”的征地模式。只要符合缴纳社会养老保险统筹费条件的被征地人员，由劳动保障部门为其设立社会保险个人账户，达到退休年龄的按月发放养老金。嘉兴市城镇保障标准为698元/月。

嘉兴市社会保障资金来源于三个方面：一是土地出让金的一部分；二是征地成本，即区片综合价扣除土地补偿费的部分（安置补助费）；三是其他财政收入。

嘉兴市的社会保障体系内容如表2-8所示。

表2-8　嘉兴失地农民的社会保障情况调查表

保障种类	特点及主要保障标准
失地农民最低生活保障	被征地人员“农转非”后，生活确实有困难、符合最低生活保障条件的，经民政部门审核批准后给予最低生活保障

续表

保障种类	特点及主要保障标准
失地农民养老保障	①强制参保，对男性年满60岁，女性年满50岁的被征地农民，户口“农转非”，并为其一次性缴纳15年养老保险统筹费，从次月开始按月发放养老金，每月515元。 ②对男45～60岁，女35～50岁的被征地人员一次性缴纳15年养老保险金，到退休年龄后按月发放养老金，退休前每月发放生活补助费和医疗包干费160元（其中10元为医疗保障金）。 ③对男16～45岁，女16～35岁的被征地人员，户口“农转非”，采用自谋职业加养老保险，一次性发放自谋职业费8000元，并按其在农村劳动年限，一次性缴纳养老保险统筹费，最高为15年，同时领取《失业证》。失业时可享受城镇集体企业下岗职工的优惠政策。 ④对未满16岁的被征地人员或在校学生，一次性发放征地安置补助费。补助标准为：基数3000元/人，每长一岁增加200元。 ⑤对1993年以前的失地农民，只要一次性缴纳2000和8000元，到退休年龄（男60岁，女50岁）就可领取每月150元和210元的养老保险金
失地农民医疗保障	享有失地农民养老保险的只能享受农村合作医疗，已经享有城镇职工基本养老保险的可享受城镇医疗保险。按照“只靠一头，自愿选择”的原则。 农村合作医疗门诊仅报销10%，住院分档次报销，超过5万元的，有大病救助保险。每年个人缴纳10元，村集体给予10元，政府配套资助100元。 城镇职工基本养老保险福利层次更高，享受待遇更好
失地农民再教育培训	在城区街道或被征地单位人员较多的乡镇设立劳动保障服务机构，为被征地人员提供失业登记、求职登记、职业指导、职业培训、职业介绍、劳动和社会保障事务代理等服务。同时，积极鼓励被征地人员自谋职业，并为就业困难人员提供就业援助。 每年政府都会免费进行10次左右的再教育培训，有意向的被征地人员可向所在乡镇或街道劳动保障服务机构报名，免费参加。 职业介绍机构积极向用人单位推荐，为征地人员提供就业服务，一般在前两年内免费推荐2～3次

注：失地农民社会养老标准增长率＝1/2（城镇退休金增长率＋城镇低保增长率）

2.2.2.3 绍兴模式

（1）养老保障

2003年，绍兴市建立起与市区经济社会发展相适应、与城市化建设相配套、独立于城镇企业职工基本养老保险制度外、保障范围覆盖广、资金来源多渠道、缴费标准和保障水平多档次、管理服务社会化的被征地农民养老保障制度。

在绍兴市，只要是经县以上国土资源管理部门批准征地并按规定已办理“农转非”的人员，都有权享有被征地农民的养老保障（被征地农民已参加城镇企业职工基本养老保险，且投保年限已符合可按月享受城镇职工基本养老保险待遇的除外），农民实行自愿参保。

失地农民养老保障的缴费标准分为A、B、C、D四档：A档2000元、B档7000元、C档12 000元、D档18 000元，被征地农民在参保时可自行选择其中一档。参保的被征地农民男年满60周岁、女年满55周岁时，可按月享受养老保险待遇：A档100元/月、B档200元/月、C档250元/月、D档300元/月。被征地农民的养老保障资金一般由参保人员个人、所在村和政府共同出资筹集。所筹集的资金及利息收入全部纳入被征地农民的养老保障基金。基金实行专户储存、专项管理、专款专用，任何单位和个人不得移作他用。参保的被征地农民所在村可视经济能力为其缴纳一定额度的养老保障费，具体比例由村自行决定，资金从土地征收补偿费用和村集体经济积累中列支。政府出资的被征地农民养老保障资金（政府补助金）由政府通过国有土地出让收入及财政安排专项经费等筹措。政府补助金的具体筹措管理办法由市财政局会同市级有关部门提出意见，报市政府同意后实施。被征地农民的养老保障费由市社保局负责收缴、管理及保值增值，纳入财政专户存储，接受市财政和审计部门的监督。被征地农民的养老保障个人账户金由个人及村缴纳的养老保障费组成。被征地农民按月享受的养老保障金先由个人账户金支付，不足部分由政府补助金支付。

被征地农民既参加城镇企业职工基本养老保险，又参加被征地农民养老保障的，到达按规定享受养老待遇时，其养老待遇按照“自愿选择，单项享受”的原则确定。选择城镇企业职工基本养老保险待遇的，退还其被征地农民养老保障个人账户金；选择被征地农民养老保障待遇的，退还其城镇职工养老保险个人账户金。

（2）再就业培训

绍兴市经依法批准征地并按规定已办理“农转非”的人员，在劳动年龄段内（男16～60周岁，女16～50周岁）有劳动能力、目前尚无工作且有求职愿望的，可凭相关证明材料到户口所在地街道（乡镇）劳动保障机构办理失业登记手续，并申领《就业（失业）证》。在办理了《就业（失业）证》后，可享受一系列的就业扶持政策。鼓励被征地农民自谋职业和自主创业，大力鼓励企业吸纳被征地农民，鼓励被征地农民参加各类职业技能培训，积极实施就业援助。为了确保促进被征地农民就业的各项措施到位，应建立就业专项资金。就业专项资金主要来源于政府建立的征地调节基金，不足部分在土地出让金收入中列支。被征地农民就业专项资金实行专款专用。

2.2.2.4 昆山模式

昆山实现了完全的“城乡一体化”，对失地农民在动迁、医疗、社保、最低生活保障等方面建立了“五道保障线”，建立被征收土地农民土地补偿费和安置补助费专项基金，纳入财政专户管理，封闭运作，专项用于被征收土地农民的征地补偿和保养，从而全面保障了被征地农民的合法权益，失地农民的社会保障力度甚至强于城市，如表 2-9 所示。

其资金来源：在被征耕地的土地出让金中先提取不低于 70% 的土地补偿费和全部的安置补助费后，再按非经营用地土地出让金的 20% 或经营用地土地出让金的 30% 提取专项基金，资金不足部分则由开发区、各镇财力补足，补偿资金的筹措、管理、发放由财政扎口管理。

表 2-9 昆山市失地农民的社会保障情况调查表

保障种类	特点及主要保障标准
失地农民养老保障	每月 220 元（其中 100 元/月为农民养老保险，120 元/月是失地农民征地保养费）。允许并鼓励失地农民将其安置补助费个人账户金额并轨转入城镇职工基本养老保险，失地农民在自己缴纳部分费用后，可参加“城保”，从而享受“城保”标准的养老金，可大幅度提高保障水平。70 岁以后，另外可享受 130 元/月的养老保险
失地农民医疗保障	全民享受农村合作医疗，一年最高可报销 18 万元

富民合作社是昆山模式的典型代表，从 2003 年开始实施。富民合作社与留地安置模式有异曲同工之处，留地安置比例达 3%，主要用于盖标准厂房，以地入股，发展“房东经济”。这种家庭式小作坊、小企业壮大了集体经济。富民合作社实施几年来也存在一些问题：①缺乏有效的监督机制，村干部素质不高，容易造成土地资产价格得不到显化；②百姓得不到实惠，拉大了干部与老百姓之间的距离，易滋生腐败；③后续管理工作还有待加强，应充分实施政务公开。

2.2.2.5 武汉做法

武汉市失地农民社会保障制度的建立起步较晚，保障水平低，缺乏统一的保障标准。各个区结合自己的实际情况各搞一套，保障差异明显。有些区就干脆把补偿款以货币补偿的形式一次性交给农民和集体。农民得到的补偿费用极为有限，同时由于他们素质不高，又缺乏劳动技能，很多农民得到钱就赌博挥霍，可一旦补偿款花光，基本生活没有经济来源时，生活就失去保障。而集体经济组织、政府及各部门因征地所得的资金缺乏监督机制，不但不能做到保值增值，往往会成为腐败和官僚主义产生的源头。武汉市的社会保障内容及执行情况将在后文做详细论述。武汉市江夏区属于武汉市失地农民社会保障的试点地区，其保障标准如表 2-10 所示。

表 2-10　武汉市江夏区庙山开发区社会保障情况调查表

保障种类		特点及主要保障标准
失地农民最低生活保障	“五保户”	根据湖北省民政厅鄂民政函［2007］153 号文件《关于加强农村低保对象审核审批工作的通知》执行分类救助，确保人均月补偿达到 30 元，由区民政局拨款
	最低保障（部分地区执行）	有些地区安置补助费初次只发一部分或者不发，而是按月逐步分发给农户。最低保障享有对象为征地后户口仍留在农村，男性年龄在 18～55 岁，女性年龄在 18～50 岁的农民，保障标准为 100 元/（人·月）
失地农民养老保障		自愿参保，男性年满 60 岁，女性年满 55 岁，可享受每月 100 元的养老保障待遇。不满年龄的，要缴纳养老保险费。开发区拿出 1/3，本村补贴 1/3，个人出资 1/3
失地农民医疗保障		农村合作医疗。农民每年人均缴纳 15 元，区财政贴补 20 元，市财政贴补 20 元
失地农民再教育培训		每年会安排 3 次左右的再教育培训，有意向的被征地人员可向所在村劳动保障服务机构报名，免费参加。由于培训内容农民不感兴趣或对农民就业帮助不大，每次参加培训者较少，甚至采取强制性

2.2.3　对中西部地区的经验借鉴

通过对以上发达地区的实地调查，可以得到以下三点认识。

第一，东部地区和中西部地区农民对征地的态度差异巨大。

从东部经济发达地区和中西部欠发达地区来看，土地对于农民所起的作用不同。在东部发达地区，土地只是农民的附属经济产物。即使没有发生征地，农民的经济收入也并不依靠土地，他们只是把耕地作为一种兼业，甚至有些地区的农民认为耕地就是一种健身和陶冶情操的休闲方式，因此是否征地对于农民的经济影响并不明显。农民对是否征地的态度是无所谓。而在中西部地区，很多农民把土地作为生存的依靠和未来生活的保障，一旦失去了土地，生活将受到很大影响，因此农民反对征地。

第二，东部地区征地补偿费比中西部地区略高，但是补偿标准明确，相对公平。

从总体上看，东部地区征地补偿标准比中西部地区略高，这与他们的经济发展水平和土地区位价值密切相关，无可厚非。但是由于受中国社会长期“不患寡而患不均”思想的影响，在中部地区，由于不同项目、不同用途和征地时间不同造成了“同地不同价”，同一类地补偿低的农民觉得吃了大亏，即使他的补偿价格比其他征地项目还要高，他也不满意，他会与更高标准相比，这类事情引发了很多社会矛盾，甚至造成很多上访事件。东部地区征地补偿费的补偿标准非常明确且透明化，土地补偿费、安置补助费以及青苗费都有明确的规定，在村内公布接受监督。而中西部地区征地补偿费只有一个总额给予集体，至于集体如何分配给农民并不确定，这给集体经济带来了腐败滋生的温床。

第三，东部地区失地农民社会保障体系相对完善。

东部地区与中西部地区相比，其失地农民社会保障体系相对完善，并且留地安置和股份制模式壮大了集体经济，保障了本村农民以后的长久生计。

东部地区较早就建立了全方位、多层次的失地农民社会保障体系，特别是浙江省嘉兴市 1991 年就建立了失地农民养老保险，并且保障标准逐年提高，基本上解决了失地农民的基本生活问题，解除了失地农民的后顾之忧，有些地区还率先实现了城乡一体化。留地安置和股份制模式壮大了集体经济实力，可以就地解决农民的就业问题，使农民离土不离乡，实现真正的城市化转变。而中西部地区的失地农民社会保障体系还处于起步阶段，缺乏统一的保障标准，且覆盖面不广，保障标准低。

比较以上我国东部发达地区的征地补偿办法，对于中西部地区可以得到如下启示。

（1）按照公平市场价进行补偿，做到同地同价，实现补偿的相对公平

东部地区实施的“区片综合价”补偿相对于中西部地区的“年产值倍数法”补偿所体现的优越性已经比较明显，它实现了同地同价的原则，但是其面临的新问题也是我们中西部地区需要杜防的。首先，政策变动之间的衔接问题和历史遗留问题。据统计，采用“区片综合价”之后的补偿相对“年产值倍数法”补偿标准大约提高了 30%，随着近几年土地开发持续增温，房地产业行情的一片看涨，其补偿标准也在逐年提高。但是补偿标准的逐年变动对于以往被征地的农民来说容易造成相当大的矛盾和失衡，他们要求填补以前的标准，这样给政府的财政造成很大的压力。其次，虽然“区片综合价”是一个进步，但是它仍然没有跳出现行土地法对土地征收按照原用途进行补偿的思维模式，只是提高了补偿标准，这种补偿依旧是政府垄断控制下的不公平价格。按照公平补偿价格理论，公平价格应该是供求双方根据市场条件下的价格信号达成的公平合理价格。这个价格是供求双方对土地质量、区位条件、非农业经营潜力、农业生产前期成本投入等诸多要素进行合理补偿的最佳方式。因此，未来我国征地补偿标准要尽量接近市场公平价格，在同地同价的原则上，要多听取农民的意见，使得真正的土地所有者参与到土地价格的谈判上，而政府不再主导土地补偿价格的确定，只是发挥政策制定、检查落实的监督功能，退到管理者的角色上来。不过国家为了公共利益的需要，可以行使最终用地权。

（2）留地安置及股份制改革的建议

留地安置和股份制从决策者的角度来看，是一个很好的政策，它可以使农民

的长远生计得到保障。但是这一政策是否运用得好，还取决于管理者的素质，也就是村干部的素质。一旦管理不善或者运用不当，土地的价值得不到显化，农民的生计还是得不到保障。因此，政府要加强引导和规划土地利用，对村干部进行严格的考核。对于安置土地尽量采取租赁经营的方式，获得稳定的租金。当土地需求者较多时，可采取招标的方式，选择最佳的土地使用者，使土地价值能够最大地显化。

在对土地所有者进行补偿（以地价补偿和地上物补偿为主）的同时，还要考虑对土地承租人的补偿。

(3) 将失地农民的社会保障资金纳入征地成本，加强社会保障体制建设

从资源经济学角度看，土地价值应既包括生产价值，也包括社会保障价值，如果对土地实行完全补偿，则应是两者价值的总和。政府应当将失地农民的社会保障资金纳入征地成本，加强社会保障体制建设，使保障水平由低水平、广覆盖到高福利逐步完善，实现梯度式推进。

东部地区已经考虑到了土地价值中的社会保障价值，并将其纳入征地成本，但中西部地区仍然只是对土地生产价值的补偿。这主要是受经济发展水平所决定，而并不完全是决策者忽略了土地的社会保障价值。由于中西部地区相对于东部地区而言，经济还不够发达，发展经济成为中部地区当前的主要任务。假如把土地的社会保障价值纳入征地成本，征地成本将会大幅度提高，这无疑会对招商引资产生影响。因此，根据当地的不同经济发展水平，各个地区可选择与之相适应的社会保障体系。目前，东部地区已实现社会福利保障体系，中西部地区可根据自己的实际情况选择社会救助型社会保障体系。东部很多地区采取强制保险，以农民个人缴纳保险费为主，集体补贴为辅；中西部地区则可采取自愿参加为主，个人缴纳与政府补贴相结合的方式。保障水平从低水平、广覆盖到高福利逐步推广完善，进行梯度式推进，最终达到全民参保。

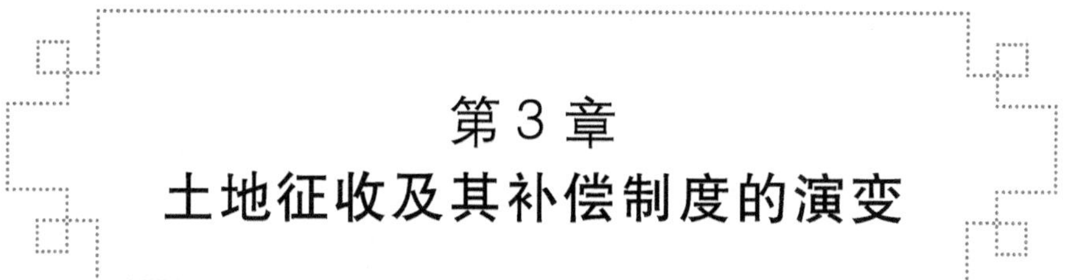

第3章 土地征收及其补偿制度的演变

3.1 土地征收的含义

土地征收是指国家为了社会公共利益的需要，依据法律规定的程序和批准权限，并依法给予农村集体经济组织及农民补偿后，将农民集体所有土地变成国有土地的行为。它强调土地所有权的变更，是一种行政手段。政府特有权、公共目的性和合理补偿是土地征收得以行使的三大要件（刘向南，2005）。

学术界对土地征收研究的相关概念还有农地非农化和农地城市流转等。它们与土地征收既相关又有各自的特点和偏差。农地非农化主要强调土地用途的变更，是指农用地转变成为居住、交通、工业、服务业等城乡建设用地的过程。从用途转换目的来看，农地非农化主要有三种，即国家建设占用农地、乡村集体建设占用农地和农村个人建房占用农地。从权利主体的变化来看，农地非农化可分为权利不转移和权利转移两种。权利不转移的农地非农化即国有农地转为国有建设用地和集体农地转为集体建设用地两种。土地征收是权利转移的农地城市流转。我国社会主义公有制的基本国情决定了我国土地征收是农地城市流转的唯一合法途径，而在一些西方私有制国家，农地城市流转和土地征收是两个不同的概念。农地城市流转是一种市场行为，而土地征收是以公益性用途需要为必要条件，同时给私人土地所有者以“公平”的补偿。我国的法律也规定，农民集体土地是不能直接入市的，为了公共利益的需要，农地转为建设用地必须先通过征收或征用的方式转为国有土地，然后才能出让或者划拨给用地者使用。然而，在现实生活中，很多土地征收并非公益性目的，非公益性目的的征收行为也大量发生，由于经济利益的驱动和管理有漏洞，一些土地投机行为也时有发生，土地投机商和农村集体经济组织私下交易，以土地入股或者分成的方式，通过土地隐形市场，间接参与农地城市流转，谋取暴利。本书研究的土地征收既包括法律规定的公益性征收，也包括现实中大量存在的非公益性征收，同时也探讨由于管理漏洞存在的非法流转。

农地转为城市建设用地，一般要经过如下过程（图3-1），即国家先把农用地征为国有，然后出让或划拨给开发商进行投资开发，开发完成后，再出租或卖给用地单位使用（陈莹和张安录，2006）。前一阶段是土地征收阶段，后一阶段是土地供应阶段，本书研究的是前一阶段。

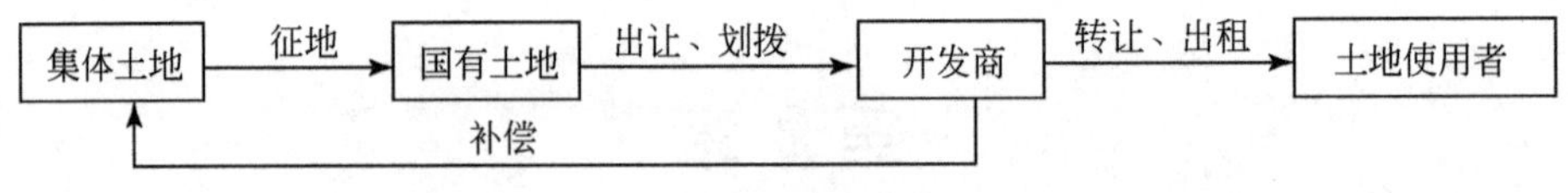

图 3-1　农地转为城市建设用地的一般过程

土地征收是自然、社会和经济等因素综合作用的结果（图 3-2）。自然因素主要是指耕地的资源禀赋，因为土地征收的自然供给来源主要就是耕地资源。社会因素包括人口、城市化水平以及粮食安全等。在国外，经济因素应该是影响土地征收的最主要因素，流转意愿和流转价格直接通过价格信号予以反应，价格直接由供需市场状况决定。然而在我国，城乡分割的市场体系、受限制的农村土地市场和不健全的城市土地市场决定了我国的土地征收是自然、社会和经济等多因素综合作用的结果，而经济只能是影响土地征收的重要因素，而不是决定性因素。影响土地征收的经济因素主要包括土地利用的比较利益、固定资产投资、经济发展水平、土地价格、国民经济产值、居民消费水平、不同产业结构、土地收益分配结构等。在自然、社会和经济的共同作用下，制度环境和国家的宏观调控政策也是影响土地建设用地需求旺盛的因素，而自然因素中的耕地后备资源供给严重不足，土地征收供需矛盾突出。同时，我国的土地制度和政策还不完善和不健全、对土地征收的调控不得力，导致征收失控。据国土资源部公布的 2005 年全国土地利用变更调查结果（表 3-1），“十五”计划期间，全国耕地面积净减少 6.01×10^6 公顷，年均减少耕地 1.20×10^6 公顷，同期全国共新增建设用地 2.19

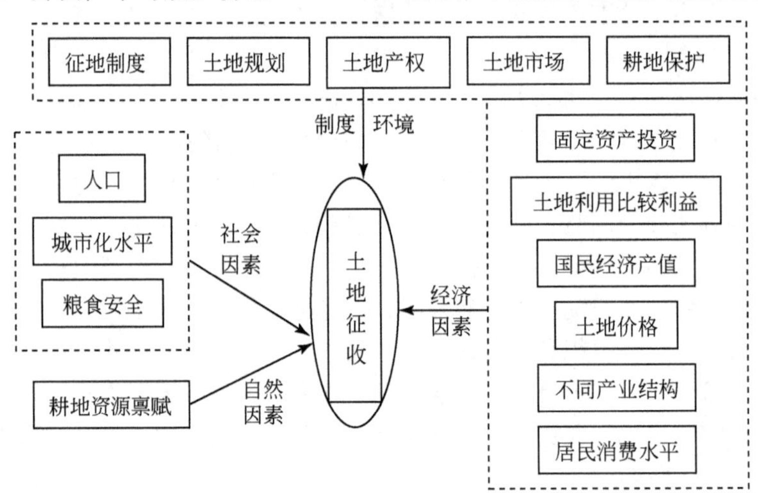

图 3-2　土地征收的影响因素

$\times 10^6$ 公顷，其中，建设占用耕地 1.09 $\times 10^6$ 公顷，建设占用耕地占新增建设用地的一半。

表 3-1 “十五”期间中国耕地面积变化状况 单位：万公顷

年份	耕地减少				合计	耕地增加	耕地净减少
	非农建设占用	灾毁	农业结构调整	生态退耕			
2001	16.37	3.05	4.50	59.07	82.99	20.26	62.73
2002	19.65	5.64	34.90	142.55	202.74	34.12	168.62
2003	22.91	5.04	36.41	223.732	88.09	34.36	253.74
2004	29.28	6.33	20.47	73.29	129.37	49.34	80.03
2005	21.21	5.35	1.23	39.04	66.83	30.67	36.16
合计	109.42	25.41	97.51	537.68	770.02	168.75	601.28

资料来源：根据《中国国土资源公报》整理

3.2 土地征收中的收益及利益关系主体

国家无论是为公共利益还是非公共利益需要而征地，在土地征收过程中，实际上都是将土地利益在不同主体之间重新调整的过程，参与土地利益调整关系的相关主体主要有中央政府、地方政府、农村集体经济组织、农民个人和用地单位。各方利益主体都可以看做独立经济的实体，他们都有追求自身利益最大化的要求，这种利益包括经济利益、社会利益和生态利益。

3.2.1 土地征收中的收益

土地收益就是利用土地所获得的报酬。从广义上讲，土地收益既包括经济收益，又包括社会和生态收益，而狭义的土地收益仅仅是指经济收益。土地利用类型不同，其土地收益的内涵也不同。农地收益是指在不改变农用地用途的情况下，通过不断对农用地追加投入所获得的收益。由于农地利用具有很强的正外部性，其生态价值和社会保障价值无法通过农地价格得以体现。农地收益主要是农地生产出来的农产品价值，因此，农地价格就是农产品价值的资本化收益。由于农业比较利益低下以及“搭便车”的存在，更多地抑制了农民进行耕地保护的积极性。城市土地收益是指城市土地作为一种特殊商品或生产要素在市场交易或生产经营过程中带来的总收入。

土地征收中的收益是指农村集体土地经国家批准转为城市用地后，在土地征收过程中获得的报酬。从广义上讲，这个报酬既包括以租、税、费形式获得的经济收益，也包括解决就业、改变城市基础设施等获得的社会收益，同时也包括美化环境等生态收益。狭义的土地征收中的收益仅仅是指经济意义上的收益，这种土地收益在农民、农民集体、地方政府和国家之间进行分配。农民和农民集体获得征地补偿款，国家是以各种税费的形式获得土地收益，地方政府获得大部分的土地出让金和有关税费收益，其具体构成及分配情况如表3-2所示。本书所指的土地征收中的收益是其狭义概念。

表3-2　土地征收中的收益构成及分配

收益主体	收益类型	权益类型
农　民	安置补助费、青苗补偿费、地上附着物补偿费	承包经营权、使用权
农民集体	土地补偿费	土地所有权
地方政府	耕地占用税、征地管理费、耕地复垦基金、新菜地建设基金、土地出让金等	管理权
国　家	耕地占用税	最终所有权、管理权

3.2.2　土地征收中的利益关系主体

3.2.2.1　中央政府

中央政府是城市建设用地的所有者，国家法律规定城市土地属于国家所有。国务院代表国家行使国有土地的所有权，主要是通过制定一定的法律和政策来调整其他主体的行为，对土地征收具有最高决策权。国务院一般从全局的观点来看土地征收问题，在权衡粮食安全、生态平衡、经济发展、社会稳定等多方利益的条件下，在宏观目标下作出土地征收的决策。例如，规定18亿亩耕地面积的红线，各级省市都要制定相关规划保证耕地面积不减少，并兼顾经济、社会和生态效益的共同提高。因此，中央政府在土地征收中的目标主要是既要满足国家经济的发展，又要维护社会的稳定，保证国家平稳健康的发展。

3.2.2.2　地方政府

地方政府是指在中央政府领导下的地方政府，主要包括省、市、县、镇、乡等五级政府，地方政府代理中央政府行使征地权。地方政府是城市建设用地的经营者和管理者，并具有政策执行主体与利益主体的双重身份，面对当地经济发展与耕地保护的双重职能，地方政府更重视经济增长、财政收入等硬性经济指标。由于土地征收会产生高额利益，而风险值很低，因此受利益的驱动，地方政府对农地征为建设用地的经济效益关注程度较高，而对其社会效应和生态效应关注较少。同时，一些地方政府为了追求政绩大搞形象工程，以地生财，圈地搞开发区，从而导致土地闲置、浪费的现象严重。

3.2.2.3　农村集体经济组织

我国法律规定，集体经济组织是农村集体土地的所有者，集体组织作为村集体的领导者，在土地征收过程中，一方面要贯彻执行上级政府的各项行政命令；另一方面作为村民自治组织，有义务代表农民维护本集体农民的利益。在土地征收中，集体组织很难对征收目的、补偿标准等事项提出异议，相对于地方政府而言，其在土地征收过程中处于从属地位，由于利益的驱动其往往会与上级政府合作，甚至与用地单位进行非法土地交易将农地释放。在这种情况下，村集体组织只能想方设法做通农民工作，以保障征地的顺利进行。另外，集体组织作为村民自治组织，其村干部都是由村民选举产生，它也会在一定程度上维护农民利益。因此，在公益性用地征收和经营性用地征收过程中，村集体表示出极大的态度反差。对于经营性用地，村集体尽量会为本村农民谋求更多的利益补偿，如果是对国家，它又会积极对农民做工作，配合国家完成征地任务。在实行征地价格包干制的情况下，村集体为了谋求自身的利益，会变相压低给予农民的安置补助费。

3.2.2.4　农民个人

农民作为农村土地的承包经营者和使用者，关注的是自身效益的最大化。在土地征收和保护方面具有矛盾性，一方面，因为农地具有提供生活保障、养老保障和就业保障等社会保障的功能，农民希望自己的农地得到保护，长期拥有；另一方面，由于土地利用的比较利益低下，种地的风险值大而收益较低，有些农民宁愿出去打工，而将农地转租甚至抛荒，打工效益不好可以随时回来种地。但是如果农地被非法占用或者征地补偿费低，农民可能采取上访等措施保护自己的利益不受损失。在确定征地后，农民唯一考虑的就是经济利益，他们希望得到更多的征地补偿。

3.2.2.5　用地单位

用地单位作为理性“经济人”，其追求的目标是在农地开发利润最大化的同时，使开发经营成本最小化。在土地征收过程中，用地单位分为行政部门和各类开发商。对于行政部门用地主要是采用行政划拨的方式得到土地使用权，它是一种无偿、无限期、强制性的用地方式，获取土地的费用主要是农地补偿费用，在农地补偿价格比较低的情况下，用地单位就有扩大农地需求量的愿望。在计划经济时期，各类开发商用地主要是采用行政划拨的方式，在市场经济时期，主要是采用招标、拍卖、挂牌的方式获得有限期的土地使用权。在目前市场经济条件下，用地单位都希望压低获取土地的成本，以求获得更高利润。

3.3 征地补偿制度演化

3.3.1 计划经济时期土地征收补偿制度分析

计划经济时期，我国通过土地征收无偿取得集体土地，并通过行政划拨方式安排给建设用地者无偿、无限期使用，禁止土地使用者转让土地使用权。由于在计划经济时期的企业大多是国有的，在统收统支的财务制度下，企业不是独立的经济实体，一切经济活动听命于国家计划，所有的建设项目也都是由国家计划安排统一建设的。从土地征收过程来看，不存在土地收益的获取，一个项目需要用地，国家无偿征收农民集体所有的土地，然后将征收的土地无偿划拨给用地单位使用。农民交付土地后，由农村户口转变为城市户口，并为被征地农民在城市安排工作（图3-3），对于确实贫困的人酌情给予补助。改革开放初期，我国在土地管理法制建设中基本上沿用了这种集体土地国家征收制度。只是对于农民，由“不补偿”转变为“对农民耕种的土地予以适当补偿”，这些补偿主要是青苗补偿，而且补偿标准非常低，但在当时城乡户籍制度的背景下，土地征收可以使农民由农业户口转变为城市户口，很具吸引力，农民都希望土地征收。

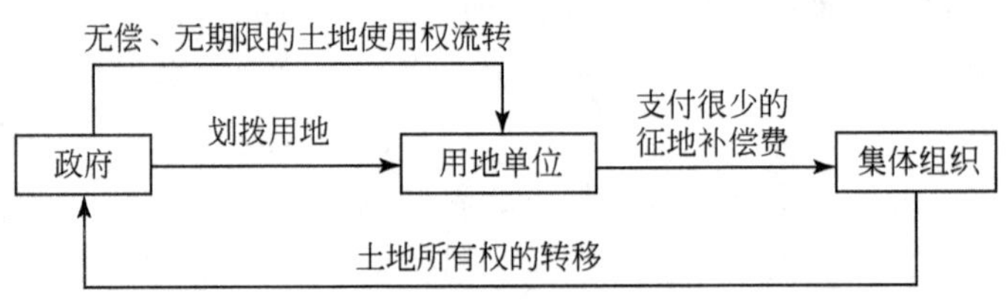

图3-3 计划经济时期的土地征收模式

3.3.2 市场经济时期土地征收补偿制度分析

从理论上讲，市场经济是通过价格机制来调整优化资源要素的配置，当土地的供给与需求价格相等时，市场出清达到平衡。然而，我国的土地征收实行的是国家垄断土地市场，国家是农村土地的唯一收购者和新增建设用地的唯一供应者。在国家这一买一卖的垄断控制过程中，便产生了土地收益。相对于计划经济时期，市场经济时期征收制度的变化表现为以下两个方面。一是国家收购农村集体土地由无偿或低补偿转变为相对公平补偿。尽管征地补偿仍然是延续传统的年产值倍数法，但补偿倍数逐步提高，征地成本也因此提高。二是土地供应方式由无偿划拨转变为有偿使用。国家将征收的农民集体所有土地通过土地储备中心，采用招标、拍卖和挂牌的方式在土地一级市场上供应给土地使用者。土地使用者获得的土地使用权是有偿、有期限的使用权，并允许在土地二级市场上进行流转。这就使得土地资产得到价值体现，实现了土地收益的获取（图3-4）。

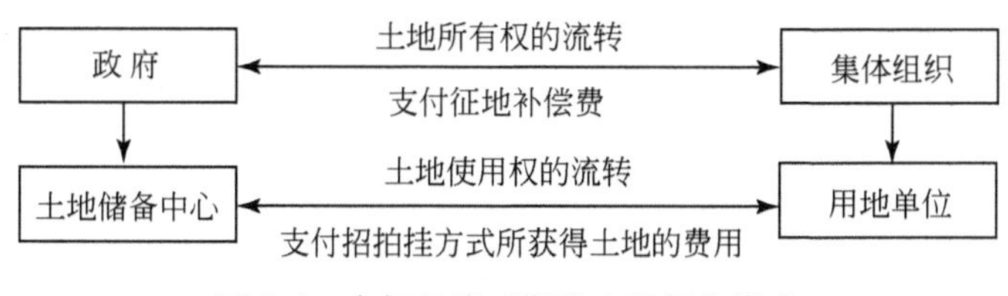

图3-4　市场经济时期的土地征收模式

3.3.3　制度变迁过程与特征

3.3.3.1　制度变迁过程

从新中国成立后的计划经济时期到改革开放的市场经济时期，我国的征收补偿制度经历了多次调整（表3-3）。概括起来表现在以下三个方面。

（1）对土地征收由不补偿到合理补偿，补偿标准在逐步提高，并朝着规范化方向发展

我国最初对土地征收不补偿，自从实施征地补偿以来，一直延续着年产值倍数法的补偿方式，而且补偿标准逐步提高。1953年，政务院《关于国家建设征用土地办法》规定土地补偿费以最近3～5年的年产值总和为标准。1986年，《中华人民共和国土地管理法》规定土地补偿费为该耕地年产值的3～6倍，安置补助费为2～3倍。1998年，经过《中华人民共和国土地管理法》第一次修正，我国将土地补偿费提高为该耕地被征用前三年平均年产值的6～10倍，安置补助费提高为4～6倍。2004年，《国务院关于深化改革严格土地管理的决定》提出，若按照最高补偿标准尚不足以使被征地农民保持原有生活水平的，当地人民政府可以用国有土地有偿使用收入予以补贴。这些按照传统的“被征收土地的原用途给予补偿”造成征地中的价格“剪刀差”，被征土地改变用途后的增值收益被政府剥夺，农民的利益严重受损。这种以土地原产值确定的补偿标准，并不能反映土地的市场价值，并且难以正确体现地块的区位差异及各地不同的经济发展水平等。被征收人的利益在土地征收中没有得到应有的体现，补偿费的基数既非市场价格，也无参照性，难以推测其合理与否。在有些地方，即使是按照1998年修

订的《土地管理法》规定的最高标准（土地补偿费与安置补助费之和的30倍）给予补偿，仍然无法使相当部分农民维持原有的生活水平。因此，未来对土地征收的补偿要逐渐向市场价靠近。目前，我国正在逐步推行区片综合价补偿的方式，并在东部发达地区试点，以期使土地补偿实现同地同价。尽管按照这些方式，补偿标准还是较低，但是正在逐步靠近市价补偿。

表3-3　征收补偿制度变迁表

时　间	法　规	具体规定
1950.6.24	《铁路留用土地办法》	第5条规定："铁路因建筑关系，原有土地不敷应用或有新设施需要土地时，由铁路局通过地方政府收买或征购之"
1950.9.16	中央人民政府政务院《关于铁路留用土地办法的几点解释》	"至于地价问题，凡接受国民党政府时期之路基地产，经过征用程序有案可稽者，一般不予补发地价，对确实贫困之所有权人，可酌情补助；其未办征用程序以及新占有者在未进行土改以前，应按原办法第六条由铁路局通过地方政府收买或收购之。" "征用公地，无需地价，如所征土地系学校、孤儿院、养老所、医院所依靠该土地收入维持费用者，应通过地方政府发给地价"
1950.11.21	《城市郊区土地改革条例》	"国家为市政建设及其他需要征用私人所有的农业土地时，需给予适当代价，或以相等之国有土地调换之。对于耕种该土地的农民应给予适当的安置，并对其在该项土地上的生产投资（如凿井、植树等）及其他损失，应予以公平合理的补偿"
1953.12.5	中央人民政府政务院《关于国家建设征用土地办法》	妥善安置被征地者才能举办项目，土地补偿费以最近3～5年产量的总值为标准，特殊土地应酌情处理。如另有公地可以调剂，也须发给被调剂土地的农民迁移补助费。被征用土地、房屋、水井、树木等附着物及种植的农作物，要按公平合理的代价予以补偿。政府必须协助被征地农民解决转业，用地单位应尽可能吸收其参加工作
1954.9.20	《中华人民共和国宪法》	"国家为了公共利益的需要，可以依照法律规定的条件，对城乡土地和其他生产资料实行征购、征用或收归国有"
1956.1.21	中华人民共和国国务院《关于纠正与防止建设征用土地中浪费现象的通知》	纠正土地浪费严重问题。通知中提到，据武汉、长沙、北京、杭州、成都和河北五市一省部分地区不完全统计，几年来共征用土地10.1万多亩，浪费的就达4.18万多亩，占用了征用土地数量的40%
1958.1.6	《国家建设征用土地办法》	以土地最近2～4年产量的总值为标准；可用国有、公有土地进行调剂，无法调剂或调剂后被征用土地者的生产和生活有影响的，应发给补偿或补助费。属于征用农业生产合作社土地的发给合作社，属于征用私有土地的发给所有人。农民安置有农业安置、其他方面的安置或组织移民

续表

时　间	法　规	具体规定
1982. 5. 14	《国家建设征用土地条例》	明确征地费包括土地补偿费、青苗补助费、附着物补偿费和农业人口安置补助费。土地补偿费为该耕地年产值的3～6倍，安置补助费标准为2～3倍，但每公顷耕地的安置补助费，最高不得超过其年产值的10倍；两项总和不得超过土地年产值的20倍。劳动力安置途径主要有：农业吸劳、乡村企业吸劳、迁队或并队、农转非后城镇企业吸劳
1986. 6. 25	《中华人民共和国土地管理法》	土地补偿为耕地年产值的3～6倍，安置补助标准为2～3倍，每公顷耕地的安置补助费最高不得超过土地年产值的10倍，两项总和不得超过20倍。劳动力安置有：农业安置、乡镇企业就业、农转非由用地单位及其他国营单位安置、鼓励自我就业，并发给一定安置补助费
1998. 8. 29	《中华人民共和国土地管理法》（第一次修正）	征地补偿按照被征用土地的原用途给予补偿，其标准是土地补偿费为该耕地被征用前三年平均年产值的6～10倍，安置补助费为4～6倍，每公顷被征用耕地的安置补助费，最高不得超过被征用前三年平均年产值的15倍。土地补偿费和安置补助费的总和不得超过土地被征用前三年平均年产值的30倍
2004. 2. 8	《中共中央国务院关于促进农民增加收入若干政策的意见》	“各级政府要切实落实最严格的耕地保护制度，按照保障农民权益、控制征地规模的原则，严格遵守对非农占地的审批权限和审批程序，严格执行土地利用总体规划。要严格区分公益性用地和非公益性用地，明确界定政府土地征用权的征用范围，完善土地征用程序和补偿机制，提高补偿标准，改进分配办法，妥善安置失地农民，并为他们提供社会保障，积极探索集体非农建设用地进入市场的途径和办法”
2004. 4. 28	《关于开展土地市场治理整顿严格土地管理的紧急通知》	全国暂停农用地审批，暂停新批的县改市（区）和乡改镇的土地利用总体规划的修改，暂停涉及基本农田保护区调整的各类规划修改
2004. 8. 28	《中华人民共和国土地管理法》（第二次修正）	国家为了公共利益的需要，可以依法对土地实行征收或征用并给予补偿
2004. 10. 21	《国务院关于深化改革严格土地管理的决定》	省、区、市人民政府要制定并公布各市县的统一年产值标准或区片综合地价。土地补偿费和安置补助费的总和达到法定上限，尚不足以使被征地农民保持原有生活水平的，当地人民政府可以用国有土地有偿使用收入予以补贴

续表

时　间	法　规	具体规定
2004. 11. 3	《关于完善征地补偿安置制度的指导意见》	省级国土资源部门要会同有关部门制定省域内各县（市）耕地的最低年产值标准，制定统一年产值标准可考虑被征收耕地的类型、质量、农民对土地的投入、农产品价格、农用地等级等因素。土地补偿费和安置补助费的统一年产值倍数应按照保证被征地农民原有生活水平不降低的原则，在法律规定范围内确定；依法定的统一年产值倍数计算的征地补偿安置费用，不能使被征地农民保持原有生活水平，不足以支付因征地而导致无地农民社会保障费用的，经省级人民政府批准应当提高倍数；土地补偿费和安置补助费合计按30倍计算，尚不足以使被征地农民保持原有生活水平的，由当地人民政府统筹安排，从国有土地有偿使用收益中划出一定比例给予补贴。有条件的地区，省级国土资源部门可会同有关部门制定省域内各县（市）征地区片综合地价，报省级人民政府批准后公布执行，实行征地补偿。土地补偿费的分配，按照土地补偿费主要用于被征地农户的原则，土地补偿费应在农村集体经济组织内部合理分配，具体分配办法由省级人民政府制定。土地被全部征收，同时农村集体经济组织撤销建制的，土地补偿费应全部用于被征地农民生产生活安置。被征地农民的安置途径有：农业生产安置、重新择业安置、入股分红安置、异地移民安置
2005. 1. 30	《中共中央国务院关于进一步加强农村工作提高农业综合生产能力若干政策的意见》	严格保护耕地。控制非农建设占用耕地，确保基本农田总量不减少、质量不下降、用途不改变，并落实到地块和农户。严禁占用基本农田挖塘养鱼、种树造林或进行其他破坏耕作层的活动。修订耕地占用税暂行条例，提高耕地占用税税率，严格控制减免。搞好乡镇土地利用总体规划和村庄、集镇规划，引导农户和农村集约用地。加强集体建设用地和农民宅基地管理，鼓励农村开展土地整理和村庄整治，推动新办乡村工业向镇区集中，提高农村各类用地的利用率。加快推进农村土地征收、征用制度改革
2005. 7. 23	《制定征地统一年产值标准和区片综合地价工作的通知》	《通知》要求，东部地区城市土地利用总体规划确定的建设用地范围，应制定区片综合地价格；中西部地区大中城市郊区和其他有条件的地区，也应积极推进区片综合地价制定工作。征地区片综合地价是征地综合补偿标准，制定时要考虑地类、产值、土地区位、农用地等级、人均耕地数量、土地供求关系、当地经济发展水平和城镇居民最低生活保障等多方面

（2）对征收补偿款的支付和管理朝更规范合理的方向发展

计划经济时期，我国实行的是土地无偿使用制度，土地采取行政划拨的方式给土地使用者使用。《城镇国有土地使用权出让和转让暂行条例》第43条规定："划拨土地使用权是指土地使用者通过各种方式依法无偿取得的土地使用权。"而《城市房地产管理法》第22条则将"土地使用权划拨"的概念定义为："土地使用权划拨，是指经县级以上人民政府依法批准，在土地使用者缴纳补偿、安置等费用后将该土地交付其使用，或者将土地使用权无偿交付给土地使用者使用的行为。依照本法规定以划拨方式取得土地使用权的，除法律、行政法规另有规定外，没有使用期限的限制。”值得注意的是，在计划经济体制下，企业不是独立自主的经济主体，征地补偿归根结底是由政府财政支付，“农转非”安置与企业利益关系不大。即使是由土地使用者缴纳补偿、安置等费用，其补偿款也很少，真正的补偿是政府提供的“农转非”指标。在市场经济时期，我国的土地采用协议、招标、拍卖、挂牌等有偿出让方式，即使按照协议的出让方式获得的收益偏低，但相对于计划经济时期，土地资产的价格也得到了显化。随着市场化程度的提高，拍卖和挂牌等出让方式所占比例越来越高。政府在获得土地出让收益的同时，会将征地补偿作为用地成本。一些地区甚至将一定比例的土地出让资金打入专门的账户，专门用于支付农民的补偿和社会保障，并实施严格的监督管理，保障农民的利益得以实现。

（3）对失地农民的安置由安排工作到自主谋业，有些地区实施了失地农民社会保障制度

计划经济时期，农民没有得到或者得到很低的征收补偿，同时可以获得进城就业的指标，由于城市居民具有较高的社会地位，可以享受到特殊的福利和补贴，“农转非”指标对于农民而言有很强的诱惑力。国家通过行政手段安排被征地农民“农转非”、招工，享受市民、工人的福利待遇，因而农民在土地被征收后的长远生计可以保证。这一时期的征地补偿制度是一种纯粹的将农民转为市民的关系，这在计划经济体制下是合理和适用的，也为农民和社会各界所广泛接受。在市场经济时期，补偿方式采取的大都是一次性货币补偿，农民需要自谋职业。由于农民文化水平低，又缺乏一定的劳动技能，他们很难找到工作，大部分农民闲置在家，他们成为名义上的市民，然而并没享受到市民的身份和待遇。这些给国家和社会的稳定带来了压力，失地农民的生活和社会保障问题也越来越引起国家的重视。因此，国家要求建立相应的失地农民社会保障制度，东部地区已经试行，中西部地区也要分阶段、分步骤地逐步实施。

3.3.3.2 制度变迁特征

制度变迁是否发生主要有两个方面的动因：由于外部环境的变化发展，一方面会使原来的制度安排变得无效、并非最佳或制度短缺；另一方面会改变可供选择的制度结构的制度选择范围（钱弘道，2002）。制度变迁实际上是权利和利益的再分配，制度的变迁过程实际上就是外部利润内在化的过程。制度变迁的方式主要有两种：诱致性制度变迁和强制性制度变迁。这两种制度变迁方式贯穿于我国土地征收补偿制度的演变过程。制度变迁伴随着外部环境的变化而发生，以促

进我国社会发展为目标。在解放初期，我国还处于一个不稳定的时期，经济处于起步阶段，因此，发展目标是巩固国家主权、维护社会稳定。该阶段采取计划经济体制，实施“以农业支持工业，农村支持城市”的战略方针，扶持国家的基础性产业，重点加强工业建设。土地作为重要的生产性要素，在支持工业和城市发展的过程中起着重要的作用，国家将农村集体土地无偿征收，并无偿配制给土地使用者使用，为我国的经济积累作出了巨大贡献。

当然，在计划经济时期，我国的社会经济还不发达，土地征收发生并不多。改革开放以后，工业化和城市化的加速发展大力推动了农地大规模的转用。如果继续推行“以农补工”的政策只会加剧城乡矛盾，使农民的权利受到破坏。因此，进入21世纪以来，特别是党的十六大提出了以人为本、坚持科学的发展观，统筹城乡经济社会发展，构建和谐社会的发展理念。中共十六届五中全会进一步强调：“要实现工业反哺农业，城市支持农民，推进社会主义新农村建设”。中共十七届三中全会就保障农民权益和改革征地制度问题指出：“改革征地制度，严格界定公益性和经营性建设用地，逐步缩小征地范围，完善征地补偿机制。依法征收农村集体土地，按照同地同价原则及时、足额给农村集体组织和农民合理补偿，解决好被征地农民就业、住房、社会保障问题。”对于农民利益的维护，加强城乡协调发展被提到一定高度，农民问题越来越得到重视，土地作为农民的重要收益来源和生存保障，也得到了越来越多的重视。土地资产也逐步得到显化。因此，在土地征收过程中的补偿标准也随着社会经济的发展逐步提高。尽管补偿标准距离“市场价格”还有差距，但是这个差距正在逐步缩小。当前最需解决的是失地农民问题，特别是在中西部欠发达地区。以往通过“‘农转非’解决失地农民工作问题”的办法在目前就业形势严峻、大量城市职工下岗的背景下难以继续推行。即使给农民暂时安排工作，由于他们文化水平低，缺乏职业技能，在企业改制的过程中成为最先下岗的对象，这些失地农民往往很快成为失业游民。因此，以土地换就业的安置办法很快被一次性货币补偿的办法取代。可很多农民拿到一笔补偿款，很快挥霍一空，一旦钱用完，又找政府寻求帮助。

总之，建立长效的失地农民社会保障机制，并给予一定的职业技能培训，使其获得长远生计的资本才是解决失地农民的有效办法。从农地城市流转的土地收益分配制度的变迁中就可以看出，制度的变迁是由外部环境，即社会发展的大背景决定的。制度变迁的根源在于制度决定者与制度接受者的矛盾，也是相关利益主体博弈的结果。

第4章 征地补偿及补偿费分配的理论分析

4.1 土地征收合理补偿的理论分析

对于征地补偿的理论依据，各国学者众说纷纭，归纳起来大致有以下五种学说。①既得权说。此说认为人民的既得权既然是合法取得的，就应当得到绝对的保障。即便是由于公共利益的需要，使其遭受经济上的特别损失，也应当基于公平的原则给予补偿。②恩惠说。此说强调国家统治权与团体利益的优越性，主张绝对的国家权力，以及法律万能和公益至上。因此，此说认为个人没有与国家相对抗的理由，甚至完全否认国家对私人有提供损失补偿的必要。国家侵害个人权利给予补偿，那完全是出于国家的恩惠。③公用征收说。此说认为国家法律固然有保障个人财产的一面，但也有授予国家征收私人财产权力的一面，对于因公共利益的需要而做的合法征收，国家可以不承担法律责任，但仍应给予个人相当的补偿，以求公平合理。④社会职务说。此说认为国家为了使人各尽其社会一分子的责任，首先应承认个人的权利，这是实现社会职务的手段。因为权利的本质具有义务性，人民的财产被征收后，国家酌量给予补偿，才能使其社会职务得以继续履行。⑤特别牺牲说。此说基于法的公平正义的观念，认为国家的合法征地行为会对人民权益造成损失，它是无义务的特定人对国家所作的特别牺牲，这种特别牺牲应当由全体人民共同分担给其以补偿（陈泉生，1994）。以上这五种学说中，以特别牺牲说较具有法制说服力，并且在实际当中也比较容易被接受，从而成为土地征收补偿的通用学说。

对应于以上补偿理论，土地征收补偿的原则主要有完全补偿原则、不完全补偿原则和相当补偿原则。世界各国征用土地补偿的原则各不相同，即使是同一个国家，随着权利观念从权利私有化向权利社会化的转变，不同时期也有不同的观点，如德国、日本都经历了“完全补偿—不完全补偿—相当补偿”的过程。从国际整体发展趋势看，对于国家合法行为所造成的损失，其补偿范围与标准呈日渐放宽之势，对被征收者所遭受的损失给予更充分、更完全的补偿（征地制度改革研究课题组，2000）。

从我国现有的有关法律规定来看，我国征地补偿属于不完全补偿，且补偿范围和标准也比世界其他国家偏窄偏低。我国征地制度改革中在确定征地补偿原则和标准时应遵循“大方向与国际惯例保持一致，具体标准则应缩小与国际惯例的差距”的原则。比较流行的观点是将征地类型按是否以营利为目的，划分为公益性征地和非公益性征地。对于两种征地类型的补偿，学术界也有三种不同的观点。第一种观点是赞成非公益性补偿应该比公益性补偿高，对于前者采用完全补偿原则，按市场价值补偿，对于后者采用不完全补偿原则，由政府定价（征地制度改革研究课题组，2000）。原因是公益性土地征收行为，农民已经从中获利，如可以享受到城市基础设施的便利，可以获得一定的外部性补偿等；而对于非公益性土地征收，农民无法享受到这样一种外部性收益。因此，对于公益性补偿，可以由法律或者政府定价，在缺乏农地买卖市场、没有土地市场价格形成的情况下，被征收土地本身的赔偿应该根据其最高层次和最佳用途进行估算，尽可能接近真实的土地价值，当然应该扣除预期土地将变成公共用地而引起的价格上涨部分。对于非公益性的土地征收，则应该更多引入竞争机制和谈判机制，从而使得土地所有者的土地收益权在征收过程中得到有效保护（汪晖和黄祖辉，2004）。第二种观点恰好相反，赞同公益性补偿应该比非公益性补偿高，理由是非公益性用地往往能给被征地的农民利益集团带来一些间接的利益（如解决一些就业问题、给予贷款方便等），因此，农民利益集团必然在该方面优惠一些；相反，地方公益性用地，一般很难给被征地的农民利益集团带来其他方面的好处，就导致在该方面付出的补偿较多一点（吕彦彬，2005）。第三种观点是无论公益性还是非公益性补偿标准都应该按照完全补偿原则（诸培新，2003），原因有两点：①从农村土地所有者角度看，同样的土地仅仅因为征收后的使用者不同，而补偿价格相差是不公平的，这是对土地所有权益的一种侵犯，也是与市场经济的公平性原则相悖的。②政府作为公共利益代表，行为公正与公平是起码的准则，如果借着公共利益的名义就可以让少数人（土地被征收者）的利益受损，而让其他人坐享收益，这很明显是不公正的。

对于以上三种关于两种征地类型补偿的观点，前两种观点只看到了征收类型的一方好处，而没有全面地看问题，第三种观点显得过于绝对。其实两种征地类型对于农民的利益损失可能存在不同。我们的观点是，依据农民利益的受损程度补偿。那么，不论是公益性还是非公益性征收，哪种受损失程度大则补偿就高。对于有些公益性征收能给农民带来一些生活和基础设施的便利，而有些非公益性征收能给农民带来就业和投资的好处，这就要看两者利益好处的权衡了。例如，某些公益性征收，如修建全封闭的高速公路，农民并没有因此得到交通的便利，相反还遭受噪声污染等；而某些非公益性征收，如修建旅游度假村、进行房地产开发等，带动了当地的地方经济，失地农民可以以此为契机，经营农家乐，利益不仅没受到损失还得到了实惠。因此，我们不能仅仅以公益性和非公益性作为区分补偿的标准，而要科学衡量利益损失。因为征地补偿实质上就是对权利损失的补偿。

国外对土地产权的划分比较简单，很多国家实施土地私有制，农民拥有土地的完全产权，土地已经完全商品化。在用于公共目的时，政府及有关机构行使征地权。征地补偿是以市场价格为基础，直接补给被征土地的所有者，实施完全补偿，不仅考虑被征土地的现有价值，而且还考虑土地可预期、可预见的未来价值，充分保障土地所有者的权利。然而，由于我国农地实行的是一种不完全产权制度、农民集体所有和国家所有的不对等地位、集体经济所有和农民承包经营的双重体制造成了农地所有权主体模糊、产权体系复杂，即使是把现有的土地产权科学量化和剥离都有很大困难，更不用谈科学衡量征地过程中各个利益主体的产权损失量了。因此，按照产权损失来计算征地补偿是理论上最科学，但实际操作中却最困难的办法。

为此，我们尝试着借鉴经济学的供给和需求理论，从农地价值和功能的角度探讨合理的征地补偿标准。农地具有的经济价值、社会价值和生态价值能给农民及全社会成员带来福利享受。可当农地转为城市建设用地，农地的价值大部分损失或转移，应当给予受损者补偿。农民和农民集体是农地价值的主要享有者，我们可以以农地总价值作为补偿的上限。农民之所以对农地有如此的需求，除了中国农民长期以来的恋土情结外，还有很大一部分原因是农民对农地功能的需求。农地一旦被征收，农民所能拥有的农地功能便消失，假如我们能提供与征收前农民所能享有的农地功能价值相等的补偿，那么农民的需求就得到满足。因此，我们可以从需求的角度评估出农民所能享有的农地功能价值，并将其作为农地补偿的合理性标准。

4.1.1 农地价值角度的土地征收合理补偿

4.1.1.1 对农地价值的审视

长期以来，由于传统经济学对土地价值的认识仅仅停留在单纯的或狭义的经济价值的基础上，忽视了土地所拥有的生态功能、景观功能、食物安全以及代际公平等生态价值与社会价值，并且这些价值及其产生的效益外在于市场。随着土地资源的逐渐减少，这种产生非直接使用价值的功能将越来越凸显出来，可这些功能价值在目前的市场体系中几乎不能得到应有的体现，在农地征收过程中更得不到足够的价值补偿。

为了克服传统经济学对土地价值界定的局限，必须在资源环境和经济协调发展的基础上对土地价值重新认识。土地价值不仅仅取决于人类对土地的需求和土地产出，而且还取决于土地对人类社会的各项功能效用因素，即土地价值不仅包括土地的经济效用，而且还包括其社会价值和生态效用（陈莹等，2005）。

环境价值计量的最初的、也是最基本的动机是使环境影响能够纳入到成本－效益分析中，结合土地资源的特点，土地价值的计量模型可表示为

土地价值＝市场价值＋非市场价值

市场价值＝直接使用价值＋间接使用价值

非市场价值＝选择价值＋存在价值＋馈赠价值

直接使用价值是对土地资源效应的一部分或全部直接消费所体现的经济价值（诸培新，2003）。例如，农地可以用来生产粮食、水果等，还可以转为非农建设用地，城镇建设用地能够提供生产和服务功能。这些价值都可以通过土地生产出的经济效益得以体现。间接使用价值是不直接用以生产或消费、不直接在市场上交换的价值。一般的，间接使用价值对应于土地资源功能类型中的生态功能和调节功能。由于土地资源具有很强的外部性，特别是耕地资源，其社会保障价格和生态价值都是外溢的、利他的，并且其他的个人和团体获得这些效益没有通过市场交易，是不付出任何劳动的。因此，土地的真实价值不仅包括利己的部分，而且应涵盖利他的部分。其中，利己部分即土地的市场价值，利他部分为土地的非市场价值。市场价值就是指土地资源目前的使用价值，即传统价值理论中所指的价值部分，它也是早期研究中的期望消费者剩余（expected consumer surplus）。土地的非市场价值包括三个部分：选择价值（option value）、馈赠价值（bequest value）和存在价值（existence value）。

选择价值又称期权价值，相当于消费者为一个未利用的资产所愿意支付的保险金，仅仅是为了避免在将来失去它的风险，即消费者对某一资源的未来需求及供给不确定（消费者目前无法确知未来是否会消费该商品），而当主管机构要作出决策是否保护或开发此资源时，消费者为了要确保未来对该资源的需求可以获得满足，所愿意额外支付的价值。

馈赠价值是指当代消费者考虑后代的使用权，愿意支付若干代价以保护农地资源，让子孙也享有农地资源所带来的效用。

存在价值是指从仅仅知道这个资产存在的满意中获得的价值（尽管并没有要使用它的意图）。从某种意义上说，存在价值是人们对环境资源的一种道德上的评判，包括人类对其他物种的同情和关注。由于绝大多数人对环境资源的存在（如野生生物和环境的服务功能等）具有支付意愿，所以环境经济学家认为，人们对环境资源存在意义的支付意愿就是存在价值的基础。随着环境意识的提高，存在价值被认为是环境资源总经济价值中的一个重要部分。如果该环境资源是独特的，其存在价值的提出就显得更为重要（图4-1）。

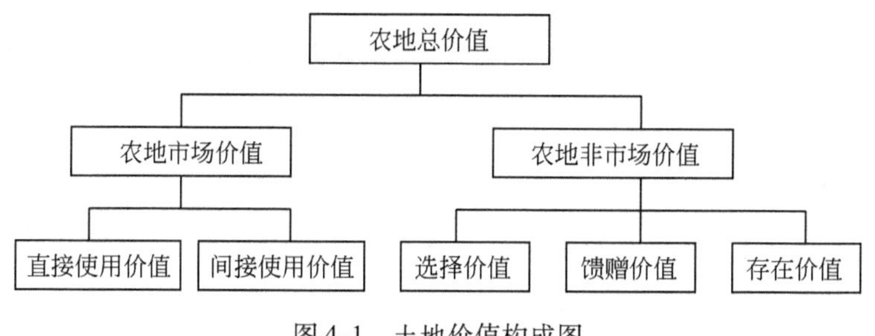

图 4-1　土地价值构成图

4.1.1.2　基于农地价值理论的征地补偿

在土地征收过程中，农地转化为城市建设用地，原有农地的价值和功能将大部分消失，土地的经济价值由以前生产的农产品价值转换为建设用地创造的GDP，因此，经济价值将大幅度增加，而土地的社会价值和生态价值将大大降低。土地的价值总量将发生重大变化，权利主体也由农村集体经济组织和农民转移到国家。因此，根据“谁投资、谁受益；谁破坏、谁补偿”的原则，土地征收后的受益者或土地资源功能破坏者应该对土地征收中相应的受损者给予补偿（诸培新，2003）。

从理论上看，征收补偿总量应该为原农地资源的价值总量，受补偿主体应该是原农地价值或功能的利益享有者。然而，农地是外部效应明显的环境资源。农地的所有者或使用者能够真正获得的主要是直接使用价值，而更大一部分不能通过直接经济收益衡量的间接使用价值和农地非市场价值会外溢到整个社会。例如，城乡生态交错区的土地及其自然景观是城市的生态屏障，具有缓解环境污染、改善小区域气候、提供自然景观，以及满足市民游憩、旅游等功能。另外，我国以世界7%的耕地养活世界22%的人口，这些农地的非市场价值是给全社会带来的收益，受益者不仅仅是原农地的所有者，也包括农民在内的全体社会成员。因此，土地征收后的价值补偿对象也要与此相对应。对直接使用价值的补偿主要应该支付给土地所有者和使用者，作为他们失去土地所有权和使用权的补偿；而对间接使用价值和非市场价值的补偿则应支付给全社会成员。假如国家在此过程中对生态环境进行了一定治理，以弥补土地征收对生态环境的破坏，让全社会成员又享受到这种价值，全社会成员则应该将这种补偿转嫁给国家，作为投资者的报酬。

根据以上分析，我们可以得出以下推论：

原农地所有者（农村集体经济组织）和使用者（农民）应该得到的补偿＝征收中原农地所有者和使用者对享有农地价值的损失＝农地直接使用价值＋原农地所有者和使用者作为全体社会成员中的一部分所应该享有的农地的其他价值≤

农地总价值。

因此，我们可以将农地的总价值作为原农地所有者和使用者所应该得到补偿的上限值。

4.1.1.3 农地总价值的测算

根据土地价值理论，农地总价值 = 农地市场价值 + 农地非市场价值。

（1）农地市场价值的测算

在城镇土地估价中，常用的估价方法有市场比较法、成本逼近法、剩余法和收益还原法，而农地市场价值估算才刚刚起步，还没有形成成熟的方法。考虑到农地没有真正意义上的市场，农地地价内涵是农用土地的收益价格，而土地的收益价格可以通过总产出减去总投入来取得，农地的这种生产特性决定了收益还原法是比较适用的。

用收益还原法评价农地市场价值的程序：①搜集与评价地区有关的收益和费用等资料；②计算年总收益；③计算年总费用；④计算年净收益；⑤确定贴现率；⑥根据收益还原法公式计算耕地经济价值。计算公式为

$$p = a/r$$

式中，p 为农地市场价值；a 为农地年净收益；r 为贴现率。

还原率是用以将农地纯收益还原成为农地经济价值的比率。收益还原法中采用的还原率，从理论上讲，应等于与获取纯收益具有同等风险和资本的获得率。因此，采用安全利率加上风险调整值的方法求取还原率比较合适，而农地的风险程度极低，可以视为零风险。安全利率是指无风险的资本投资利润率，可以选用同一时期的一年期国债年利率或一年期的银行定期存款利率为安全利率。我国商业银行一年期的银行定期存款利率目前为4.14%。因此，测算农地经济价值时采用的还原率 = 4.14%。参考目前测算农地经济价值的相关文献，黄贤金教授在1999年作的江苏省耕地资源价值核算研究中采用4%的还原率；霍雅勤、蔡运龙在《耕地资源价值评价与重建》一文中采用4.8%的贴现率。依此情况，结合前人的做法，我们认为农地还原率采用4.14%是贴切的。

一般来说，农地的收益情况基本呈现正态分布，根据正态分布区间估计，均值 μ 的双侧 $1-\alpha$ 置信区间为

$$\overline{X} - t_{1-0.5\alpha}\frac{S^*}{\sqrt{n}}, \quad \overline{X} + t_{1-0.5\alpha}\frac{S^*}{\sqrt{n}}$$

式中，$\overline{X}$ 为农地纯收益均值；S^* 为样本标准差；n 为样本数量。

$$\text{农地市场价值} = \frac{\text{农地纯收益均值} \pm t_{1-0.5\alpha}\dfrac{S^*}{\sqrt{n}}}{\text{还原率}}$$

（2）农地非市场价值的测算

资源的非市场价值评估也可以用多种方法，常用的有条件评估法（CVM）。这种方法是以问卷调查方式，通过意愿支出价格（WTP）或意愿接受补偿（WTA）来衡量资源对消费者福利的改进，从而得到受访者对于特定的假设变动，如环境品质改善、粮食安全保障、社会稳定所愿意支付的数额，或是心理所认定的价值，对调查获得的信息进行数理分析，得到一个大略数值（陈莹和张安录，2007）。

农地非市场价值的计算公式为

农地支付意愿总价值 = 农户支付意愿总价值 + 城市居民支付意愿总价值

农户支付意愿总价值 = 农户平均年支付意愿 × 研究区域农户数量 × 农户平均支付率

市民支付意愿总价值 = 市民平均年支付意愿 × 研究区域市民户数 × 市民平均支付率

$$农地非市场价值 = \frac{农地支付意愿总价值}{农地资源数量 \times 还原率}$$

4.1.2 农地功能角度的土地征收合理补偿

4.1.2.1 对农地功能的审视

我国的农地作为一种重要的生产资料，不仅具有经济收益功能，对农民还具有社会保障功能。农地的这些功能，对于保障农民的基本生活起到了重要作用。经济功能就是指种地收益，社会保障功能主要包括就业保障、养老保障、医疗保障（图4-2）。

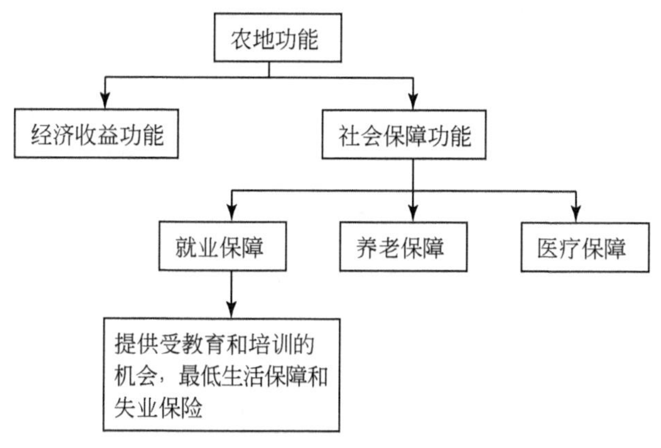

图4-2 农地功能价值

1）农地经济收益功能。农地是基本的生活资料和劳动对象，具有生产功能，可以为人类提供各种食物。只要农民拥有土地产权，对土地进行一定的投入就可以在一定时期内连续不断地按季节获得收益，从而保证基本的生活。并且，土地的这种经济收益功能具有抵抗物价上涨和通货膨胀的作用。

2）农地就业保障功能。农村耕地不仅仅是农民的生产资料，而且还是他们就业的岗位。长期以来，我国一直通过细化土地，即所谓“三个人种一个人的地”的做法来保证就业。通过推行家庭联产承包责任制和社区土地均分，使得每个农村人口都拥有一份“超小化”的承包地（李国健和韩立民，2007）。这种“超小化”的承包地既是农民的基本生产资料，又是农民的就业岗位。征地后，农民在身份上变成了名义上的市民，有一部分有文化的年轻失地农民能在城里找到工作。然而，大部分农民文化素质低、缺乏劳动技能，又由于城市工作岗位有限，农民很难找到工作。即使能找到工作，也只是从事技术含量较低的工作，就业压力大，随时面临下岗的危险，因此，对于大部分农民而言，失去了土地就意味着失去了就业保障。

3）农地养老保障的功能。土地对农民的养老保障功能体现在：当农民有耕作能力时，土地可以提供产出以维持农民的生活；农民在丧失劳动能力后可以将土地交给家庭其他成员经营，也可以通过土地流转来获得一定的租金收入用于养老（张会和吴群，2007）。当前，我国的社会保障体系主要是针对城镇人口，农民的社会保障体系还远远没有建立起来，农民的生、老、病、死都是由其个人或家庭承担。农民也可以自愿参保，但这种保险是一种商业保险，国家不进行财政补贴。据统计，全国仅有6000多万农民参加了社会养老保险，这还不到农村总人口的10%。因此，大部分农民还是依靠土地作为养老保障。

4）农地医疗保障功能。农民不能享受公费医疗，医疗保障费用来源是耕作土地得到的收益，但这种收益中可作为医疗费用的比例较小。单从医疗费用来源考虑，农地的医疗保障功能不强。但是，如果我们将农地的耕作作为每天强身健体的运动方式，呼吸农村清新的空气作为一种身体保健，强壮的身体和看病开销的节余看做一种收益，那么农地的医疗保障功能将很显著。

4.1.2.2 基于农地功能理论的征地补偿

在土地征收后，农村土地转变为城市建设用地，农民原先所享有的农地功能几乎丧失。即使以前在城市打工的农民，其对农地功能的享有也受到影响。农地保障的存在使得农民可进可退，缓解城市人口的过于饱和，而农地一旦被征收，农民的退路和命根子就此断送。因此，作为征地过程中的利益受损主体，农村集体经济组织和农民应该享有对农地功能损失的赔偿。这是从农民和农村集体的需求角度衡量的。这个需求是原农地功能提供所有者和使用者的可实现需求，是依据当时的社会经济发展和保障水平提供的。因此，我们可以将此作为征地补偿的合理性标准，但有两个需要注意的问题。

1）农地的经济收益功能。这个功能的实现是基于两个原因：一方面是农民物化劳动的结果，是劳动的报酬；另一方面是源于农地所有权和使用权的存在。农地被征收后，农民失去的仅仅是源于所有权和使用权消失而损失的功能效益。假如补偿是按照农地的经济收益功能测算，则增加了不劳而获的收益。但若以地租来衡量因为农地所有权和使用权存在而得到的经济收益功能，这里面又包含了就业和养老保障的功能，存在着功能的叠加。因此，在计算合理补偿时，我们难以计算出因为所有权和使用权存在而产生的农地经济收益功能，并且农地的经济收益功能大部分是因劳动报酬而获得的，因此，在计算因为征地而损失的农地经济收益功能时，可以将此忽略。

2）农地的医疗保障功能。这个功能的科学衡量应该采用间接法，即农地被征收、环境受到破坏，以及城市生活压力大对农民身体造成的伤害。我们可以用得病去医院治疗和日常正常的保健费用开支来计算。但是这个费用的计算过于复杂，同时还因人而异，难以形成统一的标准。假如我们按照城市医疗保险的标准来定义，则会高估这个功能价值。因为城市医疗保险很大一部分是由企业缴纳的医疗保险金实现的，是企业职工得到的福利。而失地农民无法通过挂靠某一单位来享受这样一部分福利。因此，我们暂且只能按照农村合作医疗的方式来衡量农地的医疗保障功能，这个由农地带来的功能在征地后并不取消。

4.1.2.3 农地功能价值的测算

合理的征地补偿 = 征地而引起的农民和农村集体组织享有的农地功能价值损失 = 就业保障 + 养老保障 + 医疗保障

$$Y = Y_1 + Y_2 + Y_3$$

式中，Y 为失地农民损失的农地功能价值；Y_1 为就业保障；Y_2 为养老保障；Y_3 为医疗保障。

（1）就业保障的测算

土地是大多数农民的就业岗位，若土地被征收，农民失去了土地就相当于城镇居民失业，所以，农民的土地提供就业保障的功能价值就相当于失业保险价格。失业保险是国家和社会对暂时失去职业，又没有其他收入来源的职工提供基本生活保障，并通过职业培训、职业介绍等手段帮助其实现再就业的社会救助制度。按照城镇居民的待遇，失业后应当发放失业保险金，同时提供受教育培训的机会。因此，就业保障可表示为

$$Y_1 = y_1 + y_2$$

式中，y_1 为失业保险和最低生活保障；y_2 为受教育培训费。

根据国务院1999年1月22日颁布实施的《失业保险条例》第18条规定，失业保险金的标准，按照低于当地最低工资标准、高于城市居民最低生活保障标准执行，由省、自治区、直辖市人民政府确定。领取失业保险金合计最长不得超过24个月。如果超过两年仍未就业，就应该按最低生活保障制度来执行。由于失业保险金与最低生活保障数额上差距不是太大，为了测算方便，统一按最低生活保障标准执行（王竹梅，2005）。假设农民从失业到退休一直领取最低生活保障金。计算公式为

$$男性：y_1 = \frac{M_0}{1+i} + \frac{M_0}{(1+i)^2} + \frac{M_0}{(1+i)^3} + \cdots + \frac{M_0}{(1+i)^n} = M_0 \times f_m$$

$$女性：y_1 = \frac{M_0}{1+i} + \frac{M_0}{(1+i)^2} + \frac{M_0}{(1+i)^3} + \cdots + \frac{M_0}{(1+i)^n} = M_0 \times f_w$$

其中，M_0 为年最低生活保障标准（或失业保障标准）；f_m 为男性农民的贴现因子；f_w 为女性农民的贴现因子，其值为

$$f = \frac{(1+i)^n - 1}{i(1+i)^n}$$

式中，i 为还原利率（按一年期定期存款利率计算，目前为4.14%）；n 为保障年限。

受教育和培训的费用可以根据当地职业技能培训的收费标准计算，按照培养一个初级工的水平，工种培训时间和每个课时的收费标准按照劳动和社会保障部门的规定执行。

（2）养老保障的测算

养老保障是国家和社会根据一定的法律和法规，为解决劳动者在达到国家规定的解除劳动义务的劳动年龄界限，或因为年老丧失劳动能力退出劳动岗位后的基本生活而建立的一种社会保险制度。农民失去土地就失去了养老保障的功能。目前，我国发达地区的养老保险制度都是通过直接与保险公司建立起来的，将安置补助费直接打入社保账户内。当受保者达到退休年龄时，便可按月领取养老金。养老保险金的领取标准主要是根据当地的经济发展水平确定的，这个保障标准一方面要考虑到当地政府的负担水平，另一方面要保障失地农民的最低生活需要。因此，我们可以结合当地现有的经济水平，按照当地农户现阶段的基本生活费标准，以男女农民平均年龄至退休年龄的差值作为缴纳养老保险费的年限来计算。

根据《失业保险条例》第5条规定：个人缴纳基本养老保险费的比例，1997年不得低于本人缴纳工资的4%，1998年起每两年提高一个百分点，最终达到本人缴纳工资的8%。因此，养老保险费用＝趸缴×保险份额×（1－8%）

养老保障的测算公式为

男性：$Y_2 = Y_{jm} \times M_{ji} / M_{j0} \times (1 - 8\%)$

女性：$Y_2 = Y_{jw} \times M_{ji} / M_{j0} \times (1 - 8\%)$

其中，Y_{jm}为j年龄组男性公民保险费趸缴金额基数；Y_{jw}为j年龄组女性公民保险费趸缴金额基数；M_{ji}为j年龄组农民基本生活费（月保险费领取标准）；M_{j0}为j年龄组月保险费基数。

（3）医疗保障的测算

根据前文所述，我们按照农村合作医疗的方式来衡量农地的医疗保障功能，不因为征地而取消此项功能的获取。医疗保障资金的来源主要是以政府投入为主的多方筹资。医疗保障的测算公式为

$$Y_3 = J_0 \times f$$

其中，J_0为每年应缴纳医疗费；f为折现因子，其值为

$$f = \frac{(1+i)^n - 1}{i(1+i)^n}$$

其中，n为被保障农民平均年龄与75岁的时间之差；i为还原利率（取一年期定期存款利率，目前为4.14%）。

（4）合理的征地补偿

基于农地功能价值的征地补偿公式为

$$B = Y/A$$

其中，B为合理的征地补偿；A为被征收地区人均耕地面积。

4.2 土地征收补偿费分配的理论分析

我国土地征收制度包含的不仅是民法意义上的所有权变动，还应注重整体效益。实质公平等公共政策的考量都内含在其中（赵红梅，2006）。在土地征收过程中，涉及农民、集体经济组织、地方政府、国家和用地者，这五个利益主体都有追求自身利益最大化的目标和动机（表4-1），同时，他们又通过土地征收关系得以联系起来。然而，土地征收补偿费的分配是农民和农村集体经济组织之间的利益关系的反映。

表4-1 土地征收过程中主体分析

主　体	中央政府	地方政府	企　业	村集体经济组织及农民	居　民
目　标	国家可持续发展	城市可持续发展	土地利用经济效益最大化	土地利用经济效益最大化	社会公平人居环境质量提高
动　机	提升综合国力	提升城市综合力	利润最大化或成本最小化	效用最大化	效用最大化

续表

主　体	中央政府	地方政府	企　业	村集体经济组织及农民	居　民
行　为	决策	执行中央政府的政策、管理、规划与协调	市场经济行为	政策响应、上访	选择、保护
效　益	经济效益、社会效益、生态效益	经济效益、社会效益、生态效益	经济效益	经济效益、社会效益	社会效益、生态效益

4.2.1　农民和集体经济组织之间利益关系的建立

我国法律规定，农村土地属于农村集体所有，农民拥有土地的承包经营权。登姆塞茨（1994）认为，“产权包括一个人或其他人受益或受损的权利……产权是界定人们如何受益及如何受损，因而谁必须向谁提供补偿以使他修正人们所采取的行动”。在土地征收后，农村集体经济组织损失了农地的所有权，农民则损失了农地的使用权，理应得到合理的补偿。国家补偿是以征地补偿费的方式发放给农村集体经济组织，农村集体经济组织分得土地补偿费，即土地所有权收益，农民获得青苗和地上附着物补偿费（图4-3）。如果单位对农民进行安置，安置补助费交由安置单位；如果不安置，则安置补助费交给被征地农民。湖北地区一般都是由农民自行解决就业，因此，安置补助费应直接发给被征地农民。农民和集体经济组织之间的利益分割主要采取村民自主协商的方式，实行村民自治。从理论上来说，他们是所有权和使用权的关系。对于两者之间征地补偿的利益分割，湖北省一般采用以下三种方式。

图4-3　集体经济组织和农民之间利益关系

第一种是固定补偿模式。固定补偿模式的其中一种是给村级和农民的补偿都固定，以武汉江夏庙山经济技术开发区为代表。另一种是给村级补偿不固定，给农民补偿固定，以仙桃黄荆村为代表。

武汉江夏区目前已经实施了征地统一年产值标准。庙山经济技术开发区由庙山管委会统一管理。庙山经济技术开发区管辖的村全部实行统一补偿政策。无论征地用途为何，被征地类型为何，全部实施一样的补偿标准。所调查的邬树村和普安村的经营性用地补偿为：2006年以前给村的补偿是19.5万元/公顷，给农民的安置补助费为12万元/公顷，农民所占收益为61.54%，村集体留用比例为38.46%；2007年之后给村的补偿是24万元/公顷，给农民的安置补助费为13.5万元/公顷，农民所占收益为56.25%，村集体留用比例为43.75%。

仙桃黄荆村给农民的补偿是固定的，2005年之前村集体给农民的补偿是19.5万元/公顷，2006年之后村集体给农民的补偿是27万元/公顷。而村集体实际得到的包干补偿费是不固定的。当村集体和用地方直接谈判，政府仅仅作为管理机构时，村集体得到的补偿款一般较高，为30万~60万元/公顷，这取决于村集体的谈判能力。当政府以土地储备的形式将土地征收，政府定价给予村集体的补偿较低，一般为12万~30万元/公顷，而村集体为了保证给农民的补偿公平，有些甚至会贴补。因此，农民和集体的分配比例是根据村集体得到的补偿不同而变化的，村集体的谈判能力越强，其获得的收益越高，而对于政府定价，村集体作为政府的"神经末梢"，只能被动接受上级的行政命令。

第二种是调地平分补偿款的模式，以仙桃市大洪村为代表。

仙桃市大洪村处于江汉平原，农地生产力水平相当，该村是根据全村人口平均分配耕地。每年征地后，全村都会按照人均耕地面积再次调整土地面积。征地补偿款除了留有少部分用于防汛抢险、读书教育和村公共福利事业外，其余的钱在全村按人口平均分配。同时，大洪村也将本村的建设用地建成了一个"渔需粮油"农贸市场，50%出租，每年基本租金为26万元，50%由本村自主经营。据当地村民介绍，2005年农贸市场建立以来，每年土地收取的租金和利润达40万元，除了用于部分投资、村社会福利和管理人员的工资外，其余利润在本村农民中按股份分红，2006年全村360名"股东"，人均分得红利500元，这种模式最为平等，农民也普遍表示赞同。当问及农户家中的土地面积和征地面积时，农民的回答都是：土地属于集体的，我们没有土地，每户所拥有的土地面积是随着征地面积而随时调整的。这种模式具有计划经济的色彩，同时股份制和土地出租又具有市场经济的特色。然而，这种模式使土地经营具有不稳定性，因为该地区土地生产力条件无差别，所以调地对于农民的投入积极性影响不大，但是对于丘陵和山地，这种频繁调地的模式不值得借鉴。该模式的收益全部分配给农民，集体经济组织仅仅是作为一个管理者，并没有参与土地补偿的收益分配。

第三种是按比例分配补偿款的模式，即村集体获得的征地补偿包干费越高，则给予农民的补偿越高。湖北大部分地区都采取这种模式，然而采取这种模式也存在一定不公平性。由于湖北地区没有制定出统一的补偿标准，每次征地项目给予村的补偿包干费用可能存在差异，同一地类、同一区域、时间相差不大的征地，农民可能得到的补偿标准不同，因此，农民对这种不公平的补偿办法意见很大。

4.2.2 农民和集体经济组织之间利益关系调整的原则与依据

集体经济组织和农民之间的利益关系调整应该本着自主协商、村民自治的原则。从理论上探讨，两者是所有权和使用权的关系。我国对农村集体土地的承包经营权规定为30年，而土地的所有权可以看成是无限年期的使用权，因此粗略计算两者的分配比率可以用30年期的土地使用权价值比上无限年期的土地使用权价值。然而在土地征收过程中，土地的使用权是30年使用权的剩余期限，因此，使用权与所有权的收益分配比率应该是剩余年限的土地使用权与所有权的比率，即

$$剩余有限年期土地使用权收益 = \frac{a}{i}\left[1 - \frac{1}{(1+i)^n}\right]$$

$$土地所有权收益 = \frac{a}{i}$$

$$使用权与所有权的收益分配比率 = 1 - \frac{1}{(1+i)^n}$$

式中，a 为年土地收益，n 为土地使用权剩余年限，i 为折现率。

折现率一般采用安全利率加上风险调整值的方式求取。安全利率一般取银行一年期定期存款利率，而农地的风险程度极低，可以视为零风险。我国对于一年期定期存款利率进行了多次调整。最高利率出现在1996年5月1日，利率为9.18%，然后利率一直处在下降阶段，波谷出现在2002年2月21日，利率为1.98%，之后又逐渐上升，目前的一年期定期存款利率为2007年12月21日新调整的4.14%。

剩余有限年期土地使用权与所有权的分配情况如表4-2所示。

表4-2 剩余有限年期土地使用权与所有权的分配比率 单位:%

剩余年限	折现率为1.98%	折现率为4.14%	折现率为9.18%	剩余年限	折现率为1.98%	折现率为4.14%	折现率为9.18%
1	1.94	3.98	8.41	9	16.18	30.59	54.64
2	3.85	7.79	16.11	10	17.80	33.35	58.45
3	5.71	11.46	23.16	11	19.40	36.00	61.94
4	7.54	14.98	29.62	12	20.96	38.54	65.14
5	9.34	18.36	35.54	13	22.50	40.98	68.07
6	11.10	21.60	40.96	14	24.00	43.33	70.76
7	12.82	24.72	45.92	15	25.48	45.58	73.22
8	14.52	27.71	50.47	16	26.93	47.75	75.47

续表

剩余年限	折现率为 1.98%	折现率为 4.14%	折现率为 9.18%	剩余年限	折现率为 1.98%	折现率为 4.14%	折现率为 9.18%
17	28.35	49.82	77.53	24	37.53	62.23	87.85
18	29.74	51.82	79.42	25	38.75	63.73	88.87
19	31.10	53.73	81.15	26	39.94	65.17	89.81
20	32.44	55.57	82.74	27	41.10	66.56	90.66
21	33.75	57.34	84.19	28	42.25	67.88	91.45
22	35.04	59.03	85.52	29	43.37	69.16	92.17
23	36.30	60.66	86.73	30	44.47	70.39	92.83

根据以上测算得知，土地使用权与所有权的分配比例受到两个条件影响，即30年的土地承包经营期和折现率的选取。经过土地二轮延包，土地承包经营期延长30年，经营期越长，则使用权收益越接近土地所有权收益。农地折现率一般在2%～10%，当最高取到9.18%时，30年的土地使用权收益占所有权收益的92.83%。当折现率为8%时，30年土地使用权与所有权的分配比例为90%。折现率越高，土地使用权收益越接近土地所有权收益。如果按照30年的土地承包经营权计算，折现率在4%～7%时，土地使用权与所有权的收益分配比例在70%～86%。按照此理论分析，农民获得土地使用权，农村集体获得土地所有权，则农村集体提留比例应该在14%～30%，而农民则应获得70%～86%的使用权收益。

从理论上看，农村土地所有权代表，即“农村集体”是虚拟和空幻的，而不是一个真正的实体。对于农村集体，可以有乡镇、村和村民小组三个层次，而有关法律规定也是含糊不清。乡镇的组织范围太大，则监督管理费用太高。村民小组既不是一个经济组织，也不是一级行政单位，它是乡村新体制中职权最模糊、管理最涣散的组织。而农村村民委员会是由全体村民选举产生的，是农村最基层的一级组织，它能够代表农民意愿并独立行使权利，在农民中具有代表性和权威性，所以农村土地所有权可以明确为村民层次上的集体所有，全体村民都平等享有农地的所有权。因此，农地所有权的分配应该在扣除了必要的村级提留后，将剩余部分按人口平均分配。从村级调查统计图（图4-4）可以看出，村级提留的目的主要用于满足村内福利事业、生活设施和基础设施建设的需要，70%以上的调查村提留款都有这些目的需要。其次是用于发展村集体经济、缴纳各种保险、公共服务开支、提高村集体的生产能力、对原被征地农户进行经济补偿等，这些均占到40%以上。而真正用于行政事务、增加社区意识、通过收入分配提高本村农户收入水平的费用所占比例较小，低于30%。从对湖北省四个地区的农户调查来看（图4-5），60%以上的农户都认为村级没有权利分配征地补偿费，他们认为补偿款（包括土地补偿费）都应该全部分给农民，因为钱留在村集体就是被村干部挥霍掉了，还不如发放给农民，让农民得到实惠。在对村干部进行调查时，我们也说到农民的想法，而村干部却认为如果把钱全部发放给农民，由于很多农民从来没有见到那么多钱，一旦大笔的补偿款拿到手中，很快会挥霍一空，钱一用完，以后的生活必然存在问题，最后还是会来找村集体。由此我们可以看出，村集体和农民之间存在着矛盾，即农民对村集体的不信任，村集体对农民支配钱财的担忧，矛盾的根源在于透明机制和村民自治问题。只有近30%的农民认为村集体有必要留用一定补偿款，但是留用比例不能太高，支持30%以下留用比例者占到总人数的83.62%，支持留用比例为10%～20%的最多，占总人数的34.55%。这个意愿提留比例与上文理论分析的提留比例接近（图4-6）。

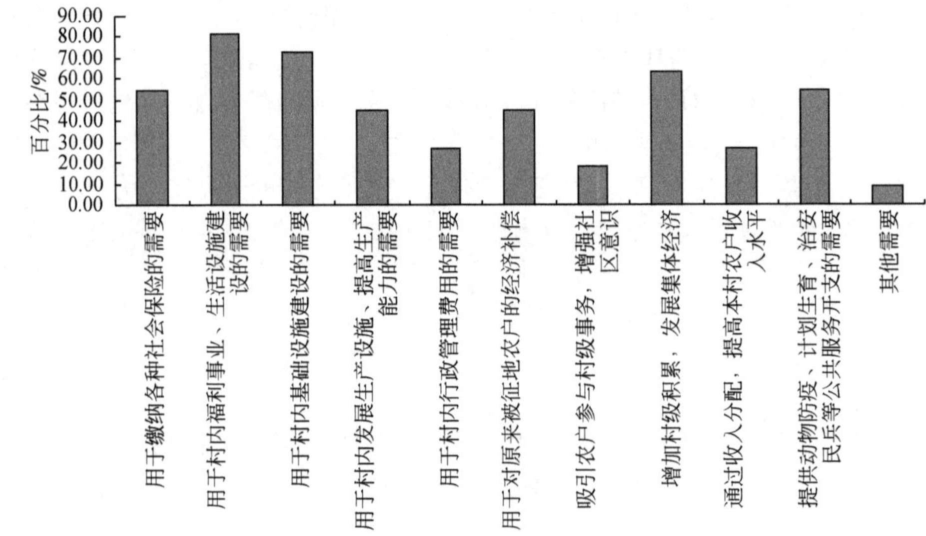

图4-4　村级提留目的

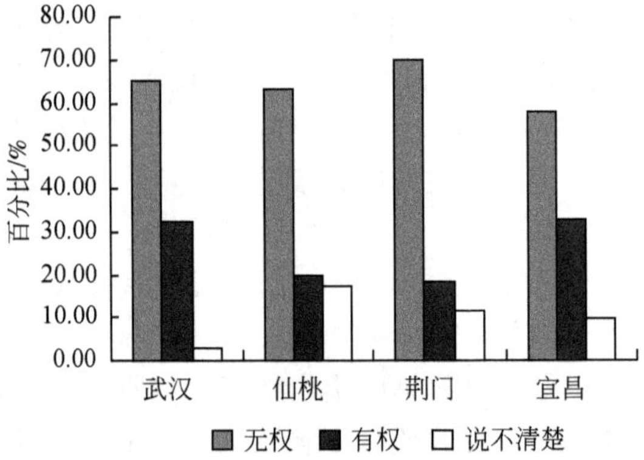

百分比/%
武汉　仙桃　荆门　宜昌
无权　有权　说不清楚

图4-5　村级提留补偿款的权限调查表

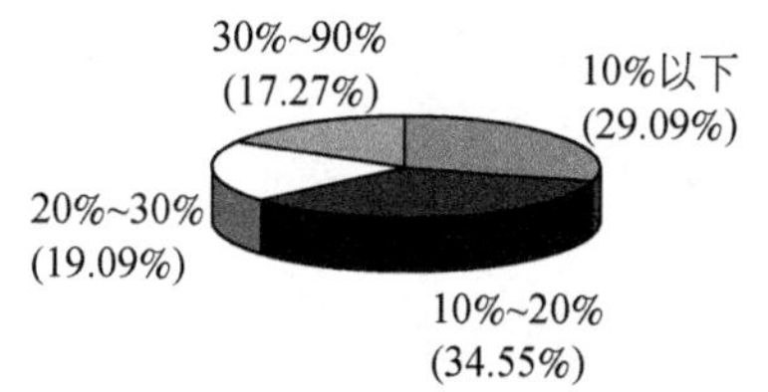

图 4-6　村级提留农民意愿调查表

注：括号内数字为农民对各提留额区间支持度的人数占总调查人数的百分比

通过以上分析我们认为，村集体还是有必要留有一定征地补偿款的，主要基于以下五方面考虑：一是村集体作为农村最基层的组织，它需要为本村兴办一定的福利事业，如生活设施和基础设施的建设、修建道路和园林绿化等；二是为了保证农民的长远生计，村集体需要为本村农民支付一定的保险费用，如社会保险和农村合作医疗等；三是为了发展本村的集体经济，为解决农民就业提供一定保障；四是对以前的征地遗留问题进行一定补偿；五是维持一定的行政开支。提留的比例可以通过村民代表大会进行讨论商定。对于湖北地区，由于村集体经济普遍发展不好，因此提留主要用于公益事业的兴办，这个比例应该控制在 20% 左右。提留款应建立专门的账户，专款用于村管理经费和其他集体生产公益事业，同时要加强审计监督，定期组织开展审计。征地提留资金的使用和管理情况需要接受村民监督，其财务收支情况依照村级财务公开的有关规定定期张榜公布。如果有些村有自己的村办企业并发展较好，村民愿意入股分红，则提留比例可以提高，这依据村民代表大会讨论商定。在对江浙地区的调研过程中，我们发现，他们村集体的提留比例可高达 90% 以上，这是因为江浙一带村办小企业发展非常之好，农民都愿意进行投资入股，每年分取红利。

我国《土地管理法》规定，征地补偿费的组成包括：土地补偿费、安置补助费以及地上附着物和青苗补偿费。安置补助费以及地上附着物和青苗补偿费应该直接支付给农民，安置补助费可以看做使用权补偿，法律规定土地补偿费归农村集体所有，即集体组织范围内的全体劳动群众所有，这可以看做土地所有权补偿。

因此，从理论上分析农民分得的征地补偿可表示为

农民获得补偿 = 青苗及地上附着物补偿费 + 安置补助费（剩余年限土地使用权收益） + 扣除村级提留后的土地补偿费（按份享有的土地所有权收益）

然而在实际中，我们发现真正的征地补偿并没有按照《土地管理法》的规定将上述三种费用进行完整的区分，而是扣除一定提留后按人口平均分配征地补偿费。经过理论和实际调查，我们建议湖北地区村可提留 20% 左右补偿款用于本村公益性事业，其余则根据村民代表大会商定分配方案，既可全部平均分配，也可预留一部分用于发展本村集体经济。

第 5 章
土地征收补偿及其福利效应和合理性分析

对于土地征收补偿问题，政府和学术界一直都很关注，普遍认为目前我国征地补偿水平低，应该提高补偿标准。不可否认，中国在过去二三十年所取得的巨大发展中，土地对经济增长的贡献功不可没。农民和农民集体承担了巨大的利益损失。然而，目前的征地补偿标准真的很低吗？实际中的补偿情况又是如何呢？不同的征地类型、不同地区的征地补偿情况是怎样的呢？征地对农民福利水平的影响如何？既然目前的征地补偿标准低，那么合理的征地补偿该是如何呢？这些问题都值得我们去深入研究。

由于我国的集体土地是限制直接入市的，即使是交易也只是集体建设用地在集体内部的私下交易，必须通过征地这一唯一渠道，而并不是一种公平的交易价格，且征地补偿价格由政府定价。《中华人民共和国土地管理法》第 47 条规定："征收耕地的补偿费用包括土地补偿费、安置补助费以及地上附着物和青苗的补偿费。征收耕地的土地补偿费，为该耕地被征用前三年平均产值的 6～10 倍。征收耕地的安置补助费，按需要安置的农业人口数计算。需要安置的农业人口数，按照被征用的耕地数量除以征地前被征收单位平均每人占有耕地的数量计算。每一个需要安置的农业人口的安置补助费标准，为该耕地被征收前三年平均年产值的 4～6 倍。"这种按照原产值倍数法来确定征地补偿的标准，很难满足"被征地者生活水平不降低"的标准。因此，有些发达地区已经超过了《土地管理法》的规定，实行更高的征地补偿标准。例如，在 2004 年 4 月 29 日北京市发布的《建设征地补偿安置办法》中，明确规定征地补偿标准由征地双方协商确定；政府则根据社会、经济发展水平，结合被征地农村村民的生活水平、农业产值、土地区位以及法定的人员安置费用等综合因素，确定征地补偿费作为最低补偿标准。这个补偿标准的规定在一定程度上体现了市场公平价值补偿的意义。

本章通过对湖北省四个典型城市的实地调查研究，了解湖北省的土地征收概况、土地征收补偿情况、影响土地征收补偿量的因素有哪些、目前的征地补偿对农民福利效应的影响程度如何，并期望从农地价值和农地功能角度探寻合理的征地补偿标准。

5.1　土地征收概况

5.1.1　土地征收时间特征分析

湖北省位于长江中游、洞庭湖之北，面积18.59万平方公里，占全国国土面积的1.94%，其中山地占56%，丘陵占24%，平原湖区占20%，土地利用总体结构为“七山一水二分田”。丘陵、岗地、平原集中连片分布，具有类型多、自然生产力高的特点，是我国重要的农产品商品生产基地。2005年末，湖北省总人口为6031万人，人口密度为每平方公里324人，是全国平均水平的2.43倍。全省人均耕地0.0816公顷，仅为全国平均水平的4/5。2007年，湖北省国内生产总值（GDP）为8451亿元，位于全国第11位；人均国内生产总值14 733元，位于全国第16位。湖北省省域空间的几何形态近似三角形，武汉、襄樊和宜昌三个城市分别位于该三角形内的三个核心处。湖北省城市经济的发展是以省会城市武汉为龙头，两个副中心襄樊和宜昌带动周边城市圈发展。2000年，湖北省耕地面积为492.164万公顷，主要分布在鄂北岗地、江汉平原和鄂东沿江平原。非农业建设用地（包括居民点及工矿用地、交通用地）1178.66千公顷，占土地总面积的6.4%。非农建设用地主要分布在鄂北岗地、鄂东沿江平原和江汉平原，与耕地的分布情况基本相同。这些地区由于土地自然条件较好，经济发达、人口稠密、城镇密集，非农建设占用耕地较多，人均耕地仅为0.053公顷，人地矛盾比较尖锐，因此，这些地区成为土地征收的主要地区，城市扩张较为迅速。

1990年以来，湖北省征地先呈现一个上升的趋势，1994年征地面积达到81.03平方公里，后来又逐渐下降，在1997年处于低谷状态，征地面积为17.47平方公里，之后又缓慢上升，2000年以后征地面积增加迅速，到2002年处于高峰，2003年征地面积剧烈下降，由2002年的61.2平方公里下降到2003年的38.53平方公里。此后，湖北省征地面积一直处于下降趋势。2005年征地面积仅为2004年的一半。1997年征地数量最少，这是由于1997年中央下达关于“冻结非农建设占用耕地”的文件，因此征地数量最少（表5-1和图5-1）。

表5-1　湖北省1991～2003年征地情况

年　份	合计/平方公里	城　市		县　城		建制镇	
		面积/平方公里	比例/%	面积/平方公里	比例/%	面积/平方公里	比例/%
1991	38.6	18.3	47.41	14.28	36.99	6.02	15.60
1992	44.06	23.3	52.88	14.72	33.41	6.04	13.71
1993	63.82	46.4	72.70	10.64	16.67	6.78	10.62

续表

年份	合计/平方公里	城市		县城		建制镇	
		面积/平方公里	比例/%	面积/平方公里	比例/%	面积/平方公里	比例/%
1994	81.03	52.7	65.04	11.73	14.48	16.6	20.49
1995	59.58	35.2	59.08	9.02	15.14	15.36	25.78
1996	49.84	28.91	58.01	10.63	21.33	10.3	20.67
1997	17.47	17.47	100.00				
1998	34.35	22.16	64.51	7.87	22.91	4.32	12.58
1999	33.33	20.8	62.41	7.51	22.53	5.02	15.06
2000	38.14	14.14	37.07	19.62	51.44	4.38	11.48
2001	32.59	20.61	63.24	7.46	22.89	4.52	13.87
2002	61.2	44.51	72.73	13.05	21.32	3.64	5.95
2003	38.53	23.48	60.94	8.53	22.14	6.52	16.92
合计	592.54	367.98	62.10	135.06	22.79	89.5	15.10

数据来源：根据湖北省建设厅提供资料整理得到

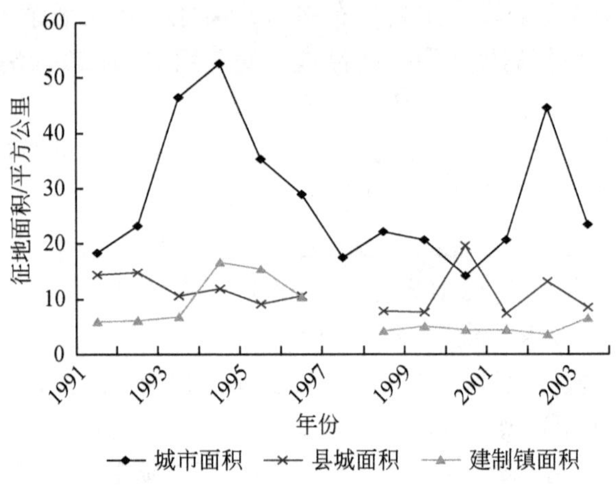

图 5-1　湖北省历年征地面积图

数据来源：根据湖北省建设厅提供资料整理得到

从湖北省城市、县城和建制镇的征地情况来看，其发生的数量与湖北省总体征地趋势基本一致，都是经历了四个阶段，即两次上升和两次下降的阶段。由于征地发生的地区大多是城市周边的优质农地，因此，城市征地面积占总征地面积的60%以上，而县城和建制镇征地仅仅占到总征地面积的20%和15%左右。县城征地历年变化趋势不是很明显，在2000年出现了一个征地高峰，征地面积达19.62平方公里，超过城市征地面积。2001年征地数量又急剧下降。建制镇的征地数量表现得更为平缓，1994 年和 1995 年出现了一个征地高峰，20 世纪 90 年代征地数量明显高于 21 世纪初，2000 年以后征地数量明显减少。因此，城市周边是征地的主要区域，特别是大都市，其城市扩张表现得较为明显；县城和建制镇在出现了征地高峰之后，其征地数量变化表现得比较平坦，维持在较低的水平上。

5.1.2 土地征收区域特征分析

湖北省共有 17 个地市州，根据地理区位和地貌类型可以分为鄂北岗地、鄂西北山区、鄂西南山区、鄂中丘陵、鄂中南平原、鄂中沿江平原、鄂东北丘陵、鄂东南丘陵 8 个区片。由于各个区片的经济发展水平差异较大，城镇发展水平不一。因此，各区片的用地扩张状况也不尽相同（表 5-2 和表 5-3）。

表 5-2 1996～2003 年湖北省各区域城市用地规模 单位：公顷

年 份	1996	1997	1998	1999	2000	2001	2002	2003
鄂北岗地	5 991.63	6 244.25	6 270.14	6 364.37	6 369.11	6 490.21	6 548.84	6 720.31
鄂西北山区	5 039.38	5 582.01	5 688.51	5 858.03	5 923.06	5 941.49	5 964.86	5 978.24
鄂西南山区	7 436.07	7 696.34	7 724.77	7 824.75	7 838.12	7 967.16	8 039.34	8 231.38
鄂中丘陵	5 316.87	6 388.49	6 891.6	7 579.02	7 588.79	7 720.48	7 807.55	7 810.78
鄂中南平原	8 555.49	8 074.52	9 347.92	9 479.61	9 622.18	9 718.65	9 778.73	9 973.2
鄂东沿江平原	28 803.23	30 589.97	31 854.26	34 023.71	34 113.17	34 403.96	34 917.63	35 200.09
鄂东北丘陵	2 581.81	2 602.45	3 176.01	2 555.76	2 598.61	2 650.6	2 676	2 747.28
鄂东南丘陵	2 690.77	2 750.15	2 808.49	2 873.39	2 941.69	2 993.28	3 018.97	3 040.37
合 计	65 480.65	68 757.42	72 600.85	75 380.57	75 841.05	76 619.64	77 438.94	78 222.99

数据来源：根据湖北省建设厅提供资料整理得到

表 5-3 1996 年和 2003 年各区片城市用地扩张速度

行政单位	1996 年用地规模/公顷	2003 年用地规模/公顷	净增长量/公顷	年均增长量/公顷	增长率/%	年均增长率/%
鄂北岗地	5 991.63	6 720.31	728.68	104.10	12.16	1.65
鄂西北山区	5 039.38	5 978.24	938.86	134.12	18.63	2.47
鄂西南山区	7 436.07	8 231.38	795.31	113.62	10.70	1.46
鄂中丘陵	5 316.87	7 810.78	2 493.91	356.27	46.91	5.65

续表

行政单位	1996 年用地规模/公顷	2003 年用地规模/公顷	净增长量/公顷	年均增长量/公顷	增长率/%	年均增长率/%
鄂中南平原	8 555.49	9 973.20	1 417.71	202.53	16.57	2.21
鄂东沿江平原	28 803.23	35 200.09	6 396.86	913.84	22.21	2.91
鄂东北丘陵	2 581.81	2 747.28	165.47	23.64	6.41	0.89
鄂东南丘陵	2 690.77	3 040.37	349.6	49.94	12.99	1.76

数据来源：根据湖北省建设厅提供资料整理得到

城市用地规模从地貌特征来看表现为：平原地区 > 山地 > 丘陵地区；从地理区位情况来看表现为：鄂东地区 > 鄂中地区 > 鄂西地区。将地貌特征和区位结合起来看，城市用地规模表现为：鄂东平原 > 鄂中平原 > 鄂西山地 > 鄂中丘陵 > 鄂东丘陵。湖北省城市用地规模呈现以上特征，主要与湖北省的城市布局和经济发展状况密切相关。从理论上看，城市用地规模应该表现为平原 > 丘陵 > 山地，而湖北省却是山地 > 丘陵，这主要是由于湖北省的三个大城市宜昌、襄樊和十堰位于鄂西山地，这三大城市的发展带动了用地规模的增长。城市用地区位表现为：鄂东 > 鄂中 > 鄂西，这是由于湖北省的城市经济发展主要依托省会特大城市武汉。武汉市用地规模很大，城市首位度高达6.34，而武汉市位于鄂东沿江平原地区，其发展对周边城市发展起了带动作用，因此，武汉城市经济圈内的鄂中平原的三个直管市城市用地规模也较大。鄂西地区的城市发展主要依托两个副中心城市，即襄樊和宜昌的发展，因此，其城市用地规模相对较少。同时，以武汉为中心，湖北省地形由东向西呈现出“平原—丘陵—山区”的过渡带地形。从城市用地增长情况来看，鄂东沿江平原增长数量最大，年均增长量达到 913.84 公顷。从增长速度来看，鄂中丘陵增长速率达到年均5.65%。湖北省中东部的城市用地扩张规模和速度明显快于西部地区，这与城市的发展政策和产业布局有关。

5.1.3 典型城市土地征收特征分析

5.1.3.1 典型城市的选取和概况

本书选取湖北省的武汉市、宜昌市、荆门市和仙桃市作为样本区域。选择这四个典型城市综合考虑了自然地貌特征、在全省的政治地位、社会经济发展水平和城市规模等几方面因素。

武汉市是湖北省的省会城市，也是中部崛起的中心。其地貌属鄂东南丘陵，经江汉平原东缘向大别山南麓低山丘陵过渡的地区。

宜昌市位于湖北西南部，地处长江上游与中游的结合部，鄂西山区向江汉平原的过渡地带，“上控巴蜀，下引荆襄”。宜昌是湖北省的副中心城市，也是三峡移民的主要区域，因此，征地问题比较突出。

荆门地处鄂中腹地，东眺武汉、西临三峡、南望潇湘、北通川陕，素有“荆楚门户”之称。丘陵和岗地是荆门的主要地形。荆门是湖北省的地级市，市区包括东宝区和掇刀区，东宝区是荆门的老城区，掇刀区是新经济技术开发区。因此，荆门市基本形成了南北双城、新老城区结合的城市格局。

仙桃市位于鄂中，地处江汉平原南部、汉江下游右岸。仙桃市属于直管市，城市规模较小，仅 190 平方公里，建成区面积 25.8 平方公里。仙桃市距省会武汉市仅 82 公里，属于武汉一小时经济圈的辐射范围。受大武汉辐射效应影响，近几年仙桃发展迅速，城市面积扩张较快。

5.1.3.2 样本调查与样本分布

（1）样本调查

为了全面深入分析湖北省四个典型城市的土地征收及补偿情况，了解被征地农民的心理预期和征地对农民生活的影响，我们于 2007 年 11 月对湖北省四个典型城市进行了调查，其中，武汉市于 2005 年 12 月至 2006 年 1 月还进行了预调查。调查是以问卷的方式走访村委会和被征地农民，以座谈的形式走访国土资源局和相关的利益群体。调查采用分层随机抽样的方法，按照“区—镇—村—组”的关系依次分层。

（2）问卷设计

问卷分为农户调查问卷和村级调查问卷。农户问卷包括三部分：第一部分是农户对土地征收的认知程度调查；第二部分是农户家庭征地情况调查，主要是征地数量、征地补偿、失地农民安置和社会保障情况调查；第三部分是征地前后农户生活与收入情况对比调查。村级问卷着重从村集体的角度考察征地前后的土地资源，以及征地补偿与分配情况。村级问卷设计包括四部分内容：第一部分是村干部对土地征收的认知程度调查；第二部分是村集体历年征地情况，即各次征地的数量、地类及补偿安置情况；第三部分是征地前后村集体福利水平调查；第四部分是村级基本社会经济情况调查。通过对村和农户的调查可以全面反映征地过程中农民的心理预期及各个利益主体所获得的土地补偿及利益关系状况，为征地制度的完善提供依据。

（3）样本分布及说明

我们对武汉市进行了两次调查。第一次调查走访了武汉市 3 个主城区，即洪山区、汉阳区和青山区，3 个近郊区，即江夏区、蔡甸区和东西湖区，共 6 个区

34 个村，发放农户调查问卷 170 份，回收有效问卷 162 份，问卷有效率为 95. 29%，回收村级问卷 34 份。第二次走访了洪山区和江夏区的 4 个村，发放农户问卷 105 份，回收有效问卷 101 份，问卷有效率为 96. 19%。两次调查样本总量为 301 份，其中农户问卷 263 份，村级问卷 38 份。样本分布情况如表 5-4 所示。

表 5-4　武汉调查样本分布表

统计指标	分类指标	第一次		第二次		平均人数/人
		人数/人	比例/%	人数/人	比例/%	
区　位	洪山区	6 个村 35	21. 60	2 个村 44	43. 56	30. 04
	汉阳区	4 个村 16	9. 88	—	—	6. 08
	江夏区	6 个村 47	29. 01	2 个村 57	56. 44	39. 54
	蔡甸区	10 个村 39	24. 07	—	—	14. 83
	东西湖区	5 个村 23	14. 20	—	—	8. 75
	青山区	1 个村 2	1. 23	—	—	0. 76
学　历	小学及文盲	74	45. 68	38	37. 62	42. 59
	初中	64	39. 51	45	44. 55	41. 44
	中专及高中	21	12. 96	18	17. 82	14. 83
	大学	3	1. 85	—	—	1. 14
年　龄	30 岁以下	5	3. 09	5	4. 95	3. 80
	30 ~ 40 岁	28	17. 28	20	19. 80	18. 25
	40 ~ 50 岁	60	37. 04	28	27. 72	33. 46
	50 ~ 60 岁	44	27. 16	29	28. 71	27. 76
	60 岁以上	25	15. 43	19	18. 81	16. 73

在宜昌市，我们调查了因为城市建设需要而导致的土地征收和三峡移民的补偿安置问题。三峡工程涉及的地区分布在重庆、宜昌两市的 20 个区县境内，其中湖北库区占 15% 左右。由于三峡移民主要发生在 20 世纪 90 年代初期，年代久远，我们所能找到的移民较少，样本量仅为 25 份，主要分布在夷陵区的东湖社区、七里岗村、刘家岗村和其他地区如三斗坪镇和太平溪镇。其他村的征地用途主要是城镇建设和房地产开发，占样本量的 73. 40%。样本分布如表 5-5 所示。

表 5-5　宜昌调查样本分布表　　单位：人

分　类	样本分布：样本总数 94							
按区域（市、区）	夷陵区	64	猇亭区	15	宜都市	11	其他	5
村　名	东湖社区	8	方家岗村	13	十里铺村	7	三斗坪镇东岳庙村	1
	七里岗村	8	桐棱社区	1	陆城区宝塔村	4	太平溪镇苏家坳村	1
	刘家岗村	3	马槽村	1			太平溪镇覃家跎村	2
	云盘社区	1					太平溪镇伍相庙村	1
	梅子垭村	15						
	丁家坝社区	25						
	冯家湾村	4						
按学历	小学及文盲	31	初中	46	中专及高中	16	大学	2
按性别	男性	41	女性	53				
按年龄	30 岁以下	7	30～40 岁	14	40～50 岁	23	50～60 岁	28
	60 岁以上	22						

表 5-6　荆门调查样本分布表　　单位：人

分　类	样本分布：样本总数 114							
按区域	东宝区	12	浏河村	2	百庙村	10		
	掇刀区	99	斗立村 双泉村	18 39	长兴村 七一桥村	3 6	交通村	33
	其他	3	裴庙村	1	麻城村	1	官堰村	1
按学历	小学及文盲	32	初中	54	中专及高中	26	大学	2
按性别	男性	87	女性	27				
按年龄	30 岁以下 60 岁以上	6 25	30～40 岁	14	40～50 岁	39	50～60 岁	30

由于荆门市基本形成了南北双城、新老城区结合的城市格局，老城东宝区已经基本发展成熟，可征地较少，因此我们仅选取了 12 个样本。荆门市的土地征收主要发生在新城区掇刀区，特别是 2001 年 3 月，掇刀区实行行政区、荆门经济技术开发区、荆门高新技术产业开发区“三区合一”以来，处于城市发展的蓬勃时期，征地数量多。样本分布如表 5-6 所示。

仙桃城区面积较小，发生征地的主要区域是仙桃市的 3 个街道办事处，他们距城市中心不到 1 公里，因此我们各选择了干河、龙华山、沙嘴 3 个街道办事处的 1 个村作为调查区域进行调查，由于干河街是仙桃市第一大街道，因此所选样本数最多。调查样本分布如表 5-7 所示。

表 5-7 仙桃调查样本分布表 单位：人

分 类	样本分布：样本总数 72							
按区域	干河街大洪村	36	沙嘴街杜柳村	18	龙华山街黄荆村	16	其他	2
按学历	小学及文盲	22	初中	34	中专及高中	17	大学	0
按性别	男性	54	女性	19				
按年龄	30 岁以下 60 岁以上	8 11	30～40 岁	11	40～50 岁	26	50～60 岁	16

5.1.3.3 土地征收特征分析

（1）征地高峰发生在 21 世纪初，此前征地数量呈现先缓慢递增后递减的趋势

对武汉市我们采取调查数据分析，宜昌、荆门和仙桃由于调查样本量较少、征地总量不大，且分布区域较广，因此，我们采取统计数据分析。

武汉市在我们所调查的 33 个村中（有 3 个村是两次都参加了调查），征地最早发生在 1994 年，最晚的在 2007 年。14 年间，33 个村共征收土地 1685 公顷。同时我们发现，随着时间的推移，年征地数量急剧增加。2000 年以前，征地面积年均不到 15 公顷，2000 年以后，征地面积大幅度增加，仅 2005 年一年的征地面积就达 450 公顷（图 5-2）。

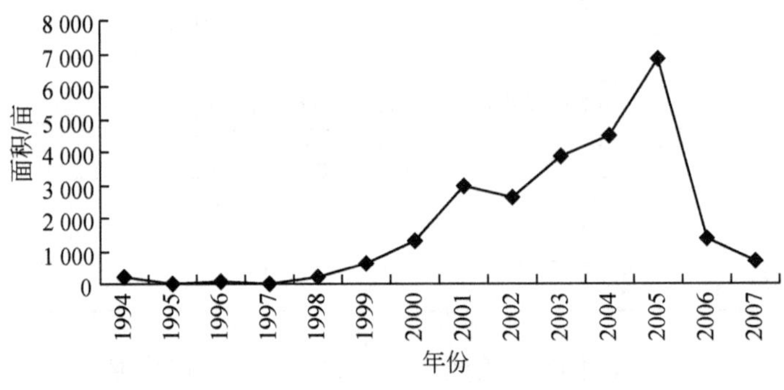

图 5-2 武汉 1994～2007 年征地面积

宜昌、荆门和仙桃的征地数量也表现出先增后减的趋势，宜昌的征地高峰出现在两个时期，一是 20 世纪 90 年代因三峡建设而产生的大规模移民征地；二是随着城市化进程的加快，因城市建设发展的需要而导致的城市扩张。由于搜集数据的困难，我们仅能获得 2000 年以后的征地统计数据，即因宜昌发展建设而导致的征地。从图 5-3 中可以看出：宜昌、荆门和仙桃表现出同样的规律，只是出现征地高峰的年限宜昌要早一些，这与城市的发展阶段有关。

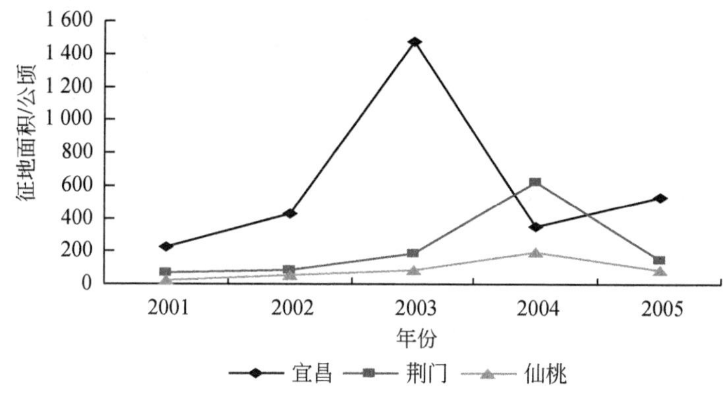

图 5-3　宜昌、荆门和仙桃征地面积

（2）征地数量与城市经济发展水平、城市化水平密切相关

经济增长主要有两种方式，一种是资源消耗型经济增长，另一种是劳动密集和技术进步型经济增长。城市化是指人口向城市地域聚集和乡村地域转为城市地域的过程，这一过程使城市的数量增多、规模扩大，其实质内容是人口及二、三产业向城市聚集所带来的聚集地的空间结构和空间形态的变化（唐华俊等，2004）。城市化的发展途径也分为外延式和内涵式两种，在我国中部地区正处于城市化和经济发展的初步阶段，经济增长方式主要是以资源消耗型增长为主，城市化的发展也主要是外延式扩展。土地资源是生产要素的重要组成部分，土地市场在我国处于不完善、不成熟的状态，很多地方都是以低成本的土地资源消耗来带动经济发展，城镇的规模在不断扩大。学者们也定性、定量地研究了经济和城市化发展与土地利用的相关关系。以湖北省四个典型城市为研究对象，其新增建设用地和 GDP、城市化率之间存在密切的相关关系，相关系数均达到 0.7 以上，武汉市新增建设用地和 GDP 的相关系数为 0.86，新增建设用地和城市化率之间的相关系数为 0.75（图 5-4 和图 5-5）。武汉市是湖北省的省会城市，经济和城市化水平最高，其土地征收数量最大，宜昌其次，荆门和仙桃的土地征收规模依次减少。

（3）征地区域主要集中在城乡结合部、近郊区和经济技术开发区，主城区发生征地较少

以武汉市 2006 年的征地为例，我们能清楚看到征地的分布规律。市辖区（包括武昌区、汉阳区、洪山区、青山区、桥口区、江汉区和江岸区 7 个区）征地仅仅占到征地总数的 6.35%，经济技术开发区（包括武汉东湖新技术开发区和武汉经济技术开发区）征地数量为 25.82%，而 4 个近郊区（蔡甸区、江夏区、黄陂区和新洲区）占到 67.83%（表 5-8）。宜昌、荆门和仙桃也同样表现出这样规律特征。

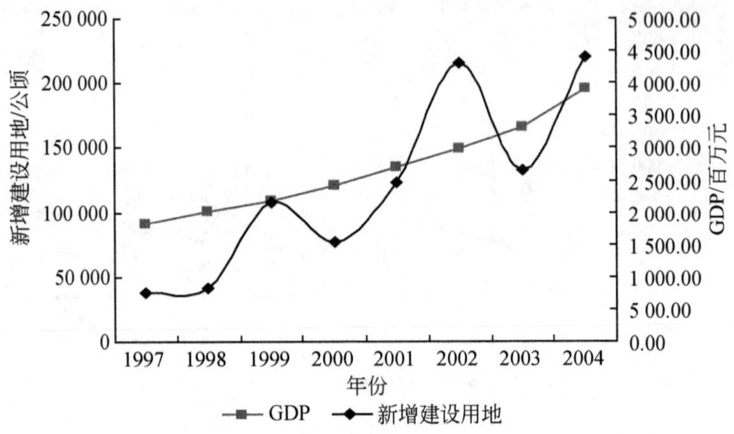

图 5-4　武汉市新增建设用地和 GDP 的相关性图

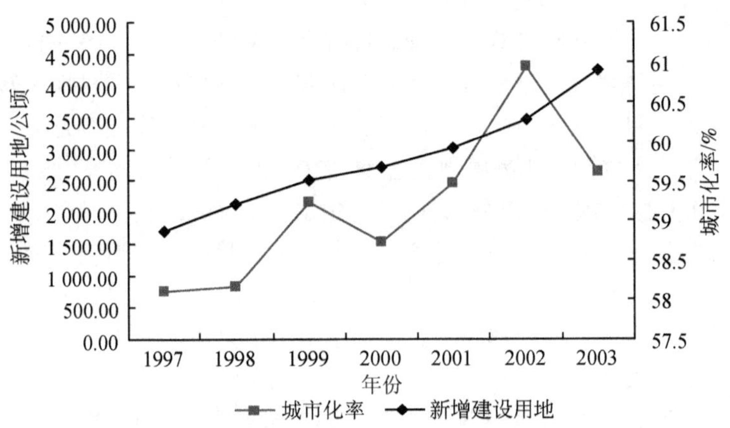

图 5-5　武汉市新增建设用地和城市化率的相关性图

表 5-8　2006 年武汉市土地征收地域分布表

区　域	征地总面积			征地总费用	安置农业人口
	总面积	农用地	耕　地		
武汉市	2539.00	2011.47	1557.10	117 609.65	20 568
市辖区	161.30	82.29	15.20	33 903.00	185
武汉东湖新技术开发区	555.55	406.96	303.59	23 333.01	4556
武汉经济技术开发区	99.95	78.28	63.93	7 332.97	672
蔡甸区	368.28	282.01	260.37	11 087.16	4654
江夏区	405.53	336.69	244.60	11 655.49	3841
黄陂区	275.21	218.28	176.72	10 102.22	748
新洲区	673.19	606.95	492.69	20 195.81	5912

注：农用地包含耕地

（4）征地用途存在明显的地域差异性

土地管理法和有关法律都明确规定，征地是为了公共利益而将农地转为城市建设用地的行为。然而在现实中，发生征地的往往是因非公益性用途。以我们调查的武汉、宜昌、荆门和仙桃为例，武汉市非公益性征地比例最大，因为新建工业园、科技园和房地产开发的比例高达征地数量的44.31%（图5-6）；其次是宜昌，宜昌是湖北省的副中心城市，三峡旅游和三峡水利工程的发展带动了商住旅游业的开发，由此而产生的征地比例高达21.56%（图5-7）；荆门是湖北省的地级市，非公益性用途（如房地产开发和开发区的建设）征地比例为9.59%（图5-8）；仙桃为湖北省的直管市，房地产开发等非公益性征地高达20.25%（图5-9）。从理论上看，非公益性用途征地比例应该依次为：武汉、宜昌、荆门、仙桃。但实际上仙桃的非公益性征地比例高于荆门。这一方面是因为在荆门的调查样本中，新城区样本数量远远多于老城区，新城区征地主要是用于基础设施的建设，因此，统计导致荆门市非公益性征地比例偏小。另一方面是因为仙桃调查选取的样本区域都位于城市内，类似于城中村，在距离城市中心1公里内，因此，征地后主要用于房地产开发，非公益性征地比例偏高。从理论结合实际来看，湖北省征地存在以下规律：经济越发达，盈利性目的征地行为发生越多；距离城市中心越近，盈利性征地也越多；工业用途的征地数量依赖于城市的发展定位和产业布局。学校和道路的征地数量依赖于城市规模和城市化水平，城市规模越大，城市化水平越高，则市政和配套设施的征地比例越大。在武汉，因为学校和公路建设而进行的征地比例高达32.80%。荆门和仙桃依次为26.50%和20.32%。宜昌被考虑在外是因为三峡建设所占征地比例较高。农民对征地目的的不明确性也与城市的经济发展程度密切相关，武汉市的被征地农民几乎都知道征地后用途是什么，而仙桃有40.88%的农民不明确土地被征用后的用途。

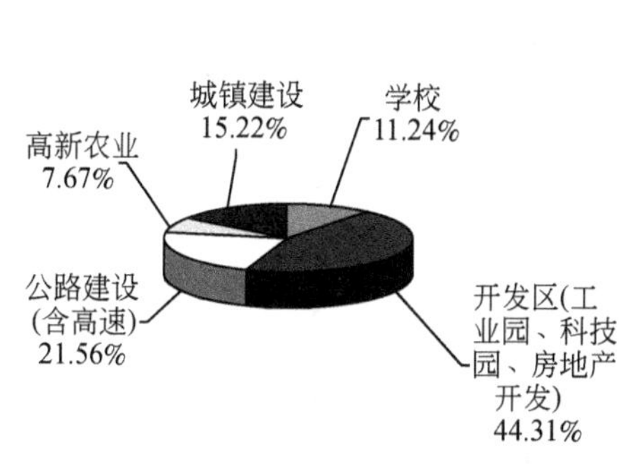

图5-6　武汉征地目的

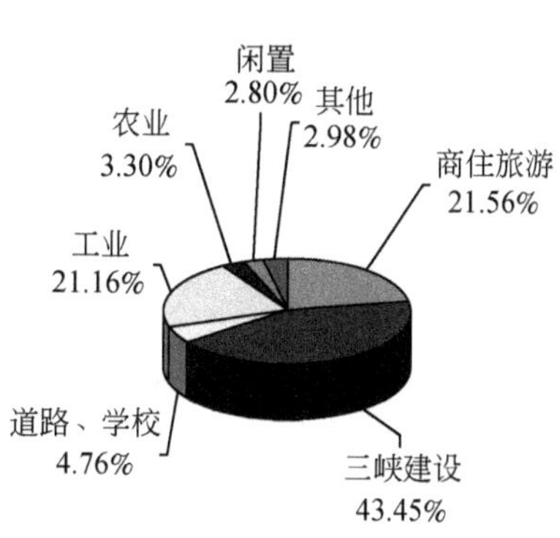

图5-7　宜昌征地目的

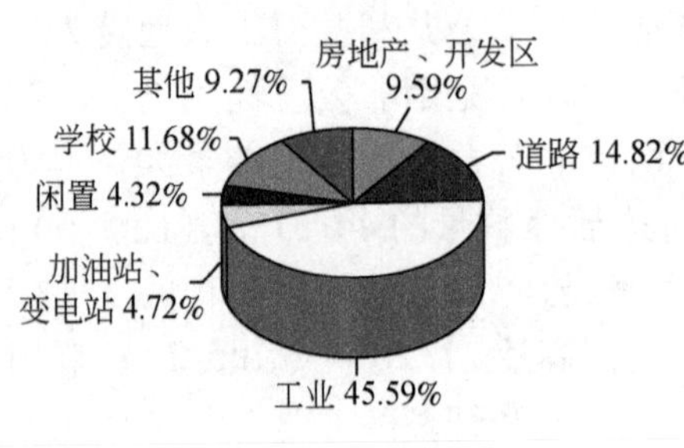

图 5-8 荆门征地目的

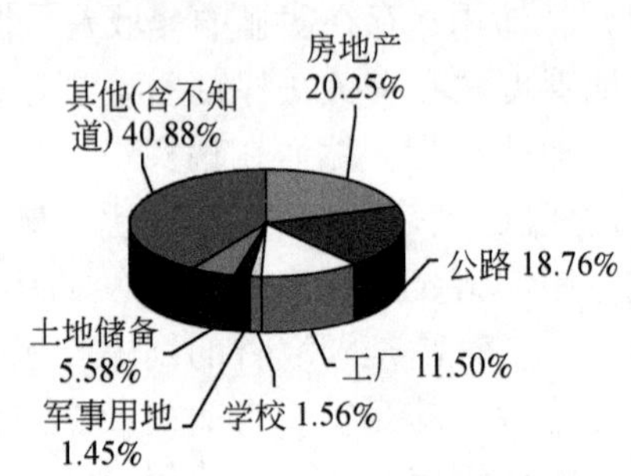

图 5-9 仙桃征地目的

5.2 土地征收补偿及福利效应

5.2.1 现行土地征收补偿标准

我国《土地管理法》规定，征地农民的相关补偿费包括土地补偿费、安置补助费以及地上附作物和青苗补偿费。其中，征收耕地的土地补偿费为该耕地被征用前三年平均产值的 6 ~ 10 倍。安置补助费按安置的农业人口数计算。每个农业人口的安置补助费为该耕地被征收前三年平均产值的 4 ~ 6 倍，但是每公顷被征收耕地的安置补助费最高不超过被征地前三年平均产值的 15 倍。青苗补助费和地上附作物补偿费按具体情况补偿。湖北省根据本省的具体情况制定了《湖北省征地补偿最低标准》，并于 2005 年 4 月 1 日开始执行。该标准将湖北省划分为六类地区（表 5-9），土地补偿费在原《土地管理法》规定的 6 ~ 10倍的基础上确定为 8 ~ 10 倍，并将安置补助费的最低标准进行了具体限定。

表 5-9 湖北省征地补偿最低标准地区分类表

类 别	最低年产值标准 /（元/亩）	最低安置补助费标准 /（元/人）	地 区
一 类	1 800	18 000	武汉市主城区：江岸区、江汉区、硚口区、汉阳区、武昌区、洪山区、青山区、东湖风景区
二 类	1 200	10 000	武汉市东西湖区、黄石市黄石港区、襄樊市襄城区、襄樊市樊城区、宜昌市西陵区、宜昌市伍家岗区、十堰市张湾区、十堰市茅箭区

类　别	最低年产值标准/（元/亩）	最低安置补助费标准/（元/人）	地　区
三　类	1 000	8 500	武汉市江夏区、武汉市蔡甸区、武汉市汉南区、武汉市黄陂区、武汉市新洲区、宜昌市点军区、宜昌市猇亭区、黄石市西塞山区、荆州市沙市区、荆州市荆州区、荆门市掇刀区、鄂州市鄂城区、仙桃市、潜江市、黄石市下陆区、黄石市铁山区、大冶市、枝江市、当阳市
四　类	900	7 600	荆门市东宝区、沙洋县、襄樊市襄阳区、天门市、孝感市孝南区、丹江口市、枣阳市、宜城市、江陵县、石首市、松滋市、随州市曾都区、钟祥市、京山县、黄冈市黄州区、麻城市、武穴市、鄂州市华容区、咸宁市咸安区、赤壁市、应城市、安陆市、汉川市、云梦县、宜昌市夷陵区、宜都市、浠水县、老河口市
五　类	800	6 800	洪湖市、公安县、监利县、鄂州市梁子湖区、嘉鱼县、广水市、恩施市、建始县、郧县、南漳县、谷城县、孝昌县、大悟县、红安县、蕲春县、黄梅县、远安县、秭归县、阳新县
六　类	700	6 000	竹山县、房县、郧西县、竹溪县、罗田县、英山县、团风县、通城县、崇阳县、通山县、兴山县、五峰土家族自治县、长阳土家族自治县、巴东县、来凤县、鹤峰县、咸丰县、宣恩县、保康县、利川市、神农架林区

5.2.2　典型区域土地征收福利效应

5.2.2.1　理论上征地对农民福利变化的影响

对于福利的内涵，学术界并没有一致的定义，大多数学者对福利的理解偏重于个人的主观感受。有关福利指标的选择和福利水平的衡量学术界也没有定论，黄有光认为在人的行为理性条件下，福利和效用是吻合的。Kuhn 研究贫困问题时提出，通过可观察到的生活标准可以衡量福利水平。征地是依照法律程序和批准权限，在依法给予农村集体经济组织及农民补偿后，将城市附近的农村土地变成城市国有土地的行为。它不仅有土地产权的转移，即农民集体土地变成国有土地，也有土地利用方式的变更，即农业用地变成建设用地。征地过程中农民的福利变化是一个复杂的非物质性事态。按照福利经济学的观点，其衡量方法一方面可以通过征地前后农民的主观感受来衡量，另一方面可以通过福利指标进行衡量。征地过程中农民涉及的福利内涵主要包括经济福利、社会福利和生态福利。经济福利的变化主要通过农民的家庭收支、生活标准的改进和征地过程中的经济补偿来衡量。征地之前，农地的农业收入是家庭经济的主要来源，临时收入可以视做农业外补贴。征地后，农民失去了土地，获得一笔征地补偿费，临时收入和非农收入变成了家庭经济的主要来源。社会福利即社会保障和就业保障。征地之前，土地是农民的基本保障。征地之后，农民理应变成城市居民，然而，由于我国制度和政策等原因，失地农民的社会保障体制不健全。农民既失去了土地的基本保障功能，又不能享有与城市居民一样的社会保障。农民文化水平低、职业技能差，一旦失去土地很难找到工作，在这个过渡阶段，唯一的保障就是征地补偿款，一旦补偿款吃光用尽，生活就陷入毫无保障的境地。因此，在征地过程中，农民的社会福利是降低的。生态福利即环境福利，它包括农民的住房、交通、基础设施和环境绿化等。征地之后，农地变成建设用地，农民的住房、基础设施和交通条件都会有较大的改善，但是随之会带来噪音、环境污染和治安变差等问题，美丽的田园风光也遭到了破坏。土地征收是一个不可逆的过程，农业生态环境被破坏将很难恢复，为此损失的生态福利是巨大的。通过征地前后农民经济福利、社会福利和生态福利的衡量，可以全面评价农民的福利变化。

5.2.2.2　现实中征地对农民福利变化的测度

为了科学测算现实中征地对农民福利效应的影响，我们以武汉市为典型调查区域，选择其 2005 年 12 月至 2006 年 1 月的调查样本进行了准确测算。

（1）被征地农民的收支状况

征地后，农民家庭基本生活支出从 737 元上升到 1068 元，上涨幅度达 44.91%。其主要原因在于征地前农民粮食和蔬菜基本自给自足，每月的基本生活消费相对较少；征地后，粮食和蔬菜完全靠市场解决，每月的基本生活消费支出显著增加。在收入方面，从 6 个城区的平均数据来看，征地后农民收入有一定程度的下降，从 1821 元变为 1785 元，主要原因在于征地后绝大多数农民的家庭收入来源于短期临时工作，平均每人每月的收入仅在 400 元左右。从征地前后家庭基本生活支出占总收入的比例来看，征地后为 59.83%，相比征地前的 40.47% 提高近 20 个百分点（表 5-10）。

表 5-10　征地前后农民家庭收支对比

地　区	被征地前			被征地后		
	家庭月收入/元	家庭月支出/元	支出占收入的比例/%	家庭月收入/元	家庭月支出/元	支出占收入的比例/%
洪山区	1 705	703	41.23	1 764	1 003	56.86
汉阳区	2 067	794	38.41	2 058	1 150	55.88

续表

地　区	被征地前			被征地后		
	家庭月收入/元	家庭月支出/元	支出占收入的比例/%	家庭月收入/元	家庭月支出/元	支出占收入的比例/%
江夏区	2 463	875	35.53	1 937	1 243	64.17
蔡甸区	1 515	685	45.21	1 605	1 022	63.68
东西湖区	1 357	630	46.43	1 562	923	59.09
武汉市平均	1 821	737	40.47	1 785	1 068	59.83

注：家庭收入包括兼业收入和粮食收入，支出只包括家庭生活日常开支，不包括小孩读书和生病以及人情世故等意外支出

当问及农户，“您认为征地后，生活水平与原来相比是有所改善？有所下降？还是没什么变化”时，也验证了以上结论：有79个农户选择有所下降，占总数的48.77%；有38个农户选择有所改善，占总数的23.46%；有45个农户选择没什么变化，占总数的27.78%。其中，在选择有所改善的人中，大部分都强调只是暂时的改善，几年后安置费用完了就不知道是什么情况了，农民普遍显现出对未来生活的担忧。

（2）生活环境与住房问题

征地后，农村的道路交通和基础设施建设有了很大的改善，农民出行只用搭乘城市公交，距市区中心也就半小时到一小时车程，而以前到市区可能要半天甚至一天时间。出行的便利，让农民更好地融入都市生活。但是征地后农村的社会治安、空气质量都有下降，环境污染和生态景观的破坏也成了农村的一大问题。征地后农民的住房问题都得到极大的改善，由以前的砖木小平房搬进了楼房，有的还住进了小别墅。但是从调查的情况来看，农民对征地过程中的住房安置普遍不太满意。一是认为安置房质量差；二是不太适应新环境，习惯了老平房，住不惯楼房。如果是自建别墅，补偿款一般不够，而有些农民又没有多余的钱来建房。武汉市对农民住房安置一般采用以下两种办法：一是农民到中心村购置商品房；二是由村统一规划，划定区域给农民安排好宅基地的位置，设置红线范围。农民按照村的规划，自己买材料建造统一的房屋（单体别墅）。随着时间推移，补偿标准在逐步提高，而且不同地区，补偿标准也不太一样。就武汉市情况看，开发区的补偿标准要高于一般区域（表5-11）。如果是购买标准房，一般是等面积还建，超过面积部分按照500～750元/平方米价格购买。

表 5-11　被征地农民住房安置办法调查

年　份	住房安置办法
1999 年	宅基地计划面积内（8 平方米/人）160 元/平方米，超出面积 200 元/平方米
2000（开发区）	还宅基地，自建。发放安置补助费 450 元/平方米。安排工作，每月工资约 400 元
2000 ~ 2002 年	还宅基地，自建。发放安置补助费 200 ~ 270 元/平方米。补偿款 4 万 ~ 5 万元。自建费用约 5 万 ~ 10 万元
2003 年	还宅基地，自建。发放安置补助费 290 元/平方米。补偿款 4 万 ~ 5 万元。自建费用约 5 万 ~ 10 万元
2003 ~ 2005（开发区）	还 100 平方米宅基地，自建或购标准房。拆迁过渡费 900 元/月 × 24 月若自建，发放农民安置补助费 590 元/平方米。若购标准房，计划内（40 平方米/人）等面积还建，超过面积售价 500 ~ 750 元/平方米
2003 ~ 2004 年	宅基地交 5 000 元，单体别墅，按房屋面积补偿 300 元/平方米，自建。补偿款 5 万 ~ 6 万元，自建费用 5 万 ~ 10 万元
2004 ~ 2005 年	宅基地交 5 000 元，单体别墅，按房屋面积补偿 310 元/平方米，自建。补偿款 5 万 ~ 6 万元，自建费用 5 万 ~ 10 万元
2005 年	按照房屋使用面积赔偿，住宅 2200 元/平方米。如果是商业门面，补偿 2470 元/平方米

(3) 农民社会保障情况

征地前，土地就是农民的基本保障。征地后，农民失去了土地，而相应的社会保障体系又不健全，农民仅得到一笔几万元的补偿款就买断了几十年的土地使用权，因此，农民的福利状况下降了。从对农民的社会保障情况调查（表 5-12）来看，武汉市的城乡结合部大部分实现了农村合作医疗，农民看病难的问题得到了较大改善。农民每年只需交纳 10 ~ 20 元的费用（其余钱由村支付），就能享受医疗优惠。农民在社区医疗机构看病报销 70%，在指定外医院看病报销 30%，住院报销 50%，但一次最高只能报销 7000 元（重症除外）。

被征地农民只有 11.11% 享受社会保障基金，且都是户口仍在农村的农民，其中男性年龄在 18 ~ 55 岁，女性年龄在 18 ~ 50 岁。该基金大部分是从 2005 年才实施，保障标准为 100 元/人 · 月。

农民有养老保险的人数仅占到调查人数的 22.84%，每月养老金为 100 ~ 300 元。农民对社会养老极为关注，90% 以上的农民都希望以后采取社会养老的方式。

在调查的 162 名被征地农民中，仅有 2 人接受了再教育培训，该农民原来的土地被征收为花卉基地，因此该农民被安排到花卉基地工作。

表 5-12　被征地农民社会保障情况调查表

社会保障基金				医疗保险				养老保险				受教育或培训机会			
有		无		有		无		有		无		有		无	
人数/人	比例/%	人数/人	比例/%	人数/人	比例/%	人数/人	比例/%	人数/人	比例/%	人数/人	比例/%	人数/人	比例/%	人数/人	比例/%
18	11.11	144	88.89	103	63.58	59	36.42	37	22.84	125	77.16	2	1.23	160	98.77
100 元/月				合作医疗				200 元/月				学过插花			

4）失地农民就业安置情况

农地被征收，农民的就业问题成了极为关注的社会问题。在调查过程中，村和征地企业只安排了6.79%的农民就业（表5-13），仅有8.02%的农民谋得了较为稳定的职业，23.46%的人没有职业。此外，59.26%的人靠打临工获得生活来源。打临工是指被征地农民连续工作不足半年的就业状况，生活来源很不稳定。由于农民文化水平低、职业技能缺乏，一旦失去了土地，可以从事的职业岗位相对较少，且多从事的是收入水平较低的劳动密集型行业。部分农民因地制宜地做起了小生意，但由于自身素质和资金等方面的原因，这部分人数量非常少，被调查者中仅有4 人经商，占2.47%。因此，政府应当积极引导，对农民进行知识培训和再就业培训，给予农民投资创业的优惠政策，以此来解决失地农民的就业问题。

表 5-13　失地农民劳动就业情况说明表

项　目	安置就业		打工				经商（开小店）		无就业机会	
			全年打工		打临工					
	人数/人	比例/%	人数/人	比例/%	人数/人	比例/%	人数/人	比例/%	人数/人	比例/%
	11	6.79	13	8.02	96	59.26	4	2.47	38	23.46
人均月收入/元	600		675		400		875			

5.2.2.3　简要结论

1）经济福利。从农民的主观感受来看，有48.77%的农民认为生活水平下降了，有23.46%的农民认为生活水平有所改善，但强调是暂时的改善，且农民普遍表示出对未来生活的担忧。从福利指标的衡量来看，武汉市被征地农民的平均家庭基本支出提高了，而平均收入下降了，因此，征地补偿款不足以使农民维持原有的生活水平。最终，征地后农民的经济福利下降了。

2）社会福利。征地前，农民享有“以土地为依靠，以家庭为核心”的自我保障模式。土地的保障功能既是由我国的基本国情决定的，又是由土地的财产和资产属性所决定的。征地后，农民失去了土地，也就失去了赖以保障的财产和资产，成为“种田无地、就业无岗、低保无份”的特殊群体。由于他们的文化水平和职业技能差，就业保障低，因此，征地后农民的社会福利下降了。

3）生态福利。征地后，农民的住房、卫生、交通、教育和基础设施条件得到极大的改善，而社会治安、空气质量都有所下降，环境污染和生态景观的破坏成为农村的一大难题，农民对此褒贬不一。征地后，生态福利的变化难以具体量化。

5.3 土地征收补偿影响因素分析

5.3.1 征地补偿现状

我们调查了湖北省 4 个城市、54 个村，涉及征地项目近百个（表 5-3）。在调查中我们发现，湖北省的实际征地补偿与我国目前使用《土地管理法》中年产值倍数法的补偿标准相差甚远。湖北省的征地补偿大多实施政府定价，采取一次性支付的包干方式将土地补偿费、安置补助费全部发放给村集体（有些地方将青苗和地上附着物也包干），而给予农民的安置补偿费和宅基地的补偿都是由村内部协商解决。通过调查统计（表 5-14）我们可以看出，按照 2005 年《湖北省征地补偿最低标准》，有 54.22% 的补偿低于这个标准，其中 68.89% 的低补偿是因为公益性用途征收。

表 5-14 湖北省土地征收补偿情况 单位：万元/公顷

地 区	非公益性补偿	公益性补偿	最低补偿标准
武汉江夏区	18 ~ 22.5	3 ~ 4.5	24.75
武汉洪山区	60 ~ 207	7.5 ~ 60	48.6
武汉东西湖区	150	60	24.75
武汉蔡甸区	15 ~ 31.5	6 ~ 8	24.75
武汉汉阳区	—	7.5 ~ 8	48.6
宜 昌	30 ~ 37.5	7.5 ~ 10.5	22.2
荆 门	45	13.5 ~ 22.5	22.2 ~ 24.75
仙 桃	45 ~ 75	12 ~ 45	24.75

从理论上看，征地补偿的标准是要保证失地农民生活水平不降低，然而在实

际调查中，农民对目前征地补偿的现状都表示出不满意的态度。农民的不满意一方面表现为征地补偿偏低，另一方面表现为征地补偿的不公平性，这种不公平性既有垂直不公平又有水平不公平。垂直不公平是指在时间上补偿的不公平性。一般而言，随着时间的推移征地补偿水平应该提高，然而有些仅仅是因为项目不同、利润不同，后征地的补偿相比前征地的补偿反而更低。公益性补偿和非公益性项目补偿标准相差很大。水平不公平性是指同一时间段内，不同区域的补偿差别很大。特别是相邻两村，土地资源禀赋、被征土地类型、村集体经济状况、土地区位水平都差不多，然而补偿标准却相差很大。合理的补偿标准应该实施同地同价的原则，保证失地农民的生活水平不降低。本节通过相关分析来获取湖北省已发生的征地补偿量与各影响因素的相关关系，为制定合理的征地补偿标准提供理论依据。

5.3.2 模型与指标的选取

本节采用多元线性回归模型的方法构建湖北省征地补偿量与影响因素的相关分析。因变量，即征地补偿量 Y 为调查区域实际征地补偿量（土地补偿费和安置补助费，扣除了地上附着物和青苗补偿费）。影响补偿的因素可以分为三大类：一是被征收土地情况；二是当地社会经济发展情况；三是征地项目情况。我们列出了 11 个可能对被征收土地补偿量影响的变量，各因素的可能作用如表 5-15 所示。

$$Y = f(X_1, X_2, X_3, X_4, X_5, X_6, X_7, \cdots, X_{11})$$

湖北省的征地补偿是政府定价，随意性比较大，它与各种预期因素之间的关系可能是线性，也可能是非线性，还有可能并没有显著关系。一般选用的多元线性回归模型和多元非线性回归模型主要有

$$Y = \beta_1 X_1 + \beta_2 X_2 + \beta_3 X_3 + \beta_4 X_4 + \cdots + \beta_{11} X_{11} + \varepsilon \quad \text{I}$$

$$\ln Y = \beta_1 X_1 + \beta_2 X_2 + \beta_3 X_3 + \beta_4 X_4 + \cdots + \beta_{11} X_{11} + \varepsilon \quad \text{II}$$

$$\ln Y = \beta_1 \mathrm{Ln} X_1 + \beta_2 \mathrm{Ln} X_2 + \beta_3 \mathrm{Ln} X_3 + \beta_4 \mathrm{Ln} X_4 + \cdots + \beta_{11} \mathrm{Ln} X_{11} + \varepsilon \quad \text{III}$$

表 5-15 土地征收实际补偿可能影响变量的定义及预期作用方向

影响因素	影响因素量化	变量单位	变量说明	预期作用方向
被征收土地情况	被征收土地所在区域 X_1	—	$X_1=1$（武汉主城区：汉阳区、洪山区）；$X_1=2$（武汉近郊：东西湖区、江夏区、蔡甸区）；$X_1=3$（宜昌市）；$X_1=4$（荆门市）；$X_1=5$（仙桃市）	-

续表

影响因素	影响因素量化	变量单位	变量说明	预期作用方向
当地社会经济发展情况	前三年平均土地产值 X_2	元/亩		+
	被征收土地距区级中心距离 X_3	公里	该距离是指道路距离，而不是直线距离	−
	被征收土地距市级中心距离 X_4	公里	该距离是指道路距离，而不是直线距离	−
	村人均经济收入 X_5	元/人		+
	当地最低工资标准 X_6	元/月		+
	村农业劳动力占总人口比重 X_7	%		+
	人均耕地面积 X_8	亩/人		−
征地项目情况	征地年份 X_9	年		+
	征地用途 X_{10}	—	$X_{10}=1$（公益性用途）；$X_{10}=2$（非公益性用途）	+
	征地面积 X_{11}	亩		+

5.3.3 模型结果估计

对于普通多元线性回归分析，虽然在 $n\geqslant k+1$（n 为样本容量，k 为变量个数）时就可以得到参数估计值，但从参数估计值的有效性来看，应使 $n\geqslant 30$ 或 $n\geqslant k+5$ 或 $n\geqslant 2k$（张恒喜等，2002）。本次调查涉及湖北省 54 个村的 554 户被征地农户，由于征地年代久远，部分受访农民不清楚当年家庭的征地情况，不能完全回答征地调查问卷，因此，本书选用村级调查资料，对 72 个分区域、分年代、分用途的征地项目补偿情况进行调查统计。其有效样本量满足回归分析要求，并运用 Eviews 软件，根据各个模型的拟合判定系数 R^2、序列相关性系数 D. W、显著性检验 F 来选择最佳模型。各模型参数如表 5-16 所示。

表 5-16 选取模型参数表

	模型Ⅰ	模型Ⅱ	模型Ⅲ
R^2	0.675 143	0.814 150	0.808 943
D. W	1.659 797	2.094 375	1.980 547
F	11.336 04	23.894 52	23.094 78

由表 5-16 可得，模型Ⅱ的 R^2、D. W 和 F 值都最高，分别达到 0.814 150、2.094 375 和 23.894 32，这说明模型Ⅱ的拟合程度最好，无显著的序列相关，方程具有较强的显著性，模型的解释能力较强。因此，模型Ⅱ能较好地解释湖北省

的征地补偿与相关影响因素的关系。但是模型Ⅱ可能会出现多重共线性，要消除多重共线性几乎是不可能的，我们只能选用合适的方法减弱多重共线性对模型的影响。模型和数据上补救的方法一般有以下几种：一是增加样本容量；二是利用先验信息改变参数的约束形式；三是数据的结合；四是变换模型的形式（庞浩和李南成，2001）。从回归方法上减弱多重共线性一般选择逐步回归的方法，因此，我们在此运用逐步回归的方法来研究影响湖北省征地补偿量的因素。

逐步回归的方法就是从解释变量中选出对被解释变量有显著影响的变量来建立回归方法。由于影响被解释变量的因素能尽可能多地被选入模型，同时又能突出一些主要的影响因素（赵红平，2007）。通过运用 SPSS 软件，采取逐步回归的方法，对模型Ⅱ进行回归分析，我们得到征地补偿与相关因素的关系如表 5-17 所示。

表 5-17　影响征地补偿的因素分析

解释变量	系　数	标准差	标准系数	t 值	显著系数 Prob.
截距项 C	1.381	0.387		3.571	0.001**
被征收土地所在区域 X_1	−0.214	0.049	−0.372	−4.405	0.000**
被征收土地距离区级中心距离 X_3	−0.113	0.026	−0.352	−4.291	0.000**
被征收土地距离市级中心距离 X_4	−9.016E-2	0.012	−0.696	−7.594	0.000**
村农业劳动力占总人口比重 X_7	−2.681	0.562	−0.293	−4.766	0.000**
人均耕地面积 X_8	0.639	0.171	0.249	3.741	0.000**
征地用途 X_{10}	1.207	0.116	0.617	10.404	0.000**

** 代表显著性水平为 1%

结果显示，有六个因素是影响征地补偿的重要因素。人均耕地面积与征地补偿呈正相关，即人均耕地面积越多，征地补偿越高，耕地资源越紧缺的地区，补偿越少；距离区、市级中心的距离、村农业劳动力占总人口的比重与征地补偿呈负相关，即距离区、市级中心越近，征地补偿越高，村农业劳动力越少，补偿越高；征地的用途和征地区域也与征地补偿呈现显著关系，即非公益性越强，补偿越高；省会城市、副省会城市、地级市、直管市的补偿标准依次降低。而其他相关因素的影响不太显著。征地补偿费的相关因素模型为

$$\mathrm{Ln}\,Y = 1.381 - 0.214X_1 - 0.113X_3 - 0.09016X_4 - 2.681X_7 + 0.639X_8 + 1.207X_{10}$$

5.3.4　结果分析

从理论上看，土地征地补偿量应该仅与被征收土地的情况有关，实行同地同价原则，保证被征地农民的生活水平不降低。在中国的江浙发达地区都已经实施了区片综合价格。区片综合价格是指在城镇行政区土地利用总体规划确定的建设

用地范围内，依据地类、产值、土地区位、农用地等级、人均耕地数量、土地供求关系、当地经济发展水平和城镇居民最低生活保障等因素，划分并测定的征地综合补偿标准。国土资源部在2005年就发出了《关于开展制订征地统一年产值标准和征地区片综合地价工作的通知》，然而在湖北地区，已有的征地补偿显示出了更大的随意性。从上述影响因素的分析中可以看出，湖北省的征地补偿与传统原产值倍数法的补偿并没有明显的相关性，与地类的关系也不明显。湖北省的征地补偿一般采取包干制，水田、旱地、果园和鱼塘的土地补偿费和安置补助费没有区别，差异仅仅体现在青苗补偿上。果园和鱼塘的青苗补偿费相对于旱地和水田较高。另外，湖北省的征地补偿与征地后土地的用途关系显著。公益性用途，如公路（高速公路除外）建设、地方学校（中小学，大学独立学院除外）、都市农业（高新农业科技园除外）的征地补偿较低，年代越久远补偿越低，一般仅仅为几千元每亩，特别是三峡移民的补偿为1千~2千元/亩，这部分人现在经济极为拮据，生活难以维持。非公益性用途，如房地产开发、商业、经济技术开发区等的征地补偿都较高，一般为几万元每亩。由于湖北缺乏征地保障措施，对农民多采取的是一次性支付方式，即使补偿费不低，而农民仍然不希望土地被征，被征地农民普遍表示出对未来生活的担忧。

5.4　土地征收补偿合理性评价

5.4.1　从农地价值角度的土地征收补偿

按照上述理论分析，我们可以将农地总价值作为征地过程中原农地所有者和使用者所应该得到补偿的上限值。

5.4.1.1　农地市场价值

农地的市场价值适宜用收益还原法求取。数据由2007年《湖北省征地补偿费分配制度》课题的问卷调查获取。四个典型地区农地的收益情况基本呈现正态分布，根据正态分布区间估计，当δ^2已知时，均值μ的双侧$1-\alpha$置信区间为

$$\overline{X}-t_{1-0.5\alpha}\frac{S^*}{\sqrt{n}},\quad \overline{X}+t_{1-0.5\alpha}\frac{S^*}{\sqrt{n}}$$

式中，$\overline{X}$为农地纯收益均值；S^*为样本标准差；n为样本数量。

按照收益还原法的公式及上述分析结果，四个典型地区耕地的经济价值测算公式如下，测算结果如表5-18所示。

$$\text{农地市场价值}=\frac{\text{农地纯收益均值}\pm t_{1-0.5\alpha}\dfrac{S^*}{\sqrt{n}}}{\text{还原率}}$$

表 5-18　农地市场价值测算

地　区	平均纯收益/（元/公顷）	$t_{1-0.5\alpha}S^*/\sqrt{n}$	还原率/%	农地市场价值/（元/公顷）		
				最低价	平均价	最高价
武　汉	53 637.52	1 033.36	4.14	1 270 632	1 295 592	1 320 553
宜　昌	61 022.189	1 022.16	4.14	1 449 276	1 473 966	1 498 656
荆　门	35 997.94	844.91	4.14	849 107	869 515	889 924
仙　桃	50 356.56	1 101.59	4.14	1 189 734	1 216 342	1 242 950

从上述计算表中我们可以看出，按平均价，湖北四个典型城市的农地市场价值呈现出宜昌 > 武汉 > 仙桃 > 荆门的特点，这与地形特征不太相符。一般情况下，农地的收益规律应该表现为平原 > 丘陵 > 山地，可由于受种植结构的影响，鄂西山地特有的气候和地形特点，适宜种植柑橘、茶叶和药材，因此收益高，农地的市场价值也高。武汉和仙桃属于江汉平原，是湖北省的粮食主产区，农地质量好、种植的平均纯收益高，因此农地的市场价值也较高。荆门属于丘陵地区，农地的质量相对江汉平原差，则农地的市场价值也较低。由于受农地质量、农业种植结构、种植品种和种植制度的影响，农地市场价值的差异比较大。从计算结果来看，湖北省四个典型城市三种地形下的耕地市场价值在每公顷百万元左右。

5.4.1.2　农地非市场价值

农地非市场价值的评估一般采取条件价值评估法（CVM），该方法一般分为六个步骤：①建立一个假想的市场；②对农地的非市场价值部分竞标（一般采用面对面的交谈/问卷）；③估算平均 WTP 和 WTA；④导出竞标曲线；⑤综合分析数据；⑥求取农地的非市场价值。计算公式见第 3 章理论分析部分，数据采用 2006 年《农地生态与农地价值关系研究》课题组调查数据（陈莹和张安录，2007；蔡银莺，2007），由于采用的是 2006 年的数据，因此要进行年期修正，农地非市场价值计算如表 5-19 所示。

表 5-19　农地非市场价值计算表

地　区	受访者	平均支付意愿/元	支付率/%	户数/户	支付意愿价值/万元	支付意愿总价值/万元	面积/公顷	单位支付意愿价/（元/公顷）	非市场价值/（元/公顷）	修正后非市场价值/（元/公顷）
武　汉	农民	199.48	71.78	1 026 855	14 703.2	46 169.07	377 558.75	1 222.83	54 348	56 598
	市民	187.28	48.51	12 722 274	22 136.94					
宜　昌	农民	196.67	71.10	838 900	11 730.54	32 348.61	359 394.35	900.09	40 004	41 660
	市民	229.41	84.06	485 134	9 355.42					

续表

地　区	受访者	平均支付意愿/元	支付率/%	户数/户	支付意愿价值/万元	支付意愿总价值/万元	面积/公顷	单位支付意愿价/（元/公顷）	非市场价值/（元/公顷）	修正后非市场价值/（元/公顷）
荆　门	农民 市民	207.09 154.24	93.40 73.80	532 125 241 073	10 292.47 2 744.11	13 036.58	388 208.70	335.81	11 422	11 895
仙　桃	农民 市民	163.15 210.43	82.63 77.43	3 764 275 2 237 384	50 746.51 36 455.03	122 693.90	1 669 268.84	735.02	32 667	34 019

从表5-19可以看出，农地的非市场价值显现出武汉＞宜昌＞仙桃＞荆门的特征，这与实际相符。非市场价值的大小与地区资源禀赋情况有关，资源越丰富，耕地的非市场价值越低；资源越稀缺，非市场价值越高。农地生态系统脆弱、农地景观破碎度较高、农地保护形势严峻的城市（如武汉），其农地生态系统维护及改善的价值明显高于江汉平原、鄂中丘陵和鄂西山地的农地非市场价值。农地资源生态环境敏感、人均资源禀赋较少的鄂西山地维护和改善农地资源生态系统服务的价值远远高于生态环境及资源禀赋状况较好的江汉平原、鄂中丘陵。在农地保护形势紧张的区域，居民保护农地的偏好意愿高于城市化进程低的地区。例如，武汉市在快速城市化进程中农地资源流失严重，居民对农地保护的偏好高于江汉平原、鄂中丘陵及鄂西山地。可由于发展中国家通常缺乏对消费者进行市场调查的传统，因此，被调查者可能因为难以理解这一方式而不能给出他们真实的支付意愿，并且这一方法的调查结果往往取决于被调查者如何理解某一环境变化可能对其自身的影响，被调查者的环境意识以及政府对环境信息的公开程度等都会影响到评估结果的准确性。另外，我们认为还有可能存在因收入过低，被调查者往往支付能力不足，从而支付意愿低于实际价值的情况。同时，如果被调查者认为他们的回答会对公共物品或环境质量产生影响，或者对个人税赋以及其他的制度责任产生影响，那么被调查者就会努力通过自己的回答来影响公共政策的结果。这往往会与真实的支付意愿产生偏差，导致测算结果偏小。

5.4.1.3　农地总价值

农地总价值为农地市场价值和非市场价值之和，其计算结果如表5-20所示。

表 5-20　农地资源总价值核算　　单位：元/公顷

农地类型	农地市场价值			农地非市场价值	农地总价值		
	最低价	平均价	最高价		最低价	平均价	最高价
武　汉	1 270 632	1 295 592.271	1 320 552.657	56 598	1 327 230	1 352 190	1 377 151
宜　昌	1 449 276	1 473 965.918	1 498 655.773	41 660	1 490 936	1 515 626	1 540 316
荆　门	849 107	869 515.458 9	889 923.913	11 895	861 002	881 410	901 819
仙　桃	1 189 734	1 216 342.029	1 242 950.483	34 019	1 223 753	1 250 361	1 276 969

从表 5-20 中我们可以看出，农地的总价值中 95% 以上是市场价值，非市场价值不足 5%。农地非市场价值数值偏低，一方面是因为这种条件价值评估法通过支付意愿来反映价格的方法在我国运用很少，调查者难以理解这种方式。另一方面是因为调查者对农地非市场价值认识的不足。因此，计算出的农地总价值主要表现为农地的市场价值。从总平均价格来看，农地总价值表现出宜昌 > 武汉 > 仙桃 > 荆门的特点，这与市场价值表现出的特征一致。

5.4.2　从农地功能角度的土地征收补偿

按照上述理论分析，我们可以将土地所有者和使用者所享有的农地各项功能需求作为土地征收补偿的合理性标准。该功能价值的享有是随着社会生活质量的提高而提高的。

5.4.2.1　就业保障功能的测算

就业保障功能价值可表示为

$$Y_1 = y_1 + y_2$$

其中，y_1 为失业保险和最低生活保障；y_2 为受教育培训费。

根据《2007 年湖北省城市居民最低生活保障标准》：武汉市主城区每月最低生活保障为 248 元，近郊区和远城区为 186 元，宜昌猇亭区为 180 元，夷陵区和宜都市为 160 元，荆门市城区为 176 元，仙桃市为 150 元，湖北省其他地区的标准如表 5-21 所示。

失地农民的保障年限，应从土地被征收起到农民基本丧失劳动力为止，即男性到 60 岁为止，女性到 55 岁为止。因此，男性的保障年限为距离 60 岁的剩余年限，女性的保障年限为距离 55 岁的剩余年限。

$$\text{男性：} y_1 = \frac{M_0}{1+i} + \frac{M_0}{(1+i)^2} + \frac{M_0}{(1+i)^3} + \cdots + \frac{M_0}{(1+i)^n} = M_0 \times f_m$$

$$女性：y_1 = \frac{M_0}{1+i} + \frac{M_0}{(1+i)^2} + \frac{M_0}{(1+i)^3} + \cdots + \frac{M_0}{(1+i)^n} = M_0 \times f_w$$

其中，M_0 为年最低生活保障标准（或失业保障标准）；f_m 为男性农民的贴现因子；f_w 为女性农民的贴现因子。

$f = \dfrac{(1+i)^n - 1}{i(1+i)^n}$；$i$ 为还原利率（按一年期定期存款利率计算，目前为 4.14%）；n 为保障年限。

根据湖北省职业技能培训费收费标准（表5-22），各工种培训时间按劳动和社会保障部门的规定执行。初级工培训原则上不得少于180个课时；中级工不得少于230个课时；高级工不得少于300个课时。对于被征地农民的职业培训，我们按照初级的标准，技能培训按照C类标准执行。那么所需理论和技能培训费用合计为 $y_2 = 180 \times 2 + 180 \times 2 = 720$（元）。

表5-21　湖北省典型地区最低生活保障及失业保障计算表

地区	月最低保障水平/元	男性				女性			
		平均年龄	保障年限	f_m	最低生活保障及失业保障/万元	平均年龄	保障年限	f_w	最低生活保障及失业保障/万元
武汉市主城区	248	30~40	25	15.39	4.58	30~40	20	13.42	3.99
		40~50	15	11.01	3.28	40~50	10	8.05	2.40
武汉市近郊区	186	30~40	25	15.34	3.44	30~40	20	13.42	3.00
		40~50	15	11.01	2.46	40~50	10	8.05	1.80
黄石市、宜昌市、十堰市区	180	30~40	25	15.34	3.32	30~40	20	13.42	2.90
		40~50	15	11.01	2.38	40~50	10	8.05	1.74
荆门市主城区	176	30~40	25	15.34	3.25	30~40	20	13.42	2.83
		40~50	15	11.01	2.33	40~50	10	8.05	1.70
襄樊市、鄂州市、	170	30~40	25	15.39	3.14	30~40	20	13.42	2.74
		40~50	15	11.01	2.25	40~50	10	8.05	1.64
宜昌市夷陵区、宜都市、枝江市、大冶市、襄樊市谷城县、荆门市沙洋县、京山县、钟祥市、林区	160	30~40	25	15.34	2.95	30~40	20	13.42	2.58
		40~50	15	11.01	2.11	40~50	10	8.05	1.55

续表

地　区	月最低保障水平/元	男　性				女　性			
		平均年龄	保障年限	f_m	最低生活保障及失业保障/万元	平均年龄	保障年限	f_w	最低生活保障及失业保障/万元
仙桃市、潜江市、天门市、襄阳区、南漳县、老河口市、枣阳市、荆州市区、陨县、恩施州*、广水市、	150	30～40	25	15.34	2.77	30～40	20	13.42	2.42
		40～50	15	11.01	1.98	40～50	10	8.05	1.45

*：湖北省恩施土家族苗族自治州，全书简称恩施州

表 5-22　湖北省职业技能培训费收费标准

级　别	理论培训/（元/（人·课时））	技能培训/（元/（人·课时））		
		A 类	B 类	C 类
初　级	2	3	2.5	2
中　级	2.5	3.5	3	2.5
高　级	3	4	3.5	3
技　师	3.5	4.5	4	3.5
高级技师	4	5	4.5	4

资料来源：http：//www.jzjs.gov.cn/show.aspx？id＝802

5.4.2.2　养老保障功能的测算

我们结合湖北省现有的经济水平，按照被调查农户 2006 年可领取的养老保险金标准来计算：武汉每月 160 元，宜昌每月 120 元，荆门每月 120 元，仙桃每月 100 元。据统计局数据资料显示，2007 年全年居民消费价格上涨 4.8%。因此，考虑物价上涨因素，我们选取每年养老保险金标准为武汉 2012 元，宜昌 1510 元，荆门 1510 元，仙桃 1260 元。以男女农民平均年龄至退休年龄的差值作为缴纳养老保险费的年限。由于此商业保险为每份每年领取养老金 1000 元，因此每人需要购置的保险份额与养老保险费用计算如表 5-25 所示。

表 5-23　中国太平洋保险公司太平盛世·长寿养老保险 A 款缴费表（55 岁领取）

单位：元

投保年龄/岁	女性				男性			
	趸缴	年缴	10 年限缴	20 年限缴	趸缴	年缴	10 年限缴	20 年限缴
…	…	…	…	…	…	…	…	…
35	12 812	813	1 475	813	11 820	753	1 364	753
…	…	…	…	…	…	…	…	…
37	13 481	925	1 552	…	12 448	857	1 436	…
38	13 828	994	1 591	…	12 774	921	1 474	…
39	14 184	1 073	1 632	…	13 108	994	1 512	…
40	14 548	1 163	1 674	…	13 451	1 078	1 551	…
41	14 922	1 266	1 717	…	13 803	1 173	1 591	…
…	…	…	…	…	…	…	…	…
45	16 512	1 898	1 898		15 296	1 761	1 761	…
…	…	…	…	…	…	…	…	…

资料来源：http：//www. cpic. com. cn/

表 5-24　中国太平洋保险公司太平盛世·长寿养老保险 A 款缴费表（60 岁领取）

单位：元

投保年龄/岁	女性				男性			
	趸缴	年缴	10 年限缴	20 年限缴	趸缴	年缴	10 年限缴	20 年限缴
…	…	…	…	…	…	…	…	…
34	9 707	507	1 121	619	8 848	465	1 026	568
35	9 962	535	1 150	635	9 087	492	1 053	583
36	10 224	566	1 180	652	9 333	520	1 082	599
…	…	…	…	…	…	…	…	…
40	11 341	723	1 309	723	10 383	665	1 203	665
…	…	…	…	…	…	…	…	…
45	12 908	1 034	1 489	…	11 860	954	1 373	
…	…	…	…	…	…	…	…	…

资料来源：http：//www. cpic. com. cn/

根据《失业保险条例》第5条规定：个人缴纳基本养老保险费的比例，1997年不得低于本人缴纳工资的4%，1998年起每两年提高一个百分点，最终达到本人缴纳工资的8%。因此，养老保险费用 = 保险份额 × 趸缴 × （1 − 8%）。

表 5-25　养老保险费用计算表

地　区	年龄段/岁	每年可领取养老金/元	保险份额	趸缴/元		养老保险费用/元	
				男性	女性	男性	女性
武　汉	30 ~ 40	2 012	2.01	9 087	12 812	16 803.68	23 691.95
	40 ~ 50	2 012	2.01	11 860	16 512	21 931.51	30 533.99
宜　昌	30 ~ 40	1 510	1.51	9 087	12 812	12 623.66	17 798.43
	40 ~ 50	1 510	1.51	11 860	16 512	16 475.91	22 938.47
荆　门	30 ~ 40	1 510	1.51	9 087	12 812	12 623.66	17 798.43
	40 ~ 50	1 510	1.51	11 860	16 512	16 475.91	22 938.47
仙　桃	30 ~ 40	1 260	1.26	9 087	12 812	10 533.65	14 851.67
	40 ~ 50	1 260	1.26	11 860	16 512	13 748.11	19 140.71

5.4.2.3　医疗保险费用的测算

按照前文所论述的农村合作医疗来衡量湖北省农地对农民的医疗保障功能。湖北省的农村合作医疗在资金的来源上主要是以政府投入为主的多方筹资，具体的筹资比例为中央财政和地方财政各占1/3，农民个人缴纳1/3，乡村集体经济组织有条件的也要给予扶持。从调查的情况来看，实行农村合作医疗的村，平均每人每年需缴纳15元，同时，根据筹资比例，政府每年应给每人缴纳30元。

$$Y_3 = J_0 \times f$$

其中，Y_3 为人均医疗保险费用贴现；J_0 为政府每年应缴纳医疗费；f 为折现因子，其值为

$$f = \frac{(1+i)^n - 1}{i(1+i)^n}$$

其中，n 为被保障农民平均年龄到75岁的时间之差；i 为还原利率（取一年期定期存款利率，目前为4.14%）（图5-26）。

表 5-26　医疗保险费用计算

年龄段/岁	保障年限	政府缴纳医疗费/元	i/%	f	医疗保险费用/元
30 ~ 40	40	30	4.14	19.39	581.61
40 ~ 50	30	30	4.14	17.00	510.06

5.4.2.4 农地功能价值测算

失地农民基本生存保障费用为以上就业保障、养老保障和医疗保障三个部分之和。因此，湖北省四个典型地区的失地农民合理补偿费用的计算如表5-27所示。

表5-27 湖北省农地功能价值计算

地 区	年龄段/岁	y_1/（万元/公顷）		y_2（万元/公顷）	Y_2（万元/公顷）		Y_3（万元/公顷）	Y（万元/公顷）	
		男性	女性		男性	女性		男性	女性
武汉主城区	30～40	4.58	3.99	0.072	1.68	2.37	0.058	6.39	6.49
	40～50	3.28	2.4	0.072	2.19	3.05	0.051	5.60	5.58
武汉近郊区	30～40	3.44	3.0	0.072	1.68	2.37	0.058	5.25	5.50
	40～50	2.46	1.8	0.072	2.19	3.05	0.051	4.78	4.98
黄石、宜昌、十堰市区	30～40	3.32	2.9	0.072	1.26	1.78	0.058	4.71	4.81
	40～50	2.38	1.74	0.072	1.65	2.29	0.051	4.15	4.16
宜昌夷陵区、宜都市、枝江市、大冶市、襄樊谷城县、荆门沙洋县、京山县、钟祥市、林区	30～40	2.95	2.58	0.072	1.26	1.78	0.058	4.34	4.49
	40～50	2.11	1.55	0.072	1.65	2.29	0.051	3.88	3.97
荆门主城区	30～40	3.25	2.83	0.072	1.26	1.78	0.058	4.64	4.74
	40～50	2.33	1.7	0.072	1.65	2.29	0.051	4.10	4.12
仙桃、潜江市、天门市、襄阳区、南漳县、老河口市、枣阳市、荆州市区、陨县、恩施州、广水市	30～40	2.77	2.42	0.072	1.05	1.49	0.058	3.95	4.04
	40～50	1.98	1.45	0.072	1.37	1.91	0.051	3.48	3.49

5.4.2.5 基于农地功能价值的征地补偿

上述四个典型城市六个地区的农地功能价值测算是依据当地社会经济发展和人们的基本生活水平来测算的保障标准。根据《湖北省城镇体系综合规划报告（2003～2020年）》中湖北省城镇体系功能定位表（表5-28），结合《2007年湖北省城市居民最低生活保障标准》，制定湖北省合理征地补偿标准（表5-29）。

表 5-28 湖北省城镇体系功能定位

功能定位	城镇名称
省域中心城市	武汉
区域中心城市Ⅰ类	襄樊、宜昌
区域中心城市Ⅱ类	黄石、荆州、十堰
地区中心城市Ⅰ类	荆门、孝感、黄冈、咸宁、恩施、随州
地区中心城市Ⅱ类	鄂州、仙桃、天门、潜江
县（市）域中心城市Ⅰ类	丹江口、松滋、石首、监利、洪湖、宜都、枝江、当阳、老河口、枣阳、宜城、谷城、钟祥、京山、广水、安陆、应城、汉川、麻城、武穴、浠水、蕲春、黄梅、赤壁、利川
县（市）域中心城市Ⅱ类	阳新、郧县、郧西、竹山、竹溪、房县、江陵、公安、远安、兴山、秭归、长阳、五峰、南漳、保康、沙洋、孝昌、大悟、云梦、团风、红安、罗田、英山、嘉鱼、通城、崇阳、通山、建始、巴东、宣恩、咸丰、来凤、鹤峰、神农架

表 5-29 湖北省征地合理补偿标准表

地区	年龄段/岁	*Y*/（万元/公顷）		人均耕地/公顷	补偿标准/（万元/公顷）		补偿标准/（万元/公顷）
		女性	男性		女性	男性	
武汉主城区	30～40	6.39	6.49	0.07	91.29	92.71	85.93
	40～50	5.60	5.58		80.00	79.71	
武汉近郊区	30～40	5.25	5.50	0.07	75.00	78.57	73.25
	40～50	4.78	4.98		68.29	71.14	
襄樊	30～40	4.71	4.81	0.113	41.68	42.57	39.45
	40～50	4.15	4.16		36.73	36.81	
宜昌	30～40	4.71	4.81	0.120	39.25	40.08	37.15
	40～50	4.15	4.16		34.58	34.67	
黄石	30～40	4.71	4.81	0.066	71.36	72.88	67.54
	40～50	4.15	4.16		62.88	63.03	
十堰	30～40	4.71	4.81	0.090	52.33	53.44	49.53
	40～50	4.15	4.16		46.11	46.22	
荆门	30～40	4.64	4.74	0.119	38.99	39.83	36.97
	40～50	4.10	4.12		34.45	34.62	
孝感	30～40	4.34	4.49	0.073	59.45	61.51	57.12
	40～50	3.88	3.97		53.15	54.38	
黄冈	30～40	4.34	4.49	0.061	71.15	73.61	68.36
	40～50	3.88	3.97		63.61	65.08	

续表

地区	年龄段/岁	Y/（万元/公顷）		人均耕地/公顷	补偿标准/（万元/公顷）		补偿标准/（万元/公顷）
		女性	男性		女性	男性	
咸宁	30～40	4.34	4.49	0.090	48.22	49.89	46.33
	40～50	3.88	3.97		43.11	44.11	
随州	30～40	4.34	4.49	0.095	45.68	47.26	44.71
	40～50	3.88	3.97		44.09	41.79	
仙桃	30～40	3.95	4.04	0.088	44.89	45.91	42.50
	40～50	3.48	3.49		39.55	39.66	
潜江	30～40	3.95	4.04	0.095	41.58	42.53	39.37
	40～50	3.48	3.49		36.63	36.74	
天门	30～40	3.95	4.04	0.072	54.86	56.11	51.94
	40～50	3.48	3.49		48.33	48.47	
鄂州	30～40	3.95	4.04	0.063	62.70	64.13	59.37
	40～50	3.48	3.49		55.24	55.40	
恩施	30～40	3.95	4.04	0.095	41.58	42.53	39.37
	40～50	3.48	3.49		36.63	36.74	
神农架	30～40	3.95	4.04	0.135	29.26	29.93	27.70
	40～50	3.48	3.49		25.78	25.85	

资料来源：人均耕地面积来源于《湖北农村统计年鉴2006》

从表5-29可以看出，湖北省基于农地功能价值角度的征地补偿标准在27.70万～85.93万元/公顷。武汉市主城区补偿标准最高，神农架补偿标准最低，两者相差近3倍。湖北省一般城市补偿水平在50万元/公顷左右，比目前实施的补偿标准略高。建立这种以失地农民社会保障方式的征地补偿制度相比一次性货币补偿的方式更容易为农民所接受。

5.5 现有制度下征地补偿标准与现实征收补偿、合理性征收补偿标准的对比分析

5.5.1 现有制度下征地补偿标准与现实征收补偿的对比

现有制度下征地补偿标准与现实征地补偿情况有一定的差距。这说明目前的征地补偿制度执行不好，各级政府层层瓜分征地补偿款，最后到达农民手中的征地补偿款很低，同时又缺乏相应的监督机制。同一地区不同区片、不同征地类型的征地补偿款差异很大。武汉市在我们调查的不同区片中就显现出了很大的差

别，以东西湖区的征地补偿最高，蔡甸区和汉阳区补偿最低。现实中的征地补偿显现出如下规律，即国有农场 > 城区 > 经济技术开发区 > 郊区。另外，公益性用地和非公益性用地补偿差别也很大。就调查情况而言，公益性征地补偿大大低于非公益性征地补偿。从理论上看，两者谁高谁低，应该依征地后给予农民利益的多少决定，即外部性收益和间接收益之间的权衡。

5.5.2 现实征收补偿与基于两种理论下合理征地补偿标准的对比

基于两种理论下合理的征收补偿标准与现实中的征地补偿差异显著，特别是公益性征收。有些公益性项目的实际补偿还不到合理标准的 10%，仅武汉市东西湖区的征地补偿达到并高于合理的征地补偿标准，因为武汉东西湖区的农地属于国有，其他地区的实际补偿情况远远低于这个合理的补偿标准（表 5-30）。

表 5-30 现有制度下征地补偿标准与现实征地补偿、合理性征地补偿对比表

单位：万元/公顷

地　区	现有制度下最低补偿标准	现实补偿		合理征地补偿	
		非公益性补偿	公益性补偿	基于农地价值（上限）	基于农地功能
武汉江夏区	24.75	18 ~ 22.5	3 ~ 4.5	135.22	73.25
武汉洪山区	48.6	60 ~ 207	7.5 ~ 60	135.22	85.93
武汉东西湖区	24.75	150	60	135.22	73.25
武汉蔡甸区	24.75	15 ~ 31.5	6 ~ 8	135.22	73.25
武汉汉阳区	48.6	—	7.5 ~ 8	135.22	85.93
宜　昌	22.2	30 ~ 37.5	7.5 ~ 10.5	151.56	37.15
荆　门	22.2 ~ 24.75	45	13.5 ~ 22.5	88.14	36.97
仙　桃	24.75	45 ~ 75	12 ~ 45	125.04	42.50

5.5.3 现有制度下征地补偿标准与基于两种理论下合理征地补偿标准的对比

现有制度下的征地补偿标准远远小于基于两种理论下的合理征地补偿标准。现有制度下的征地补偿标准是基于原农地年产值标准测算的，它与农地价值理论下的征地补偿标准相比，忽视了农地的非市场价值，同时它采取的倍数标准缺乏理论依据。基于农地功能价值下的征地补偿是按照原农地所有者和使用者所享有的农地功能需求测算的，更符合实际。按照前文理论研究，基于农地价值的征地补偿可以看做是补偿标准的上限，基于农地功能的补偿可以看做是补偿标准的合理参考值（表 5-30）。

第 6 章 征地补偿费分配的调整

6.1 公益性征收征地补偿费分配的调整

我国将土地征收定义为“国家或政府为了公共利益而强制性将农民集体土地收归国有，并给予补偿”的一种基本土地法律制度。“公共利益”成为土地征收的唯一合法条件，然而何谓“公共利益”，却是粗范和模糊的概念，我国《宪法》第 10 条第 3 款和《土地管理法》第 2 条第 4 款都强调征收的公益性，可在这些法律中又没有详细和严格的区分概念，更没有建立土地征收的合法性审查机制，致使土地征收范围过宽。据 2000 ~ 2001 年全国 16 省征地及用地结构的统计分析，在各类建设项目用地中，属于盈利性的工商业、房地产等城市经营性用地征收集体土地占征地面积的 21.96%（鹿心社，2002）。东部一些省会城市的项目中，真正用于公共利益的不到 10%（李珍贵等，2006）。黄东东（2002）通过国外对公共利益的规定，将公共利益从不同角度进行解释。从财产利用的目的性看，公共利益既包括公共利益主体的直接使用行为，如国防设施、政府建筑物；又包括征收行为的后果是增进全体社会成员福利事业的公共利益用途，如教育和科研等。从土地利用的效果上看，公益用途可解释为经营性与非经营性两种。因经营性用途而征收土地仅仅是指国有企业。这种国有企业在国外一方面是指涉及公众利益而私人又不愿意承办的微利行业或者国家财政扶持的官办企业，如社会保险、邮政等；另一方面还包括为公共利益需要垄断经营，而不允许私人投资进入的垄断企业，如能源服务企业。

按照上述对公共利益的界定，结合实际调查，我们将公共利益界定为以下四方面用途：一是国家机关用地和军事用地；二是城市基础设施和公益事业用地；三是国家重点扶持的能源、交通、水利等基础设施用地；四是非经营性企业、微利企业或为了公共利益而不允许私人投资进入的垄断企业用地。通过以上界定，从我们对湖北省四个典型城市征地用途的调查来看，不到 30% 的征收土地是用于公益性用途。这些用途主要包括：修建公路（含高速公路，因为按照国家高速公路事业管理的有关规定，高速公路运营收益主要用于补偿投资，填补成本和维护设施）、学校（不包括二级学院）、军事用地、加油站、变电站、三峡建设等。

那么，公益性征收和非公益性征收的征地补偿情况如何？对于农民利益的损失有明显的差异吗？土地征收的利益关系状况又是怎么样？对于这样一些问题，我们以高速公路项目作为公益性用途的典型案例进行研究，以便对以后的政策修订提供一些参考。

6.1.1 公益性征地项目概况

公益性征地项目以武荆高速公路，即武汉至荆门高速公路为例。该高速公路全长183.214公里，途经武汉市东西湖区、孝感市、汉川市、应城市、天门市、荆门市掇刀区、东宝区、京山县、钟祥市及屈家岭管理区，拟征收土地面积约16 037.37亩，其中耕地面积约11 042.36亩。为了保证工程顺利建设，按照湖北省人民政府鄂政发［1997］5号、［2005］11号文件精神，项目用地由湖北省国土资源厅按照全包方式实行统一征地。全包即由政府土地管理部门或所属的征地服务机构采取包工作、包费用、包时间的三包方式，负责征地全过程的全部工作，征地所发生的全部费用经科学测算后，由用地单位一次交付土地管理部门，土地管理部门或征地服务机构按规定期限将土地交付用地单位。

6.1.2 补偿费的分配情况及调整

6.1.2.1 征地补偿及补偿费的分配情况

地方政府和集体经济组织之间的利益关系主要是通过征地补偿费来表现，集体经济组织和农民之间的利益关系主要是通过征地补偿费的分配来表现。征地补偿费主要包括土地补偿费、安置补助费和青苗补偿费。武荆高速公路建设项目的征地补偿费标准是根据鄂政发〔2005〕11号文，按不同地区类别最低年产值标准确定的。

武荆高速公路建设项目补偿不分地类为：武汉市东西湖区按最低年产值的21.5倍计算；沿线其他地区按最低年产值的17.5倍计算。其具体各地类为：二类地区（东西湖区）补偿标准为25 800元/亩；三类地区（掇刀区）补偿标准为17 500元/亩；四类地区（汉川市、应城市、天门市、东宝区、京山县、钟祥市、屈家岭管理区）补偿标准为15 750元/亩。

相关条文明文规定，各地的征地补偿费必须及时、足额下拨到被征地村组和农民，不得侵占、挪用和克扣。但在实际操作中，村和农民得到的征地补偿情况又是如何呢？我们通过问卷调查，了解该项目在东西湖区、掇刀区和东宝区的征地补偿及分配情况（表6-1）。两两主体之间的利益关系表现在以下两方面。

表 6-1　武荆高速公路项目征地补偿及分配情况

项　目		东西湖区	掇刀区	东宝区
政府规定补偿/(元/亩)		25 800	17 500	15 750
落实到村的包干费/(元/亩)		20 000	15 000	15 000
村对补偿款的分配	青苗及地上附着物	菜地 2 600 元/亩 一般果园 3 000 元/亩 葡萄园 6 000 元/亩	水田 500 元/亩 旱地 800 元/亩 菜地 1 000 元/亩	果树 50 元/棵 普通树 20 元/棵 田地 500 元/亩
	安置补助费	安排就业的每月工资 350 元，没有工作的，每月 100 元补贴。按照被征地农民平均年龄 40 岁，到退休年龄 55 岁计算，则安置补助费的时间折算价值为 13 212元/人	该项目涉及若干个村，其中双泉村补偿标准最高，人均耕地面积 0.74 亩，每户不管占地多少，人均补偿费 6 000 元，折合补偿价值 8 100 元/亩。其他村比该补偿低，如斗立村人均补偿仅为 2 000 元	7 500 元/亩
	给农民补偿价值折算合计	青苗及地上附着物平均 3 000元/亩 安置补助费 = 13 212 元/人 人均耕地面积 0.85 亩/人 农民补偿合计 18 544 元/亩	8 900 元/亩（最高）	8 000 元/亩
	村提留/(元/亩)	1 456	6 100（最低）	7 000
地方政府提留/(元/亩)		5 800	2 500	750
农民和村集体利益调整比例		92. 72%∶7. 28%	59. 33%∶40. 67%	46. 67%∶53. 33%

（1）政府和集体经济组织之间

征地补偿费偏低，政府对征地补偿费有一定截留。武荆高速公路涉及的征地区域，其征地补偿标准均高于《土地管理法》和《湖北省征地补偿最低标准》的规定，但与本书探讨的合理征地补偿标准尚有差距，如果是基于农地价值测算的耕地补偿标准（最高补偿标准）应该为：武汉市东西湖区 9 万元/亩，掇刀区和东宝区为 5. 88 万元/亩。如果是基于农地功能测算的耕地补偿标准应该为：武汉市东西湖区 4. 88 万元/亩，掇刀区和东宝区为 2. 46 万元/亩。由此可见，目前湖北省的征地补偿标准有待提高，即使是采取全部包干的补偿方式，政府对征地补偿款仍有一定截留，截留款的用途在调查中无法查证。据村干部介绍，政府是以各种规费的形式获取截留款。从调查中得知：国家规定的补偿金额越高，政府截留比例越大，如项目在武汉东西湖区的截留比例高达 25%，而荆门掇刀区和东宝区的截留比例分别为14%和5%。

（2）集体经济组织和农民之间

在武汉东西湖区，征地补偿款几乎全额补偿给农民。在荆门掇刀区和东宝区，集体经济组织和农民几乎是对半平分征地补偿款。由于东西湖区被征土地属于国有农场，征收前，农民是以工资的形式获得耕种收益；土地被征收后，被征地农民类似于城镇职工下岗，每月以低保的形式获得安置补助费，同时在达到退休年龄后能获得养老保险金，这种给农民补偿的思路与基于农地功能价值法测算的思路一致。因此，考虑这些社会保障价值折算出的补偿水平较高，村集体几乎将所有的补偿款发放给农民，仅提留7.28%的征地补偿款。荆门掇刀区和东宝区的征地补偿全部采取一次性货币补偿的方式，每个村依据自身的情况制定相应的补偿办法。特别是掇刀区采取按征地面积补偿和按全村人口平均分配补偿两种方式，并且每个村的补偿又显现出很大的随意性，有的村安置补偿高，有的村安置补偿低，并且差别较大。

6.1.2.2　征地补偿及补偿费分配的调整

1）对地方政府和集体经济组织之间利益关系的调整主要应提高征地补偿费，外部性明显的公益性项目可在前文测算的合理补偿的基础上适当降低征地补偿标准，严格控制政府以各种规费的名义非法克扣征地补偿款。武荆高速公路相比其他高速公路的征地补偿标准偏低。据调查，武汉市洪山区红霞村2005年修建青郑高速公路的征地补偿标准为9.2万元/亩。高速公路虽然属于公益性征地项目，但它并未给被征地农民带来交通的便利（高速公路全程封闭）和其他正外部性享受。相反，高速公路带来的噪声污染和绕道出行给被征地农民的生活居住带来一定负外部性影响。按照前文的观点，不论是公益性还是非公益性土地征收，都应该依据农民利益的受损程度补偿。因此，高速公路的补偿标准应该参照非公益性征地补偿标准。在此，我们以前文中基于农地功能和农地价值的标准作为补偿依据进行调整。高速公路相对市政道路修建，补偿标准应高些，这与道路的外部性相关。从理论上分析，道路级别越高，功能辐射作用越强，受利群体范围越广，被征地农民所分得的正外部性效应越弱。因此，道路修建的征地补偿标准应存在以下规律：高速公路>省级公路>市政道路>区县道路>乡镇道路。也就是说，道路级别越高，其补偿标准越高。据调查，2000年武汉市汉阳区米粮村因为武汉市中环线（市政道路）的修建，征地补偿为6000元/亩，2004年因修建汉阳大道（主城区主干道）征地的补偿标准为5000元/亩，2000年武汉江夏区普安村和大丘村因修建阳光大道（近郊区主干道）征地的补偿标准仅为2000元/亩。然而，各种等级的道路补偿标准应该相差多少、外部性的影响有多大、辐射范围有多广，这些需要作进一步的定量分析，可几千元每亩的补偿标准显然过低

（目前调查武汉市农地年纯收益为4000元/亩）。因此，即使是外部性很强的公益性征地，补偿标准也不应低于湖北省制定的最低征地补偿标准。同时，补偿款应该全部发放给村集体经济组织，由村集体经济组织进行分配，各级政府不应再以各种税费的名义提留征地补偿款。

2）集体经济组织和农民之间利益关系的调整主要是采取村民自治、村民协商的方式分配征地补偿费，严格监督征地补偿费的发放和使用。征地补偿费的分配应以保障失地农民基本生活需要、留足村集体经济组织必要行政开支为原则。由于湖北地区相对江浙发达地区而言，其村级企业发展势头不好。因此，村级提留征地补偿款主要是用于必要的行政开支和福利事业。按照前文所有权和使用权的测算比例以及民意调查，集体经济组织提留20%左右的征地补偿款较为适宜。若在当地集体经济发展较好，村公益性建设开支较高的地区，提留比例可适当提高。由于东西湖区属于国有农场的性质，不存在土地所有权的转移，因此对集体所有权的补偿比例降低，在此取15%。

基于以上分析，武荆高速公路的征地补偿及主体之间的利益关系调整如表6-2所示。

表6-2　武荆高速公路项目征地补偿及补偿费分配的调整

项　目	东西湖区	掇刀区	东宝区
征地补偿额/(万元/亩)	5.53	3.08	3.08
农民补偿/(万元/亩)	4.88	2.46	2.46
村集体补偿/(万元/亩)	0.65	0.62	0.62
农民和村集体利益调整比例/%	85:15	80:20	80:20

6.2　非公益性征收征地补偿费分配的调整

国外地区对于非公益性征地一般采取市场模式，农民作为土地承包经营权的主体，能直接与开发商进行谈判，按照市场价格进行补偿。中国的征地一直以来采取的都是一种强制性征地模式，尽管现在强调要加强农民的参与决策权，但是这种参与仍然是一种形式上的。国内的一些学者如赵锡斌和张杨（2002）认为，经营性用地的征地不应该具有强制性，农民可以分享土地增值带来的收益。集体经济组织作为农地所有权的拥有者，应该与土地使用者直接通过市场实现土地资源的优化配置。实际上经营性用地的征收情况是如何的呢？农民、农村集体经济组织、政府之间的利益关系又是如何的呢？本节以武汉市的调查为依据来研究现实中非公益性征收下的土地利益关系状况。

6.2.1 非公益性项目概况

通过对武汉市两次大规模调查涉及的近百个征地项目的统计分析得出，公益性征收占征收总量的27%，非公益性征收占征地总量的73%。武汉市非公益性征收概括而言主要包括四大类，即城镇建设（房地产开发）、民办高校（或私立学校）、高新农业开发和经济开发区（工业园、科技园）。在调查中，武汉市经济开发区征地数量最多，占44.51%，城镇建设（房地产开发）占15.22%。另外，随着近几年武汉市独立学院、民办高校的迅速发展，在校生规模不断扩大，需要大量土地兴建校舍及其他教学服务设施，此类征地占总量的6.7%。人们生活水平的提高，都市农业、体验农业的发展以及花卉基地的建设，带动了高新农业园的发展，该类征地占总量的7.64%。由于各个区产业布局和用地结构不同，征地用途的区域指向性明显。江夏区毗邻东湖高新技术开发区，工业园和高新科技园征地占本区征地总量的50.44%。洪山区高校云集，高校建设征地占39.18%。蔡甸区以发展生态旅游为特色，休闲度假征地占37.62%。东西湖征地主要用于公路建设，1999年京珠高速、2002年武汉外环线、2005年沪蓉高速公路建设征地占该区征地总量的75.43%。从总体上看，主城区征地主要用于城镇建设和公路建设，这两者占该地区征地总量的86.78%。近郊区征地主要用于高新农业和开发区建设，这两者占该地区征地总量的72.86%。在此，我们以武汉市四类主要非公益性征地类型为研究对象，探讨各利益主体之间的利益关系问题。

6.2.2 征地补偿费的分配情况及调整

6.2.2.1 征地补偿及补偿费的分配情况

地方政府、集体经济组织和农民之间的利益关系是通过征地补偿费和补偿费的分配得以体现出来的。两次调查共涉及武汉市的6个区，其中3个一类区，1个二类区，2个三类区，计算出武汉市调查区域农用地的平均年产值最低为1433.33元/亩，按1500元/亩计，人均耕地1亩。如果按照《土地管理法》的补偿标准，取征地补偿费为该耕地被征收前三年平均产值的8倍，安置补助费取5倍，青苗补助费和地上附作物补偿费取1年产值，计算出补偿额为$1500\times8+1500\times5+1500=1.95$万元/亩。按照国家标准，征地补偿额本来就不高，但地方政府在征地过程中，给农民的补偿更低。在具体实施过程中，征地实施单位一般不直接面对农民个人，而只面对乡、村两级，征地补偿费一般先经乡政府，再经村委会，最后才到农户，资金拨付一般也是先到乡政府，只有个别地区直接到村。补偿款层层截留，农民实际得到的还要少。

征地类型不同、年份不同、用途不同、区域不同，其补偿标准也不同。从总体上看，随着时间的推移，补偿标准在逐年提高，特别是近几年补偿标准提高得较为迅速，开发区表现得尤为明显，2005 年较 2001 年，4 年时间征地补偿就提高了 3 倍。城镇建设的补偿标准相对较低。从区域来看，主城区征地补偿标准明显高于近郊区。与此同时，不同的村甚至是不同的组采取的补偿方式都不同，有的是按照征地面积补偿，有的是按照人口补偿，还有的是把剩下的农地经过调整后再分配补偿款。在补偿款的发放方式上，有一次性付款，有分期付款。因此每户分到的补偿金额也不一样，表 6-4 中统计数据是剔除异常样本后取的平均值。

表 6-3　2007 年不同区域征地补偿费　　单位：元/亩

地　区	洪山区	汉阳区	江夏区	蔡甸区	东西湖区	平均
征地补偿费	31 000	35 000	17 000	21 000	20 000	24 800

表 6-4　各年不同用途征地补偿金额汇总表　　单位：元/亩

征地目的	补偿金发放	1994 年	1998 年	1999 年	2000 年	2001 年	2002 年	2003 年	2004 年	2005 年	2006 年	2007 年
城镇建设	征地总补偿					10 000	10 000	13 000	13 000	15 000	15 000	16 000
	村获得					3 000	3 000	5 000	5 000	7 000	7 000	7 000
	农民获得					7 000	7 000	8 000	8 000	8 000	8 000	9 000
学校	征地总补偿	6 000	6 000	6 000	9 500	13 000	13 000	13 000	15 000	15 000	15 000	16 000
	村获得	4 000	4 000	3 000	4 000	5 000	5 000	5 000	700	700	700	1 000
	农民获得	2 000	2 000	3 000	5 500	8 000	8 000	8 000	14 300	14 300	14 300	15 000
高新农业	征地总补偿	1 000	8 000	9 000	10 000	12 000	12 500	13 000	16 500	20 000		
	村获得	500	6 000	4 300	2 600	2 000	2 500	3 000	1 500	0		
	农民获得	500	2 000	4 700	7 400	10 000	10 000	10 000	15 000	20 000		
开发区	征地总补偿	8 000	10 000	10 000	10 000	10 000	13 000	13 000	25 000	30 000		
	村获得	3 000	2 000	2 000	2 000	2 000	4 000	3 000	10 000	400		
	农民获得	5 000	8 000	8 000	8 000	8 000	9 000	10 000	15 000	29 600		

从村级和农户调查问卷的对比可以得到集体经济组织与农民之间的利益关系（图 6-1），集体留用了补偿款的 20% ~40%。城镇建设的留用金额所占比例最高，留用比例高达 40%，高新农业的留用款比例最少，平均留用比例仅为 22%，2005 年补偿金全额发放给农民，村留用款主要用于公共设施和基础设施的建设，以及村日常管理费用的支出。由于高新农业属于国家重点支持和扶持项目，并能

解决一部分失地农民的就业安置问题，因此，村集体开支少，补偿款可以全额发放。而城镇建设征地，失地农民的安置等问题都由村解决，村集体留用金额高。

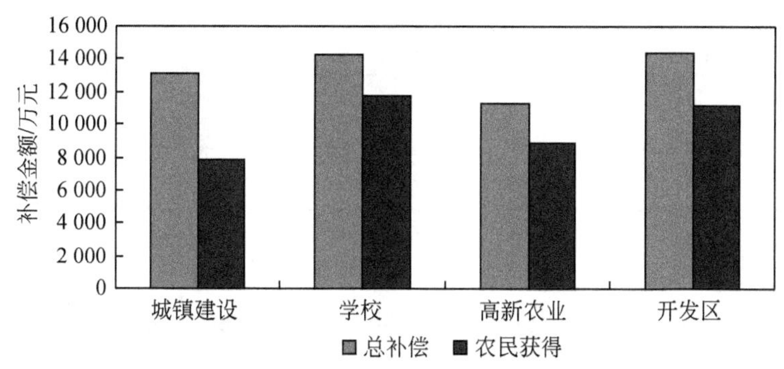

图 6-1　不同征地类型村和农户补偿对比图

6.2.2.2　征地补偿及补偿费分配的调整

（1）提高征地补偿款，应充分考虑外部性影响

前文基于农地价值和农地功能测算出武汉市合理的征地补偿标准为 9 万元/亩（最高）、5.73 万元/亩（主城区）和 4.88 万元/亩（近郊区）。在此按照农地功能价值法折中，确定武汉征地补偿标准平均为 5.31 万元/亩。同时要充分考虑征地用途对于失地农民的外部性影响。在以上四种非公益性用途中，除了高新农业能给被征地农民带来较大的正外部性外，其他征地对农民的外部性影响并不明显。高新农业项目征地一方面能给被征地农民带来就业好处，使得农民变成“农工”，不需要进行就业培训就能上岗，按月获得工资。另一方面高新农业变传统农业为科技农业，对当地的生态不仅不构成破坏，相反还会美化环境。因此，高新农业征地带来的正外部性效应显著，在征地补偿中可适当降低补偿标准。根据黄贤金（2001）等的研究成果：对于公益性事业用地，应以基准地价为准或接近市场价格的水平补偿，一般低于市场价格的一至二成左右。因此，按非公益性征收标准的 80% 补偿。

（2）降低村级提留比例，充分保障被征地农民的合法权益

从调查中得知，武汉市的所有被征地村集体都没有自己的企业，很多以前的企业也因为经营不善、利益分割不均而导致破产，村提留的征地补偿款主要是用于村镇建设和贴补困难农户，20% ~40% 的提留比例过高。因此，按照前文理论分析，建议将村提留比例控制在 20% 左右。高新农业征地对村影响更小，提留比例应控制在 10% 左右（表 6-5）。

表 6-5 非公益性征地补偿及补偿费分配调整

项 目	其他非公益性用途		高新农业
	主城区	近郊区	
补偿总额/(万元/亩)	7.16	6.10	4.72
农民补偿/(万元/亩)	5.73	4.88	4.25
集体经济组织补偿/(万元/亩)	1.43	1.22	0.47
农民和集体经济组织利益比例/%	80:20	80:20	90:10

6.3 隐形市场下的征地中利益关系调整

6.3.1 隐形市场概念、分类及存在原因

土地隐形市场是指违背国家法律法规、违背土地政策、非国家正式认可的那一类土地产权交易形成的市场（黄中显，2006），它形成的基本前提是相对于国家垄断或管制的土地交易量市场短缺（周玲等，2004）。土地隐形市场可以分为农地隐形市场和市地隐形市场。农地隐形市场主要产生于城郊结合部，即农地通过非法手段转变为城市用地。概括来讲，非法手段主要包括以下几种：一是农村集体经济组织与农民私下协定，将农民承包土地低价回租后再高价转租给他人进行非农建设；二是农村集体经济组织以修建中心村、居民点或以联营、联建为名义，将集体土地出租或出售给本集体经济组织以外的成员从事房地产开发等非农建设。市地隐形市场主要是指在没有完全产权的情况下出租或出让国有土地使用权。没有完全产权一是指仅有房屋所有权，而没有土地所有权；二是指土地是以划拨方式取得，在没有完全补交土地出让金的情况下直接入市交易或者是未达到开发条件、开发强度而转让土地使用权；三是指违法使用的土地使用权。本节研究的土地隐形市场是指农地隐形市场，即集体土地非法转用和集体土地建设用地非法入市（进入房地产领域）。

既然土地隐形市场是一种受到国家禁止的违法行为，它的存在不仅影响土地使用权市场交易安全，同时亦会影响土地市场宏观调控的效果，但是土地隐形市场为什么还会存在呢？这必然有它存在的基础或者条件。土地隐形市场之所以存在，主要原因在于土地的需求大于土地的合法供给。受到经济利益的驱动，一些非法供地渠道应运而生，以满足过剩的消费者购买力。土地征收过程中的土地隐形市场，即农地隐形市场的出现，具体而言是由于以下三个原因。一是我国实行城乡分割的土地管理体制，而城乡结合部处于二元管理体制的“盲区”，给非法供地产生可乘之机。二是随着城市经济发展的加快，城市土地的稀缺带来了有限

供给，开发商都看准了城市边缘土地，而农地城市流转在我国只有征收这唯一的合法途径，可土地征收要受到公益性目的限制，导致严重的土地供给不足。三是在征收过程中，国家通过从农民集体手中低价购买土地，高价出让来获得增值收益，作为土地所有权主体的农民集体却获得极少的报酬，而通过隐形市场交易，农民集体则能直接得到好处，集体经济组织也具有追求自身利益最大化的要求，在不能通过合法形式得以满足之时，集体土地不免自发寻找突破点和平衡点，更愿意把土地直接卖给开发商。正是由于以上供给和需求的存在，加上管理的漏洞，即使国家屡禁非法交易，土地隐形市场仍然存在。

6.3.2 隐形市场下的土地利益关系

土地隐形市场是管理上的漏洞。我们于 2006 年 7 月调查了湖北省鄂西北边陲的竹溪县，在与当地土地局的有关行政人员和被征地农民的交流中，了解到一些土地隐形交易的实例，给我们以警醒和深思。

竹溪县位于大巴山脉东段北坡，十堰市西南部，总面积 3296 平方公里，全县海拔 800 米以上的高山占总面积的 64%，属于山地地形。由于竹溪县地处鄂西北边远山区，流动人口少，因此来此购房者少，一般为本县居民。本县以农业发展为主，主要建设用地为企事业单位、党政机关和城市基础设施建设用地。因此，隐形市场交易较多用于房地产开发。

表 6-6　隐形市场下土地利益测算

收益分配主体	隐形市场下土地利益	非隐形市场下土地利益	两种市场下土地净利益（未考虑风险成本）
农民（投资者）	500 元/平方米 × 280 平方米 ×6 楼 = 84 万 利润率 30%（劣质工程） 收益 = 84 × 30% = 25.2 万	扣除：土地出让金 12.5 万 收益率为 20% 收益 =（84 − 12.5）×20% = 14.3 万	25.2 − 14.3 = 10.9 万 10.9 万/280 平方米 = 390 元/平方米 收益：390 元/平方米的净收益 成本：承担被查处的风险
土地使用者	500 元/平方米 × 280 平方米 = 14 万	700 元/平方米 × 280 = 19.6 万	收益：19.6 − 14 = 5.6 万元/户 成本：房屋质量差，使用者使用的舒适感降低
政　府			净损失：缴纳的有关税费、土地出让金等 政府的威严、社会地位等社会效益损失

案例一：根据有关规定，农民有权申请宅基地。2004 该县制定的户均最大住房标准是 280 平方米，一些人利用这样的政策，先无偿申请宅基地，然后与邻居协商共同开发房地产进行投资，建成 6 层 ×2 户的“商品房”，以低于市场的价格出售或者租赁。这样的房子往往工程质量差、设计不合理、功能不完善，农民仅仅是看中了价格低廉而去购买，严重扰乱了市场秩序，而房屋所有者则从中获取利益。土地的利益关系如表 6-6 所示。

案例二：由于竹溪县地处边远山区，招商引资比较困难，因此只要有企业看中了竹溪县的哪块土地，便可直接与土地所有者——农村集体经济组织进行协商谈判，只要双方达成一致，就可以到土地局办理用地手续。农村集体经济组织可得到满意的租金或出让款，而政府也能通过企业交纳的经营税费获得相应的收益。

以上两个案例都说明了对土地产权的垄断性控制及对经济利益的追求都为土地隐形交易的出现提供了可能。而在边远地区，土地监管执法力度不强，隐形交易承担的风险成本较小，当这种隐形交易的预期收益大于需要承担的风险成本时，隐形交易便产生了。而这种隐形交易被社会接受的程度越高，前期隐形市场的规模越大，其示范作用发生的范围也就越广，人们从事隐形交易的积极性也会提高，引发的隐形交易行为也越多，隐形市场的规模也会随着增大。执法力度不强是隐形市场存在的重要因素，案例三可以给出很好的说明。

案例三：该县一谭姓农民，2004 年申请用地面积为 120 平方米，但擅自建房占道，实际占用了 160 平方米，规划部门监察发现后责令限期拆除，但是该用地者拒拆，规划部门申请法院强制执行，但是在执行过程中规划局拿不出执行费用。评估该违章建筑的价格是 2 万元，但是司法强制执行的费用为 5 万元，最后由政府部门进行协商调解，规划部门出资 3 万元才强制拆除了违章建筑，这给社会产生了极大的负面影响。另外，规划部门为了维护合法用地，要自己“掏钱”，这也使得执法没有了力度。

从以上分析可以得出，隐形市场与非隐形市场最大的区别就在于其合法性。尽管土地隐形市场属于非法市场，但是由于其投机利益的存在，土地供给者和需求者在考虑风险成本的情况下，当得出预期收益大于预期成本的判断时，就会作出选择。这种风险成本取决于交易被发现的可能性、发现后违法的可能性以及处罚本身的大小等几个因素。在执法力度不严的地区，风险成本是比较小的，因此隐形市场比较活跃，而且在隐形市场中，交易的双方都能从中获得比非隐形市场大得多的收益，更加助长了隐形市场发展。

从隐形市场和非隐形市场下的土地利益关系可以看出，隐形市场无非是交易主体双方逃脱了政府的有关税费，将各级政府应该分得的土地收益据为己有。非隐形市场下的征地行为包括两个过程，即国家与农村集体之间的征地过程和国家与土地使用者之间的供地过程，而隐形市场是绕过了政府这个“中间人”，将非隐形市场下征地的两个过程合为一个过程，土地供给者和需求者直接交易，涉及的主体包括农民、农村集体和土地使用者。当隐形市场下的土地交易行为发生时，则农民、农村集体和土地使用者的收益比例必然提高，而政府所获得的土地收益为0。当然这种收益是一种经济上的收益。从非经济利益考虑，农民、农村集体和土地使用者都存在着被处罚的风险，同时也存在一种交易双方利益制衡的风险和权利得不到保障的风险。尽管有了政府这个“中间人”会增加一笔费用，但是权利有保障。在隐形市场下，政府还面临政治风险，即执法力度不严，在群众中政府威严下降等非经济利益损失。

6.3.3 利益调整方向

经济学家樊纲认为，即使有明文规定交易行为的合法界限，形式上的合法与实际上的合法也是有区别的。这种区别首先取决于执法的严格程度或法的贯彻程度，没有执法保障的法律形同虚设。此外，法律本身是成文的经济关系与道德规范，而当社会中的经济关系与相应的道德规范发生变化时，实际存在的不成文规范就会在一定时期内占支配地位（樊纲，1999）。隐形市场就是在这样一种形式下产生的一种不合法的土地交易形式。但是，如果我们在一定时期内观察到这种不合法的土地交易行为大量存在，而进行这种交易的人又没有受到处罚，那么，我们就可以说，在一定时期内，这种不合法的土地交易的确是作为一种特殊的经济运行机制实际存在并发挥其特定作用的。至于在这之后，随着社会的发展，社会又作出怎样的反应和采取怎样的措施，作出怎样的制度上的改进，则是另一个问题。

从目前我国的情况来看，隐形市场的危害是比较大的。第一，隐形市场的存在破坏了已有的产权关系，使政府形同虚设，国家所有者和管理者的利益得不到体现。如果是土地使用者直接与农民个人进行交易，危害则更大。它侵犯了集体经济组织的所有权和其他农民拥有的成员权。其隐含的意思就是土地农民私有。第二，危害使用者的合法权益。尽管土地使用者可以以较低的价格取得土地的使用权，但是该使用权是无法律保障的，甚至是一种违法行为，它无法进行土地登记。地产的实际占有主体与地产的名义主体完全不一致，当事人无法约束对方当事人，更加无法进行土地使用权的流转。第三，危害城市土地市场。如果土地隐形市场得到了社会的认可，那么土地使用者都宁愿以较低的价格取得集体土地使用权，而不愿以高价依法取得国有土地，这就会干扰城市土地市场的正常运转。第四，破坏了国家土地用途管制的执行。土地资源的优化配置是国家利用价格机制和经济杠杆进行调控，同时配合实施土地用途管制，以保证土地资源的合理利用和社会经济的可持续发展。然而隐形市场跳过了政府的有效管制，对于社会的公共目标决策和管理起到了破坏作用。

要遏制隐形交易的自我增强趋势，关键就是要有有效的法律作保证，加强各项规章制度的贯彻落实，加强执法监督力度和处罚力度，提高隐形交易的风险交易成本。一旦隐形交易的预期收益小于承担的风险成本时，土地隐形交易行为自然可以得到有效的控制。不过，对于土地隐形交易的违法后果要区别对待。对于与公共利益不太冲突的土地隐形交易行为，应责令当事人缴纳相应罚款，并通过国家法律确认使其交易合法化。对于严重违反公共利益的交易行为，应处重罚，并确认其交易无效，拆除隐形交易及开发投资的违章建筑，使土地恢复到交易前的状态；若不能恢复原状，应向国家缴纳相应的金额使土地恢复原状，并追究其在法律上的责任。但是从长远来看，合理规范农村集体建设用地市场是未来发展需要努力的方向，应逐渐打破城乡分割的市场环境，使得农村土地市场和城市土地市场较好地衔接，有条件地允许农村集体建设用地进入市场。

第 7 章
征地后农民福利补偿优化的理论分析

随着人们对社会经济可持续发展的重视以及人口、资源、环境问题的突出，人们对土地资源，特别是农地资源功能效用的认识不断加深。许多学者都一致认为农地不仅具有经济产出价值，而且具有社会承载价值、生态服务价值、认识价值的生产价值、道德价值的生产价值和审美价值的生产价值等（郝晋珉和任浩，2004；俞奉庆和蔡运龙，2003）。价值来源于资源稀缺以及资源带给人们的效用，那么农地资源有哪些功效呢？城乡生态经济交错区是农地征收频发区域，由于农地利用具有多宜性，因此农地效益也是多重的。首先，农地农用，用于生产粮食、蔬菜、瓜果、蛋禽、鱼类等日常生活消费必需品，其功效小则保证农民基本生活来源，大则关系到国家粮食安全、社会的稳定发展。与此同时，农业的生产过程也是良好的生态环境得以维持的重要环节，种植的作物吸收二氧化碳，进行光合作用释放氧气，起到减少温室气体、净化空气的作用；林地、草场、稻田等能够很好地涵养水源，同时作物的根系深植于土壤中可以防止水土流失；农田还是很多动植物以及微生物栖息、繁衍、生存之所；森林、草地、稻田、池塘以及耕作的农夫构成了一幅静谧和谐的美好画卷，这就是农地所提供的景观效益。其次，农地流转为城市建设用地，用于政府行政办公场所、公益性的城市基础设施、能源、公路、铁路等交通设施的建设等，可以改善投资环境，服务于全社会，提升民众的福利水平；将农地流转为商业、住宅、工业、服务业等用地，边际产值通常翻倍增加，比较经济效益急速扩张。农地征收使得土地利用的经济效益得以提升，但如果考虑环境效益及其他非市场效益的损失，农地城市流转是否是一种明智之举就值得商榷了。

目前，学者们对农地效益的研究基本上已经达成了共识，即将农地效益分为经济效益、社会效益和生态效益三大类。张安录（1999a）认为农地的直接经济效益为农民农耕所获得的全部收益扣除投入的总成本；农地的生态效益和社会效益则包括：①地方或全国的粮食安全；②城市的水源安全供应；③生物多样性及珍奇动植物的天然生活环境；④区域经济的乘数效应。孙海兵（2006）将农地效益区分为生产效益、粮食安全以及环境效益，其所包含的具体内容虽然略有差别，但实质是一样的。钱忠好（2003a，2003b，2004a）在他的研究中始终都强调农地不仅具有生产性功能，还有非生产性功能。例如，土地农用是后代的衣食之源、农地是农村社会保障的替代者等。萧景楷（1999）也将农地资源的效益总结为粮食安全效益以及生态保育、清净空气、水资源之涵养、优美景观等非市场经济方面的效益。

很明显，除了经济效益外，生态效益和社会效益更多是利他的。因此，在农地征收过程中，若无完善的补偿机制，则不可避免地会遗漏对生态和社会效益损失的考量。农地的不同效益在各权利主体身上被转化成各自所享有的福利，以下简要分析各权利主体在农地征收中福利的变化。

在中国，农地城市流转主要的方式是政府征收土地。土地征收是指国家根据公共利益的需要，将农村集体所有的土地转为全民所有，并给予集体和失地农民一定的经济补偿。征收土地后，政府可以将其储备或直接出让给土地开发商进行开发。农地征收的过程同时也是涉及的各方权利主体福利变化的过程。一般的，农地征收涉及的权利主体包括：农民、农村集体经济组织、土地开发商、地方政府和中央政府。

农地能够为农民带来经济收入，并提供生活保障以及生态景观等功能，而由于农地征收过程几乎是一个不可逆的过程，农地一旦流转，农民和集体原先因土地而享有的生活保障福利、享受优美的田园风光等福利也就随之消失，而且这些福利几乎无法重新获得。因此，在作出农地城市流转决策时，必须考虑所涉及的各方权利主体的福利变化，特别是福利通常受损的农民和集体经济组织的福利变化情况。

7.1 各权利主体福利的变化

7.1.1 农民福利变化

首先，农地征收使农民失去了农地承包经营权。对于农户家庭来说，这一重大变故首先意味着原来拥有的家庭资源禀赋发生变化，承包地从有到无，农民失去了获得持续性农业收益的机会，即使对于那些原本就有非农收入的家庭来说，也必须重新考虑经济收入的来源问题，更不用说那些以农业产出为唯一收入来源的农户了。对于农户来说，自家农地一旦发生流转，手中掌握的生产资料发生变化，一般的，相应的其他资源禀赋，如就业机会等也会改变。在农地数量减少的情况下，如果农户找到了非农就业岗位，且非农收入较从前的农业收入有所提高或基本相等，则认为农户的经济福利由于农地征收而得到改善或没有改变；如若由于就业机会少、农民身体状况差或年龄大等自身素质的问题使得非农就业困难，经济收入减少，则认为经济福利降低。而对于原本就从事了非农生产活动的农民来说，农地征收可能改善投资环境、增加投资机遇，提升他们的经济福利。

第二，世世代代的农民都将土地作为安身立命之本，一旦失地，原本对土地的依附感顿失，加之农民文化程度低，普遍没有其他非农生产技能，考虑到未来经济收益的不确定性，农民失去土地后的恐慌感就更为强烈。如若政府给予农民的经济补偿完全可以保证农户在一定年限内继续维持农地征收的福利水平，则农民就有足够的时间寻找非农就业岗位，培训非农服务技能，使他们有机会从事更高工资率的行业并获得较高的收入，从而完成社会身份以及生产、生活方式的转变。在社会文化生活方面，失去了土地，同时意味着农民失去了与土地密切相关、较为落后的教育和文化生活，取而代之的可能是现代交通、通信、教育、医疗以及文化娱乐，使农民进一步接触现代城市生活，提高农民生活质量。

第三，农地征收使得农民的生活环境发生了巨大变化。农地流转是一种明显的美学损坏，特别是对某些相当脆弱的客体，如环境或生态系统有较大的冲击（Hart，1976）。土地征收前，农民的农田可能就在其房前屋后不远的地方，环境状况相对良好；土地征收后，农田变成了公路、学校甚至工厂，当地自然景观遭到破坏，空气质量的下降在所难免，噪声污染、社会治安状况变差等问题都可能出现，给当地农民带来负的外部效用。

7.1.2 农村集体经济组织福利的变化

土地征收是国家的强制性行为，农村集体经济组织没有农地是否流转的决策权，只能被动接受流转的事实。农地城市流转一方面使得集体的资源禀赋发生变化，影响集体的农业生产活动和农业收入；另一方面使集体丧失了将土地用于非农用途的选择权和将来改变用途带来的增值收益的索取权，增大了农地城市流转的机会成本。

农地征收后，昔日的农田变成了学校、道路、开发区等，农村社区的投资环境发生了巨大变化。投资的增加，以及交通、通信等基础设施条件的改善，有助于集体发展自己的非农产业，壮大集体经济。与此同时，当地的生态环境也遭到了破坏，农田、林地或者水塘的消失往往使得当地的生态小气候随之发生变化，水源的涵养、生物多样性的保持等都会相继出现问题。

7.1.3 地方政府和中央政府福利的变化

随着土地征收，生态环境质量下降，人们更关心粮食安全、生物多样性、水资源保护、公众健康、土壤健康等方面的社会、生态效益，就土地资源的利用效率来看，不可简单地以非农利用预期收益的贴现值是否超过农地利用预期的贴现值作为确定流转与否的标准（Ian，1984）。

合法的农地城市流转，即土地征收、征用是在地方政府的主导下完成的，地方政府是中国土地征收、征用制度的执行者或代理方，它与委托方中央政府的行为目标有所不同，中央政府追求的是整体利益与长远利益的最大化，而地方政府由于财政分权制度、政绩考核办法等原因，往往看重地方的局部利益和短期利益，以经济净收益最大为基础配置土地资源，没有考虑那些无法在市场中体现的外部效益。地方政府为追求 GDP 的增长，招商引资、以商招商，不惜低价出让土地，甚至违法默许一些项目“先上车后买票”，规避依法审批、规避新增建设用地有偿使用费、征地补偿费和安置补助费的缴纳。2006 年 6 月 14 日，国土资源部披露，最新的分片执法检查发现，一些城市的违法用地总数和面积分别占新增建设用地总数和面积的 60% 和 50% 左右，有的甚至高达 90%。最新统计显示，2006 年前 5 个月，国土资源系统共立案土地违法案件 25 153 起，与去年同期基本持平，但涉及的土地面积达到 12 241.7 公顷，同比上升了近 20%，平均每一宗违法案件涉及的土地面积都呈上升势头①。

政府的土地征用、征收有其经济上的合理性，因为政府作为某些公共物品的提供者，不仅具有规模经济的优势，而且能够节约交易费用（陈利根和陈会广，2003）。但现实中，节约交易费用的具体表现是农民和集体的权益被侵害，地方政府作出农地征收决策时很少将粮食安全和生态效益考虑在内。中央政府是社会公共利益的维护者，是农地征收政策的委托方，其决策必须兼顾经济效益、社会效益和生态效益。面对地方政府所作的决策与自己的初衷相违背，中央政府须从社会最优出发，运用各项措施与手段来解决农地征收中地方政府与中央政府之间行为与目标不相一致的矛盾。

7.1.4 开发商福利的变化

由于政府垄断了土地二级市场的供给，土地出让价格往往偏高，这就提升了土地开发商的经营成本。在中国商品房销售价格中，土地成本所占比重为 8% ~ 13%。据蒋省三和刘守英（2003）的调查，在广东南海区，按国家征地办法来测算的企业用地价格分别为：工业用地每亩 15 万元人民币，高的达 40 万元人民币；商业用地每亩 40 万元人民币，高的达 150 万元人民币。

由于土地获得成本高昂，同时由于土地资源的稀缺性，开发商通常利用所获得的土地获取暴利。《北京青年报》发表的一篇题为《房地产暴利在哪儿》的文

① 资料来源：http：//www. china. com. cn/market/news/442825. htm。

章说："统计结果显示，房地产是中国收入最高的行业，甚至超过了金融、IT业。""我们可以作一个简单的计算，按照开发商的理论，他们投入15亿元的一个项目，利润率10%，即1.5亿，可是他们自有资金的投入或许只有5000万元，利润率是300%。"如此的暴利，房价必然过高，最终损害的是老百姓的利益。

7.2 福利优化的静态分析

7.2.1 福利优化目标的建立

假定中央政府的决策目标是实现社会福利最大化，所以认为中央政府的福利即为社会福利 W。假设其他所有主体的福利之和等于社会福利，那么社会福利 $w = u_{农} + u_{集} + u_{开} + u_{政}$，其中，$u_{农}$、$u_{集}$、$u_{开}$、$u_{政}$ 分别表示农民、农村集体经济组织、土地开发商、地方政府的效用水平。由于土地给权利主体带来的福利因土地质量和区位因素等的不同而差异很大，为分析问题方便，这里假设土地为均质。同时为简化模型分析，假设地方政府将所有流转农地交于开发商开发，没有储备，则 $x_{t流} = x_{政} = \sum_{n=1}^{N} x_{开}$，其中，$x_{t流}$为一定区域内 t 时刻流转为市地的农地数量，$x_{政}$ 表示区域内地方政府获得的即将开发为建设用地的农地，N 为区域内参与土地开发的开发商个数。进一步假设个体农户拥有的农地总量等于本集体经济组织的农地数量，即 $\sum_{k=1}^{K} x_{农} = \sum_{m=1}^{M} x_{集} = x_t$，其中，$K$ 表示区域内农户总数，M 表示区域内集体经济组织的数量，x_t 为 t 时刻农地数量。

根据一般微观经济理论，一个人的福利大小由其所消费的商品束决定，即 $w_i = u(c_i)$，这里的商品既包括一般意义上的物质性商品，也包括非物质的服务和娱乐。根据 Sen 建立在功能－能力理论上的福利内涵，认为直接决定福利的商品束 c_i 又依赖于可用资源 r_i 的数量，因此福利函数进一步写为 $w_i = u\{c_i^*(r_i)\}$，由于可用资源不一定被充分利用，所以 c_i与 c_i^* 可能不一致。我们将资源 r_i 细分为农地资源 x_i 和其他资源 q_i，则 $w_i = u(x_i, q_i)$，这里的 q_i 既包括实物性资源，也包括就业机会等非物质性资源。同类主体由于具有不同的自身特征，同样的土地资源可能产生不同的效用。例如，如果两个农户家庭的人口数或家庭成员健康状况不一样，即便两户拥有同样的农地，他们的福利仍可能不同。因此，主体自身特征也应是福利函数的重要自变量，福利函数进一步演化为 $w_i = u(x_i, q_i, a_i)$。

7.2.2 社会福利优化目标的实现

征地使得涉及的各权利主体的福利发生了不同方向的变化，但其最终目的是使社会福利实现最大化。设农地城市流转决策的目标函数为

$$\max w = u_{农}(x_t, q_{农}, a_{农}) + u_{集}(x_t, q_{集}, a_{集}) + u_{开}(x_{t流}, q_{开}, a_{开}) + u_{政}(x_{t流}, q_{政}, a_{政})$$

$$\text{s.t.}\quad x_{t-1} = x_t + x_{t流}$$

其中，w 表示社会总福利，$q_{农}$、$q_{集}$、$q_{开}$、$q_{政}$ 分别表示各主体拥有的其他资源禀赋的数量；$a_{农}$、$a_{集}$、$a_{开}$、$a_{政}$ 分别表示各主体的特征。约束条件为一定区域内 t 时刻的农地数量 x_t 与 t 时刻流转为市地的农地数量 $x_{t流}$ 之和等于 $t-1$ 时刻的农地数量 x_{t-1}。

为求解该函数，建立拉格朗日方程

$$\begin{aligned}L &= w + \lambda(x_{t-1} - x_t - x_{t流})\\ &= u_{农}(x_t, q_{农}, a_{农}) + u_{集}(x_t, q_{集}, a_{集}) + u_{开}(x_{t流}, q_{开}, a_{开})\\ &\quad + u_{政}(x_{t流}, q_{政}, a_{政}) + \lambda(x_{t-1} - x_t - x_{t流})\end{aligned}$$

求解该方程可得

$$\frac{\partial u_{开}}{\partial x_{t流}} + \frac{\partial u_{政}}{\partial x_{t流}} = \frac{\partial u_{农}}{\partial x_t} + \frac{\partial u_{集}}{\partial x_t} = \lambda \tag{7-1}$$

7.2.3 社会福利优化模型分析

从式（7-1）可以看出，当地方政府与开发商获得单位面积流转的农地用于建设开发时所导致的效用改变量等于农民与农村集体经济组织转出单位面积农地效用的改变时，社会福利达到最大。换言之，在该时刻单位农地给予开发商和地方政府开发与交由农民和集体耕作无差异。或者说，如果农地流转后，开发商与地方政府给予农民和集体的补偿额可以弥补他们由于失去了农地资源而导致的效用损失（这里的效用损失包括农地可产生的经济收入、社会保障效用以及农地生态环境效用的丧失），此时，农地流失的发生可实现社会福利的最大化目标。

我们用埃奇沃斯盒状图表示以上关系。埃奇沃斯盒状图是将地方政府、开发商集团（用 J 代表）的无差异曲线图倒置于农民、集体集团（用 K 代表）的无差异曲线图的上方，使得 J 的原点 O_J 位于 O_K 的东北方向，并使两轴相互平行，J^0、J^1…表示 J 的无差异曲线族，K^0、K^1…表示 K 的无差异曲线族（图 7-1）。

图 7-1 中，$O_KM(=O_JN)$ 表示土地资源总量，$O_KN(=O_JM)$ 表示其他资源的数量，为分析问题的简便，此处认为表示权利主体所拥有的货币总量 OX_J、

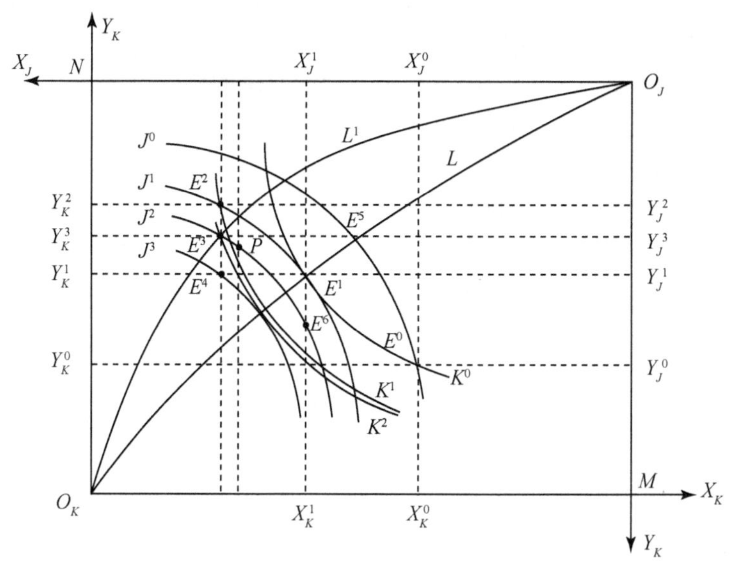

图 7-1 埃奇沃斯盒状图

OX_K 分别表示地方政府、开发商集团 J 以及农民、农村集体经济组织集团 K 拥有的农地数量（其中地方政府、开发商集团所获得的农地已被或将被开发成建设用地）。根据现代微观经济学理论，实现帕累托最优的交换条件是任意一对物品的边际替代率（MRS）对于消费那对物品的所有个人来说必须相等。在图中表示为，J、K 双方无差异曲线的切点即为帕累托最优点，将所有 J、K 无差异曲线的切点相连，就形成一条契约曲线 L，它表示交易双方自由签订契约就可达到该曲线上的一点。假设在初始 t 时刻，农民、集体集团和地方政府、开发商集团拥有的农地资源分别为 $O_KX_K^0$、$O_JX_J^0$，双方拥有的货币量分别为 $O_KY_K^0$、$O_JY_J^0$。若地方政府、开发商集团以 $Y_J^0Y_J^1$ 数量的货币补偿获得农民、集体集团 $X_K^0X_K^1$ 数量的农地，此时，均衡点 E^0 沿着农民、集体集团的无差异曲线 K^0 移动到 E_1 点，农民、集体集团的效用不变，仍保持在农地流转前的水平上，而开发商、地方政府集团的无差异曲线由 J^0 移动到 J^1，开发商、地方政府的效用增加，从而使得土地流转达到帕累托改进。实际上，当交易点位于无差异曲线 K^0、J^0 之间的任何一点时，交易双方的状况都好于初始资源禀赋时的分配，各权利主体的福利配置状况将得到优化。

若初始状态点须往右移以向契约曲线 L 靠近，就意味着农民、集体集团必须支付足够的补偿给地方政府、开发商，以获得农用地，即建设用地流转为农用地，这在现实中几乎不可能出现，即契约曲线上侧的 E^0 点无法通过市场交换自发移动到契约曲线上。Henry（1982）指出，如果一项决策大大地降低了未来相当时期内可能的选择，那么这项决策就是不可逆的。因为建设用地复垦为农地的成本非常高昂，而且复垦后农地的质量也无法恢复到从前的水平，所以，理性的决策者都不会选择将城市用地流转为农地。

以上分析中，隐含的假设前提是农地城市流转市场是完全竞争市场，参与交易的各权利主体都拥有完整的产权，他们都以各自的效用最大化为目标进行交易，根据福利经济学第一定理，竞争贸易的最终结果是资源达到帕累托配置。但现实中的农地城市流转过程并不是完全竞争市场，而是政府行使强制性权利的结果。虽然在这一过程中，土地的使用权和所有权都发生了转移，即实际上是一种土地的买卖，但农地城市流转却未在正常的交易市场中进行，而是采取了政府强制流转、强制定价的方式。以下仍然以图 7-1 对政府强制征地行为进行相应分析。

首先假定地方政府是经济理性代理人，追求效用最大化。由于政府握有强制征地权，可以付出较小的交易成本完成强制土地流转，从而获得效用的增加。假设在初始 t 时刻，农民、集体集团和地方政府、开发商集团在契约曲线上完成交易，初始状态处于 E^1 点。随之，政府又通过强行征地，与农民和农民集体在 E^3 点完成土地交易，在此过程中，政府通过强制征地获得 E^4E^1 数量的农地用于开发，并给予农民和农民集体 E^3E^4 的货币补偿，此时政府和开发商的效用由 J^1 上升为 J^2，农民和农民集体的效用由 K^0 降为 K^2。如果政府在 E^1 点为获得 E^4E^1 数量的农地，则最终交易点必定在直线 E^2E^4 之间。这是因为，假设在 E^4 点完成交易，则表明政府不付任何补偿即可获得 E^4E^1 数量的农地，这在当前现实中不太可能出现，按照中国土地管理法相关规定，政府征收或征用农村集体土地必须给予一定的经济补偿；假设在 E^2 点完成交易，则政府和开发商的效用没有任何改变，而农民和农民集体效用水平下降，显然，作为一个经济理性的代理人，政府不会在这点决策，合理的交易点必然在 E^2E^4 之间。将初始状态在契约曲线 L 上的实际强制交易点（如 E^3）连接起来，形成一条新的交易曲线 L^1，当征地数量大且给予农民和农民集体的征地货币补偿低的时候，交易曲线将向坐标轴 O_KY_K 靠近，交易曲线远离契约曲线，资源配置偏离帕累托改进方向。线段 O_KN 则表示，在任何初始状态下，政府强行获得区域农民和农民集体余下所有农地而不给任何补偿，这是一种极限情况。

当初始状态点不在契约曲线 L 上的时候，如图 7-1 中的 E^0 点，怎么确定政府强行征地时的交易曲线？如果在任意初始状态下做强制征地交易，将交易结束状态点如 E^6 点连接起来，则此交易曲线的位置和形状将难以分析，本节采用等效用线来进行替代分析。任意选取交易初始点，如 E^0 点，交易结束点为 E^6 点，该点位于无差异曲线 J^2 上。政府及开发商在图中 E^5 点和 E^0 点的效用相等，过 E^5 点向左做长度为 $X_K^{\ 1}X_K^{\ 0}$ 的线段，在该线段的左端点做垂线，令垂线和无差异曲线 J^2 的交点为 P。相对于政府和开发商来说，从 E^0 点到 E^6 点的变动等价于

E^5 点到 P 点的农地资源数量变动以及效用变动，因此，该征地过程则可用从位于契约曲线上的 E^5 点到 P 点的变动过程来替代表示，将此类 P 点连接则可得到政府强制征地下的交易曲线。同样，当征地数量大且给予农民和农民集体的征地货币补偿低的时候，交易曲线将向坐标轴 $O_K Y_K$ 靠近，交易曲线远离契约曲线，资源配置偏离帕累托改进方向。

根据上述分析，当征地数量巨大而给予农民和农民集体的货币补偿量较少的时候，交易曲线远离契约曲线，资源配置将偏离帕累托改进方向，因此，当实际中出现低价补偿、高价出让、大量征地的时候，往往是土地市场效率下降、资源配置偏离良性发展的信号。南京市政府 2002 年向农民征用土地的最低价为每亩 8 万元人民币（包含土地补偿费、安置补助费和地上附属物及青苗补偿费），最高价每亩 20 万元人民币，而政府转手拍卖的最高价每亩达 980 万元人民币，最低价为每亩 120 万元人民币（钱忠好，2004b），土地资源配置是否有效存在疑问。

7.2.4 中国农地城市流转福利变化现状分析

7.2.4.1 土地补偿金仅仅补偿了农民、集体经济组织丧失的部分福利

由于建设用地和农用地之间巨大的比较福利差异，地方政府、开发商集团分享了土地的增值收益，他们的福利水平往往是增加的，但农地城市流转中的另一方权利主体——农民、集体的福利却总是下降的，更不用说提高他们的福利了，因为征地补偿金无法使农民、集体保持原来的效用水平，而农地城市流转可能带给他们的正外部性又无法很快显现。这是由于现行的《土地管理法》对征地补偿金标准的规定仅考虑了农地给农民、集体带来的经济效益，而未将农地的社会保障效用以及环境生态效用纳入其中，即现在的征地补偿额只涵盖了真正的农地之于农民和集体效用的一部分，而无法使他们维持从前的效用水平。再加上补偿金被层层盘剥，农民的福利进一步降低。审计署在对 2005 年高等级公路建设项目的审计中发现，有 21 个项目存在着当地政府及征地拆迁部门截留挪用、拖欠和扣减应支付给农民的征地补偿的现象，欠费共计 16.39 亿元，这些欠费约占 21 个项目应支付金额的 1/3，当地政府或征地拆迁部门将大部分拖欠农民的费用用于弥补行政经费、发放奖金或搞其他项目建设①。根据任浩和郝晋珉（2003）的计算，用补偿倍数法计算所得的征地补偿只相当于农地价格的 1/5，修正后的土地补偿价格也只相当于农地价格的 2/5，工农产品价格剪刀差的存在使农民所得的补偿偏低。

我们于 2005 年 12 月对武汉市周边农地城市流转情况进行了调查，在调查的

① 资料来源：http：//news.sohu.com/20060627/n243971143.shtml。

28 个村 165 户农户样本的 178 次征地过程（即一户可能在不同的年份被征地）中，87.6% 的农户对给予他们的征地补偿不满意或很不满意；51.9% 的失地农民认为征地后他们的经济收入减少，生活水平有所下降；由于农民知识水平较低，缺乏足够的投资理财观念，加之土地补偿费较少，56.9% 的农户土地补偿费只用于日常生活消费或交子女的学费，很少有农户用于经营与投资。

被调查的农户样本中，53% 的农户家庭征地后食品支出占总支出的比例（家庭恩格尔系数）比征地前有所上升，31% 的农户认为这个比例没有变化，只有 16% 的农户家庭恩格尔系数是下降的。征地前，被调查农户家庭恩格尔系数的平均水平为 0.48，征地后上升到 0.57，上升的原因是由于征地前农民消费的部分粮食蔬菜可自己种植，无须从市场上购买；而征地后，农民可耕种的土地减少或完全没有了，食品消费在家庭支出中的比例必然上升。147 户农户中有 50 户认为土地被征收后所住地方的社会治安没有以前好，75 户认为没有什么变化，其他农户认为治安比以前好了。农地流转后，对于那些收入没有得到提高反而支出增加、非农就业没有落实的农户家庭来说，他们的经济福利和社会保障福利水平都产生了下降趋势。

157 户回答了被征地后当地的空气质量是否下降的问题，回答“是”与“否”的农户各占一半；68% 的农户认为噪声污染比征地前严重；70% 的农户认为征地后自然景观也被破坏了。总体来看，农地城市流转导致农户的环境福利下降。

被调查的作为村集体代表的村干部中，有 82% 的认为农地转为城市建设用地可以繁荣地方经济，增加就业机会，提高人们的生活水平；但与此同时，79% 的村干部认为土地被征收后，很多农民没有找到固定的工作，给他们的生活带来了影响。尽管 75% 的村干部对当前的土地征收政策满意，但认为仍有许多值得改进的地方。例如，有 81.25% 的村干部认为应增加土地补偿费，明确合理的收益分配关系；68.75% 的村干部认为应保证被征地的农民生活水平不下降，建立有效的评估和援助机制。

7.2.4.2 农民土地产权缺失

上述分析已经谈到，资源的最优配置需交易双方在自由市场的情况下才可实现，资源从低效利用者手中流转到高效利用者手中，转出资源的一方获得相应的补偿，双方福利得以提高或至少不变，达到帕累托最优，其前提当然是交易双方有完全的产权。但是在中国，农民只有土地的使用权，而没有所有权，因此在农地城市流转的过程中，虽然流转直接影响到农户的生活，但是农民却没有参与交易进行讨价还价的权力。另外，虽然农民人数众多，是农地城市流转各权利主体中最庞大的一方，但由于他们比较分散，合作成本巨大，没有形成真正意义上农民自己的组织，无法在农地流转谈判过程中表达自己的意愿。同时，在中国当前的制度环境中，农民在与其他各权利主体博弈时处于被动地位，只能接受一切制度安排与政策执行的结果。

为了分析问题的方便，式（7-1）的结论是将农地城市流转涉及的权利主体分成两个集团，分别为地方政府、开发商集团和农民、集体经济组织。由于征地是国家的强制性行为，集体经济组织和农民一样没有决策权甚至没有讨价还价的权利，但是在地方政府支付了征地补偿费后，集体经济组织的监管者们，即村干部实际上掌握着补偿费的初次分配权。虽然《土地管理法》中规定，征地补偿费中的土地补偿费应给予集体经济组织，以补偿集体由于失去土地而对农业生产造成的影响；需要集体安置失地农民的，原应给予农民的安置补偿费也给予集体经济组织。但我们在调查中发现，由于征地补偿费的发放不够透明，对征地补偿费不满意的农户大部分是由于对征地政策不了解，认为集体扣占了绝大部分的补偿费，给予农民的只是小部分，因此对村干部意见很大，并造成一些村集体干群关系恶化，影响了农村集体的安定团结，阻碍了农地城市流转的正常进行。

7.2.5 静态分析的简要结论

首先，农地城市流转是一项影响颇大的系统工程，该项工程的执行是为了实现农地资源在不同权利主体之间的优化配置，与此同时，也必须考虑各主体由此而发生的福利变化，促进社会福利最大化的实现。研究表明，在农地流转过程中，有的主体福利得到了提高，而有的主体福利却下降了；有的权利主体在某些方面福利状况改善了，但在另一些方面却降低了。因此，必须全面评估各主体的福利状况，特别是受损主体福利的变化，促进权利主体福利状况优化。例如，要全面评估农地之于农民和集体的经济效用、社会效用和生态效用，保证农地城市流转不使他们的福利下降。应研究量化农地对于农民和集体经济组织社会保障效用和环境生态效用的方法，给予农民和集体完全意义上的补偿，维护农民、集体的土地权利。从文中分析可看出，当地方政府与开发商获得单位面积流转的农地并将其用于建设开发所导致的效用改变量等于农民与农村集体经济组织转出单位面积农地效用的改变时，社会福利达到最大。因此，如果农地流转后，开发商与地方政府给予农民和集体的补偿额可以弥补他们由于失去了农地资源而导致的效用损失（这里的效用损失包括农地可产生的经济收入、社会保障效用以及农地生态环境效用的丧失），此时，农地流失的发生可实现社会福利的最大化目标。

其次，在产权方面，要使农民对土地的权利在流转过程中得到充分体现，保障他们的权益，就必须赋予农民土地的所有权、经营权、继承权、转让权、收益权、处置权等多项权利，增加农民和集体经济组织讨价还价的权利，从而促进福利优化配置。从图 7-1 中看出，通过强化农民和集体经济组织的讨价还价能力、减少强制征地、加大市场化行为，可促使土地资源配置向契约曲线靠近，达到帕累托改进，促进福利主体福利状况的改善。

最后，严格规范政府征地行为，提倡生态、经济和社会效益统筹考虑，促进土地资源可持续利用。首先要严格控制政府征地规模，合理增加征地补偿额度，促进福利主体整体福利状况的改善。从图 7-1 可看出，减少征地规模，可促使交易曲线 L^1 向契约曲线 L 靠近，从而减少福利损失；提高征地补偿额度，可减少政府征地行为，促进土地的市场配置。在图中，如果在政府征用 E^1E^4 数量农地的时候，征地补偿由 E^4E^3 增加到 E^4E^2，则政府不会强制征地，而选择保持在 E^1 状态，从而优化土地资源配置，使福利状况得到改善。其次，可改变政府偏好，从而通过改变政府的效用函数来达到资源优化配置。例如，将政府考核体系由经济效益考核转向经济、生态和社会效益综合考核。征地过程可能促进了区域经济发展，但很可能同时减少了区域的生态效益和社会效益，政府应改变以往那种“唯 GDP”的发展模式，而应追求生态、经济和社会三效益的统筹发展，使农地流转决策更加合理，从而使土地资源得到更有效配置。

7.3 福利优化的动态分析

合理配置和利用资源是社会经济发展的必要手段，但经济发展不是社会生活的最终目的，人类福利水平的提高和人类全面自由的发展才是我们奋斗的目标。厉以宁（2002）也认为，生产的目的是使人们的生活不断得到改善，使人们得到关心和培养，使人得到全面发展。土地属于不可再生资源，人类可使用的土地受到自然的限制。但土地又是国民经济发展以及人类生存必不可少的要素，如何使土地的利用符合社会可持续发展的要求，不同世代、不同主体、不同产业都可以享有自然赋予我们的宝贵财富，这涉及在不同时间、不同代际土地资源合理配置的问题。由于建设用地通常难以恢复为农地，农地与建设用地之间如何配置就成了动态优化配置土地资源配置的主要内容。具体而言，对于某一区域的农地资源是应该现在就将其开发成城市建设用地，还是保持农业用途，留给后代开发；在特定的时期内应在区域内保有多少农地、开发多少农地，这些都是动态优化配置区域土地资源特别是农地资源的重要研究内容。

国外已有较多关于可耗竭资源动态优化配置的相关研究，如 Hotelling（1931）认为，社会资源以任何方式抽取的合理性在于这种资源的社会价值，该资源的社会价值用为得到该单位产出社会所意愿支付的价格来度量。他的主要结论是完全竞争可以产生可耗竭资源的最优消耗路径，而垄断企业则会更加倾向保护可耗竭资源，因而产生可耗竭资源的次优消耗路径。也就是说，不仅可耗竭资源的垄断产出是次优配置，而且偏向于过分保护。Stiglitz（1976）认为，如果需求弹性随时间增加而增长或者资源抽取的成本随时间增加而减少，垄断者将趋向于比在社会最优的情况下更加保护资源。Lewis 等（1979）则认为，在资源获取成本不随获取速度而变化，且需求弹性随消费增加而增长时，则结论正好相反。蒋中一（1999）认为，并不是垄断而导致可耗竭资源的保护，两者不存在因果关系。

由于农地流转为建设用地具有不可逆性，因此从长期来看，农地城市流转过程也就是农地资源的消耗过程。在农地资源的消耗过程中，农民和集体经济组织、开发商和地方政府及中央政府等的福利均随着农地资源的减少和建设用地的增加而发生着变化。那么，在农地流转过程中，农民、集体经济组织、开发商和政府是不是都存在各自福利最优情况下的农地资源消耗路径？这个消耗路径是怎么样的？如何总体协调各权利主体的福利，以达到在长时期内社会总体福利最优？这些都是政府在制定土地利用长期规划时必然面对和需要解决的问题。由于本章着重考虑的是农地流转前后农民福利的变化，因此本节首先考虑在农民福利优化情况下农地资源的长期最优流转决策；其次，由于农民福利只是社会总体福利的一部分，因此我们讨论长期决策中社会总体福利优化与农民福利变化的关系。

7.3.1 农民福利最优情况下农地长期流转决策

在本节主要研究对于农民而言，在较长时期内，农地数量的变动将如何影响农民福利，如何控制农地城市流转数量以促使农民福利最优。为此，本节通过建立动态最优化模型来说明在一定农地流转速率的情况下，如何调整农户流转福利补偿。在此，定义经营农地农户的福利水平为经营这些农地带给农户的总效用，大而言之，在 t 时刻该效用来自于两个部分，一是在该时刻经营的农地所带来的各种效用总和；二是在该时刻流转的农地获得的经济补偿所带来的效用。

为进一步详细讨论，特做如下模型假设：假定在初期区域的农地资源数量为 S_0，农民在 t 时刻的福利水平用效用函数 $U(S_t,C_t)$ 来表示，其中，S_t 表示 t 时刻农民经营的农地面积，而 C_t 为 t 时刻流转农地给予农民的货币补偿。由于在不同时间的补偿价格不同，且有逐渐增加的趋势，因此设单位土地面积补偿为 $e^{rt}P$，其中，P 表示在初期征地的补偿价格，r 为正的常数，该函数形式表明随着时间推移，农地流转补偿标准会越来越高。假定 E 表示农地在 t 时刻的流转速度。

首先计算 t 时刻农地流转中农民获得的补偿量。

在 t 时刻，农地流转量为 $\mathrm{d}S_t = -E\mathrm{d}t$（负号表示农户农地减少），设给予农户的货币补偿量为 C_t，则

$$C_t = e^{rt} P \mathrm{d} S_t = E e^{rt} P \mathrm{d} t$$

其次，计算 t 时刻所保有的农地数量。

因在 t 时刻的流转速度为 $E(t)$，则可求得该时刻所存土地资源的数量为

$$S_t = S_0 - \int_0^t E(t) \mathrm{d} t$$

再次，计算 t 时刻农户的福利水平。

在 t 时刻，区域农户的福利水平包括两部分，其一是该时刻拥有的农地的效用，其二为流转农地的补偿所获得的效用，可用下式表示，即

$$U_t = U(S_t, C_t) = U(S_t, e^{rt} EP)$$

最后，计算在时间区间 [0, t] 内农户的福利水平。

在考察期间，将各个时刻农户的效益值进行折现，设时间折现率为 ρ，于是在区间 [0, t] 内，农户的农地流转福利为

$$U_t = \int_0^t U(S_t, e^{rt} EP) e^{-\rho t} \mathrm{d} t$$

以上三者随时间变化的情况可用图 7-2 来表示。

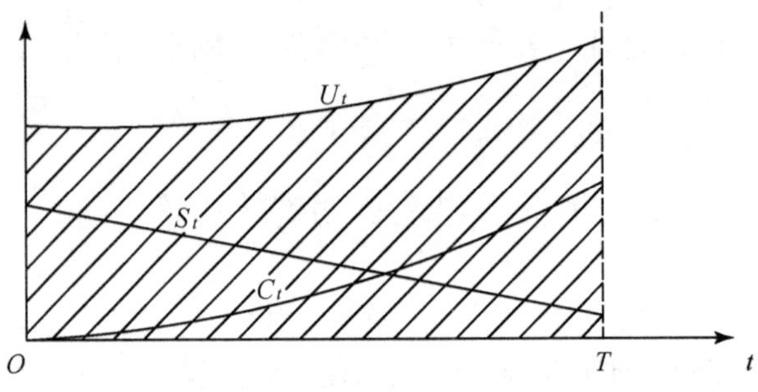

图 7-2 农户福利状况变化图

要想达到在区间 [0, T] 内，农户农地流转福利最大，即图 7-2 中阴影面积最大，则可建立如下模型，即

$$\max U_T = \int_0^T U(S_t, e^{rt} EP) e^{-\rho t} \mathrm{d} t, t \in [0, T]$$

$$\text{s.t. } \dot{S}_t = -E$$

边界条件为，当 $t \in [0, T]$ 时，$S_{t=0} = S_0$，$S_{t=T} = S \geqslant 0$，其中，E 为控制变量，S_t 为状态变量。

这是一个动态优化问题，为此建立汉密尔顿方程，得

$$H = U(S_t, e^{rt} EP) e^{-\rho t} + \theta(t)(-E)$$

式中，$\theta(t)$ 为伴随变量。

考查上述汉密尔顿方程的经济意义，方程右边第一项代表在时间区间[0, t]内，农户保有农地所获得的效用总和折现值与获得的流转补偿货币总和的折现

值，是前期流转损益加总；方程右边第二项是在 t 时刻流转农地所带来的福利损失是当期流转损益。根据庞特亚金极大值原理，先把汉密尔顿函数分别对状态变量、伴随变量和控制变量求偏微分，结果如式（7-2）、（7-3）、（7-4）所示。

$$\frac{\partial H}{\partial \theta} = \dot{S}_t = -E \tag{7-2}$$

$$\dot{\theta}(t) = -\frac{\partial H}{\partial S_t} = -e^{-\rho t}U'_{S_t} \tag{7-3}$$

$$\frac{\partial H}{\partial E} = e^{(r-\rho)t}PU'_{C_t} - \theta(t) \tag{7-4}$$

令式（7-4）为0，则有

$$e^{(r-\rho)t}PU'_{C_t} - \theta(t) = 0,$$

得

$$\theta(t) = e^{(r-\rho)t}PU'_{C_t} \tag{7-5}$$

$$\Rightarrow \frac{\theta(t)}{e^{rt}P} = U'_{C_t}e^{-\rho t} \tag{7-6}$$

从式（7-6）可以看出，当 t 时刻农地资源的影子价格与该时刻补偿价格的比值等于补偿的边际效用时，农户的福利将达到最大。为求得各参数之间的关系，根据式（7-3）、式（7-5），可得

$$[e^{(r-\rho)t}PU'_{C_t}]' = -e^{-\rho t}U'_{S_t}$$

进一步变形得

$$\begin{aligned}[e^{(r-\rho)t}PU'_{C_t}]' &= -e^{-\rho t}U'_{S_t} \\ \Rightarrow [e^{(r-\rho)t}PU'_{C_t}]' &= (r-\rho)e^{(r-\rho)t}PU'_{C_t} + e^{(r-\rho)t}PU''_{C_t t} \\ &= -e^{-\rho t}U'_{S_t}\end{aligned} \tag{7-7}$$

进一步变形为式（7-8），即

$$e^{rt}P = \frac{U'_{S_t}}{(\rho - r)U'_{C_t} - U''_{C_t t}} \tag{7-8}$$

式（7-8）表达在 t 时刻补偿价格与边际收益、折现率和补偿的指数增长率之间的关系，当农地城市流转满足该条件时，农户在时间区间［0，T］内的总体福利将达到最优。

对式（7-8）进一步分析，一般而言，农户经营农地随着面积增加其边际效用递减，因此伴随流转的发生，也就是农地面积的减少，农地的边际效用越来越大。因此，U'_{S_t}为正值且随流转的发生其绝对值逐渐变大；同样，随着补偿的增加，其边际效用呈递减趋势，随着流转的增加，U'_{C_t}为正且补偿的边际效用逐渐减小；而补偿的边际效用是随时间变化的值，则随着时间的增加其边际效用逐渐减少，因此 $U''_{C_t t}$ 的符号应为负号，其绝对值可能逐渐减少。因此，在某一时间段内，方程的右边可能增加，也可能减少，甚至保持不变。当农地边际效用增加而其他变量保持不变时，应增加补偿价格，这个时候宜调整补偿价格基数即 P 值。

同样的，随着补偿的边际效用逐渐减小，也应该提高补偿价格。

为讨论流转速度 E 与最优化条件的关系，对式（7-8）作如下变形，即

$$e^{rt}P = \frac{U'_{S_t}}{(\rho - r)U'_{C_t} - U''_{C_t t}}$$

$$\Rightarrow e^{rt}P = \frac{\dfrac{\partial U}{\partial S_t}}{(\rho - r)U'_{C_t} - U''_{C_t t}}$$

$$\Rightarrow e^{rt}P = \frac{\dfrac{\partial U}{\partial t}\dfrac{\partial t}{\partial S_t}}{(\rho - r)U'_{C_t} - U''_{C_t t}}$$

$$\Rightarrow e^{rt}P = \frac{\dfrac{\partial U}{\partial t}\dfrac{1}{E}}{(\rho - r)U'_{C_t} - U''_{C_t t}}$$

$$\Rightarrow E = \frac{U'_t}{e^{rt}P[(\rho - r)U'_{C_t} - U''_{C_t t}]} \tag{7-9}$$

根据式（7-9），可以确定特定时刻的最优流转速度。如果其他变量不变，随着时间变化，土地流转的最佳速度与农民持有农地的边际时间效用呈正向关系，同补偿价格的基数 P 呈反向关系，而同补偿标准的指数增长速度 r 呈正向关系［将式（7-9）右边分母对 r 求偏导数可得该结论］。因此，当提高补偿基数的时候，提高流转速度不一定是总体福利优化的决策行为，而提高补偿倍数的指数增长速度后，增加流转速度则应是令总体福利优化的决策。在实现农民福利最优的长期流转决策中，理论上追求的是在整个决策期间内，每个时刻农地福利之和都能达到最好状态，因此，如果农民仅仅以当前效用为重，补偿价格增加就加速流转，降低补偿价格就减速流转，不一定能达到总体福利最优，这就是长期决策的“短视”现象。

另外，根据边界条件，在 T 时刻有库恩－塔克条件成立，即 $\lambda(T)S(T)=0$，根据式（7-4）可知，$\lambda(T)=0$ 不成立，即在 T 时刻土地的边际效益仍然存在，影子价格不为 0，因此可得出结论：在期末即 T 时刻农地资源将全部流转为建设用地，这个时候农户的总体福利将达到最大。

7.3.2　总体福利最优的农地城市流转长期决策

由于农地城市流转涉及农民、农民集体经济组织、开发商和政府的利益，区域农地数量的变化将导致上述四者福利的变化。根据相关研究和实地调查研究显示，农民和农民集体为福利受损方，开发商和政府为福利改进方。从根本上来说，农民集体最终要为整个集体内的农民服务，农民集体的福利损益与农民个体福利息息相关。因此，为方便分析仍然将农民和农民集体作为一个权利主体，将

开发商和政府分别作为两个权利主体来分析。

根据相关研究和实地调查，作以下相关假设。如上文所述，仍假定在初期区域的农地资源数量为 S_0 ，农民在 t 时刻的福利水平用农民承包的农地面积所带来的效用来衡量，记为 $U_f(S_t)$ 。这个效用分为两部分，一部分为拥有农地 S_t 所带来的经济收益及非经济收益，另一部分来自该时刻流转农地所带来的经济补偿。假定开发商福利与其获得的流转而来的建设用地面积成正比，设为 $U_d(S_{dt})$，S_{dt} 为 t 时刻开发商可使用的流转而来的建设用地总面积。对于政府而言，既要加快经济发展，又要兼顾环境保护和粮食安全，如流转大量城郊农地，则经济可能呈现快速发展，但同时带来环境污染和破坏，并在一定程度上威胁粮食安全。因此，随着农地流转数量的增加，政府的综合福利水平并不一定提高，在此假设政府的福利函数为 $U_g(S_t)$ 。由于是考察农地城市流转长期决策，因此要考虑时间因素，仍设折现率为 ρ 。

彻底解决资源配置问题的关键在于社会福利函数。而阿罗在 1951 年提出了著名的不可能定理，即不能从不同的个人偏好中形成所谓的合适的社会偏好，也就是说，社会福利函数不存在（高鸿业，1999），这个结论使得彻底解决资源配置问题变得十分艰难 。姚洋（1999）则在其文章中指出，当效用可以在个人之间进行比较时，才能进行社会判断。他的文章引用了阿马蒂亚·森（Amartya Sen）的论断："如果允许个人之间的效用比较，则阿罗不可能性定理不再成立；如果不允许个人间的效用比较，则阿罗不可能性定理将空洞无物。"本书认同姚洋与阿马蒂亚·森的观点，认为不同个体之间的效用可以比较且社会福利函数存在，并设定社会福利函数为社会成员福利的简单加总。于是在本节研究中，认为农地流转过程中总体福利为农民福利、开发商福利和政府福利之和，农民福利主要是指农地给予农户的经济、社会保障，以及就业等功能带来的效用，开发商福利主要是流转为建设用地的农地给予开发商带来的经济收益而增加的效用，政府福利主要包含因农地用途转变给地方政府带来的土地增值收益、地方经济总量增加等正效用，以及政府所承担的区域生态环境破坏、粮食安全压力增加等负效用。用数学式子表达农地流转过程中 t 时刻相关权利主体的总体福利 $U_T(t)$，即

$$U_T(t) = U_f(S_t) + U_d(S_{dt}) + U_g(S_t)$$

则在时间区间 $[0, T]$ 内，农地城市流转导致区域福利总变化 U_T 为

$$U_T = \int_0^T [U_f(S_t) + U_d(S_{dt}) + U_g(S_t)] e^{-\rho t}\mathrm{d}t$$

假定在农地城市流转过程中，流转的农地全部成为建设用地，则有

$$S_t + S_{dt} = S_0$$

其中，S_0 为流转初期区域农地总面积。设农地城市流转速率为 E ，则同样有

$$\dot{S}_t = -\dot{S}_{dt} = -E$$

考虑到农地城市流转过程中的补偿及土地出让金，目前，我国给予被征地农民及所属集体的补偿来源于开发商土地出让金，假定这部分给予农户的货币补偿量为 C_t，其中，$C_t = e^{rt}PdS_t = Ee^{rt}Pdt$，$r$ 为补偿随时间变化的指数增长率。至于土地出让金的其他部分则为政府所得，这部分收入假定与区域土地出让面积成正比，于是在政府的效用函数中不单列土地出让收益部分，在考虑了土地补偿及出让收益后，农地流转前后，区域总体福利变化为

$$U_T = \int_0^T \{[U_f(S_t) + Ee^{rt}P] + [U_d(S_{dt}) - Ee^{rt}P] + U_g(S_t)\}e^{-\rho t}\mathrm{d}t \quad (7\text{-}10)$$

从式（7-10）来看，似乎农户获得的补偿和开发商支付的补偿总额相等，总体福利大小不改变，只是福利在不同权利主体之间的重新分配。但庇古（Pigou）认为，人际间的效用是可测、可比较的，他认为一元钱给穷人带来的效用要大于富人。阿马蒂亚·森也认为，同一商品组合必定给不同的人们（即使他们的需求函数相同）提供相同水平的效用，这一假定是完全任意的（阿马蒂亚·森，2004）。因此，在本模型中设参数 α 为相同货币对于农民和开发商的边际效用之差。α 大于 0 则认为货币对于农民的边际效用要大于对开发商的边际效用，反之则相反。于是式（7-10）可写为

$$U_T = \int_0^T [U_f(S_t) + U_d(S_{dt}) + U_g(S_t) + \alpha Ee^{rt}P]e^{-\rho t}\mathrm{d}t$$

不考虑流转为建设用地的闲置，则开发商的福利函数 $U_d(S_{dt})$ 可写为 $U_d(S_0 - S_t)$，因此，开发商的福利函数也可写为 S_t 的函数，记为 $U_d(S_t)$。

综合以上假设，考虑多权利主体的农地城市流转决策优化，则可建立如下动态最优化模型，即

$$\max U_T = \int_0^T [U_f(S_t) + U_d(S_t) + U_g(S_t) + \alpha Ee^{rt}P]e^{-\rho t}\mathrm{d}t$$

$$\text{s. t.} \begin{cases} \dot{S}_t = -\dot{S}_{dt} = -E \\ S_{t=0} = S_0 \\ S_{t=T} = S \geqslant 0 \end{cases}$$

根据动态最优化理论与方法，建立汉密尔顿方程，如式（7-11）所示，即

$$H = [U_f(S_t) + U_d(S_t) + U_g(S_t) + \alpha Ee^{rt}P]e^{-\rho t} + \lambda(t)(-E) \quad (7\text{-}11)$$

同样的，分别对伴随变量、状态变量和控制变量求导数，得到以下方程，即

$$\begin{cases} \dfrac{\partial H}{\partial \lambda} = -E = \dot{S}_t \\ \dfrac{\partial H}{\partial S_t} = e^{-\rho t}[U'_f(S_t) + U'_d(S_t) + U'_g(S_t)] = -\dot{\lambda} \\ \dfrac{\partial H}{\partial E} = \alpha e^{(r-\rho)t}P - \lambda \end{cases}$$

根据最值条件，令 $\frac{\partial H}{\partial E}=0$，得

$$\begin{cases}\lambda = \alpha e^{(r-\rho)t}P \\ \dot{\lambda} = -e^{-\rho t}[U'_f(S_t)+U'_d(S_t)+U'_g(S_t)]\end{cases} \tag{7-12}$$

根据方程组式（7-12），解得

$$\alpha(\rho-r)e^{rt}P = U'_f(S_t)+U'_d(S_t)+U'_g(S_t) \tag{7-13}$$

根据式（7-13）可得到，在任一时刻 t，补偿价格在农民和开发商之间的边际效用之差应该等于这一时刻农民、开发商和政府的农地边际效用之和。在式（7-13）中，根据假设，随着农地面积的减少，农民的福利状况变差，开发商的福利状况变好，而政府的福利状况可能变好，也可能变差。于是农民对农地面积的边际福利为正，开发商对农地面积的边际福利为负，政府对农地面积变化的边际效用为正为负则不确定。

讨论：当政府开发农用地的边际效用为正，持有农用地的边际效益为负，且开发商的建设用地的边际效益较大，大于农民持有的农用地的边际效益时，即式（7-13）右边为负时，这个时候要调大 r 值，即提高补偿标准，并且要大于预期折现率。其含义是，当区域保有农地的总效益小于开发农地的总效益时，在此时刻应流转农地。流转农地的同时应给予农民经济补偿，此时的补偿价格应随时间增加而变化，且其指数增加率应大于折现率，通过增加补偿标准，刺激转用农地供给，同时也能达到总体福利的优化。

当政府开发农用地的边际效用为正，持有农用地的边际效益为负，且开发商的建设用地的边际效益较小，小于农民持有的农用地的边际效益时，即式（7-13）右边为正时，补偿的指数增长率应该小于折现率。保有农地的效益包含了经济效益，也包含了非经济效益。其含义是，此时如果保持农地的边际效益更高，流转农地则不是一个使总体福利优化的长期决策，此时应减少补偿，从而减轻经济激励。

再考虑货币在不同主体之间边际效用的差异，即模型中的参数 α。从总体来看，当农地的总体边际效用为正，货币对农民的边际效益远大于对开发商和政府的边际效益时，即 α 较大，而各主体的农地边际效益不变时，根据式（7-13），此时要增加补偿标准，以保证最优化条件成立；而当农地的总体边际效用为负，α 较大时，则应减小补偿标准，以保证最优化条件成立。进一步考察该结论的经济意义，即当农民比开发商和政府更需要钱的时候，相当于补偿对农民的边际效用增加。因此，当持有农地的效用要大于流转为建设用地的效用时，应增加对农民的补偿，此时将促进总体福利的改进，并通过增加开发商的支出抑制农地城市流转的发生；而当持有农地在总体上边际效用为负时，流转为建设用地更为有利；当农民比开发商和政府更需要钱的时候，相当于补偿对农民的边际效用增

加，应减少补偿标准，因为此时流转更多农地能带来总体福利的优化，因此减少经济补偿能减少开发商和政府的流转成本，促进流转发生。

为引入流转速度，对式（7-13）变形，得

$$\alpha(\rho - r)e^{rt}P = \frac{\partial U_f(S_t)}{\partial S_t} + \frac{\partial U_d(S_t)}{\partial S_t} + \frac{\partial U_g(S_t)}{\partial S_t}$$

继续变形得

$$\alpha(\rho - r)e^{rt}P = \frac{\partial U_f(S_t)}{\partial t}\frac{\partial t}{\partial S_t} + \frac{\partial U_d(S_t)}{\partial t}\frac{\partial t}{\partial S_t} + \frac{\partial U_g(S_t)}{\partial t}\frac{\partial t}{\partial S_t}$$

$$\Rightarrow \alpha(\rho - r)e^{rt}P = \frac{\partial U_f(S_t)}{\partial t}\frac{1}{E} + \frac{\partial U_d(S_t)}{\partial t}\frac{1}{E} + \frac{\partial U_g(S_t)}{\partial t}\frac{1}{E}$$

$$\Rightarrow \alpha(\rho - r)e^{rt}EP = U'_{ft}(S_t) + U'_{dt}(S_t) + U'_{gt}(S_t)$$

$$\Rightarrow E = \frac{U'_{ft}(S_t) + U'_{dt}(S_t) + U'_{gt}(S_t)}{\alpha(\rho - r)e^{rt}P} \tag{7-14}$$

根据式（7-14），可以确定特定时刻的最优流转速度。随着时间变化，当总体上土地的边际效用逐渐增加的时候，流转的速度将增加，反之则减少。从式（7-14）还可以看出，当土地总体效用的边际变化为正时，则应使折现率大于补偿指数增长速度；而当土地面积变化的边际收益为负时，则应使折现率小于补偿指数增长速度。只有这样，才可能实现农户农地流转的长期收益最优。

同样，根据边界条件，在 T 时刻有库恩-塔克条件成立，即 $\lambda(T)S(T) = 0$，根据方程组式（7-12）可知 $\lambda(T) = 0$ 不成立，即在 T 时刻土地的边际效益仍然存在，影子价格不为0，因此可得出结论，在期末即 T 时刻，农地资源将全部流转为建设用地，这个时候农户的总体福利将达到最大。

7.4 农民福利的补偿优化

在上述研究中，我们对农地城市流转福利优化决策进行了静态分析和动态分析。静态分析主要侧重于在特定时刻农民、农民集体、开发商和政府等权利主体的福利分配关系，而动态分析则侧重在长期内，农民和权利主体的总体农地城市流转决策差异。

从静态分析来看，根据上述研究结论，首先，必须全面评估各主体福利状况，特别是受损主体福利的变化，促进权利主体福利状况优化，特别是要全面评估农地之于农民和集体的经济效用、社会效用和生态效用，从而保证农地城市流转不使他们的福利下降，使福利受损方得到全面补偿，促进整体福利水平得到改进。其次，在产权方面，要使农民对土地的权利在流转过程中得到充分体现，增加农民和农民集体讨价还价的权利，从而促进福利优化配置，促进福利主体福利

状况的改善。最后，严格规范政府征地行为，提倡生态、经济和社会效益统筹考虑，促进土地资源可持续利用。流转决策的静态分析为每一时刻地块的微观流转决策提供了理论依据。例如，涉及某一地块是否流转，应测算该地块流转对受益方和受损方福利变化的影响，如果福利受益方对福利受损方进行了充分补偿后仍有福利改进，则该流转决策是可行的。但是静态分析解决不了在较长时间内的决策优化问题，有可能产生决策“短视”，对长期流转决策最优补偿也难以解释清楚，因此必须进行长期动态决策分析。

从农民福利最大的农地城市流转长期决策来看，农地城市流转的最优补偿价格同农民持有农地的边际效用、补偿的边际效用以及折现率等都有一定关系。从补偿方式来看，补偿价格基数变动和补偿指数增长倍数具有不同的补偿效果。当农地资源日渐稀缺，货币补偿的边际效用下降时，必须提高补偿额度，只有这样才能促进农民的农地城市流转福利优化。

对比分析农民农地城市流转福利优化决策与多权利主体长期福利最优决策有这样一层意义：在不考虑社会整体福利优化的情况下作出的农地流转决策，在现实中很可能就是农民或农民集体主导的农地城市隐形流转决策；而考虑多权利主体的长期福利最优流转决策，从理论上说使整个区域的福利改进，是代表区域全体社会成员的决策者愿意看到的结果。

首先比较动态决策中的补偿价格。在仅以农民福利最优的决策中，如果农民继续持有农地的边际效用增加，则有强烈的提高补偿价格需求。例如，在当前，城乡结合部的农地资源越来越稀缺，其经济价值和保障价值不断上升，因此，为使自身流转决策优化，必须使得补偿价格上升。而从总体决策来看，当农民持有农地的边际收益增加，且其边际收益大于开发商和地方政府流转农地的边际收益时，补偿价格会增加，但可能不如农民最优决策的时候增加的多。例如，当货币对农民的边际效用要远大于货币对开发商和政府的边际效用时，U'_{C_t} 和 α 大小相近，而长期决策总体边际效用为三者持有农地的边际效用之和，一般认为，开发商持有农地的边际效用为负，持有建设用地的边际效用为正，因此总体边际效用会有冲减使得最优补偿价格下降。在农民最优流转决策中，并未考虑货币在不同主体之间边际效用不同这一因素的影响，而在总体流转决策中，当边际效用差别越大时，则最优补偿价格会越低，总体决策倾向于继续持有农地。

根据以上理论分析，我国为做到长期可持续的农地城市流转，受损的农民福利补偿应当从以下几方面改进。第一，必须给予农民足额的补偿，不能拖欠，也不能降低标准。第二，对农民的福利补偿不能仅仅着眼于其经济收益损失的补偿，还应该给予农地流转后导致的保障效益、生态效益等其他非经济效益方面损失的补偿，应充分评估农地之于农民的全面效益，并将其作为补偿目的。第三，要使农民对土地的权利在流转过程中得到充分体现，增加农民和农民集体讨价还价的权利，充分保护农民农地产权，从而促进福利优化配置和主体福利状况的改善。农民的产权不充分，不能受到严格的法律保护，就不能促使农民做到农地可持续利用，从而更难达到总体福利最优的长期流转决策。第四，促使政府在流转决策中以农地的总体效用改进为决策目标，而不仅仅看到其用途转换带来的巨大经济价值。在我国，政府是法律授权的农地流转决策制定和实施单位，其流转决策应充分考虑农地对于农民、开发商及自身的效用。第五，在补偿的政策措施上，可灵活使用补偿基数和补偿增长速度这两个指标来进行福利补偿调控。目前，各地的补偿政策在时间上衔接不够，容易产生各种社会矛盾，且不能对决策者产生合理的心理预期，这对实现可持续的农地城市流转决策易产生消极作用。

第8章
农地价值实证分析及土地征收中土地产权主体的经济补偿

8.1 概　　述

征地补偿研究的焦点在于补偿要不要区分公益和非公益、补偿的具体标准应该如何计算。政界和学界围绕这些焦点有很多讨论，但是都忽视了对农民态度的调查和了解。从我们所作的2007年湖北省402份征地问卷样本调查的结果来看，54%的受访者愿意（或可以忍受）在公益征地时获得较低的补偿，而与此形成鲜明对比的是，只有6%的受访者愿意在经营性用地征收时获得较低的补偿 。这说明即使在实际征地发生时不会降低受偿要求，但是他们对征地的用途还是非常关注，半数农户在心理上潜在的支持公益事业发展用地。一些学者从公平、域外借鉴的角度提出不应该区分是否公益，但这种观点在实践中暂时很难取得决策者的采纳。汪晖（2002）赞成区分公益和非公益用地，并赞成采取两个阶段性的方法来完善目前的征地制度。而有些学者从“同地同价”的角度不赞成区分征地用途。所以，征地补偿无论在学理上还是在实际政策操作中的争议还将继续存在，并很难取得统一的结论。

关于补偿标准的研究更是非常热门，传统的“倍数法”补偿（其实农民实际获得的往往只有很少的一部分）受到广泛的诟病，革新传统思维、减少政府干预、扩大市场作用范围、提高补偿标准、丰富补偿方式、保护农民利益、分享发展果实等正在成为共识（汪辉和黄祖辉，2004；蒋省三和刘守英，2004）。

研究征地补偿中一个很重要的、却常被忽视的基础和起点是对土地价值的认识，而这也正是研究的最大难点。如果回避这个难点，就难以取得对问题的深入剖析。下面对征地补偿的研究逻辑顺序加以说明。本章的前提假设是将农民集体和农民作为一个主体。若干个农民组成一个农民集体，他们共同拥有土地所有权（至少在法律条文上这么规定，事实上，他们的所有权从来没有得到足够的尊重）。进一步讲，可以从所有权中细化承包权，但是这里暂不研究承包权，以研究所有权为主。第一，政府征收农民集体（包括农民）的土地，剥夺了所有权，给予补偿无可争议。第二，补偿应该是“公平合理”的，既不能是带有强制性的年产值倍数定价，也不能是超越实际市场价值的漫天要价。第三，不能回避的国情是我们没有农地所有权市场，所有权不能自由交易，没有市场，那么就很难取得和估定农地的市场价值。第四，在建设和谐社会的大背景下，征地补偿需要以农民为主要对象。由于地域差异显著，每个家庭拥有的土地禀赋不同，土地在家庭中具有的地位和作用也不同，所以征地所导致的家庭生产生活变化方向和强度也不同。基于此，既不能以征地为借口，包办农民的所有问题和困难，也不能忽视农民这个弱势群体的切身利益，置他们的基本生活于不顾。总之，一句话，土地本来具有什么价值，就应该补偿农民多少货币（或其他货币转化物），同时，被征地农民的基本生活应该得到保证。这是本书的主导性和指导性观点。第五，关于农地价值构成的观点很多，按照不同的分类标准，学者们将农地价值分为社会保障价值、生态价值、粮食安全价值等，但是无论怎么分，农地价值绝不能限于农业生产力价值（直接使用价值）。在传统文化的内在影响和作用下，在现阶段国家对农民还不能提供有效社会保障承诺的现实下，对农民而言，尽管难以从农业生产中获得主要的收入来源，但是农地所具有的心理安全、收入底线保证、社会保障、未来增值等功能是客观存在，不容忽视的，甚至在某种程度上这些非市场价值有可能高于其市场价值，而这些价值很难通过市场来衡量。第六，不同的农民对土地的重要性有不同的认知。从调研走访、入户访谈中我们发现，有的农民的土地是他们唯一的生活来源；有的农民的土地是他们副业致富的主要资源基础；有的农民的土地收入是他们收入的次要部分等，总之，农民对土地所赋予的权重是大相径庭的。从了解到的农民对征地的态度来看，不愿意农地被征的农民占89%，对征收政策不满意的占89%，对征收金额不满意的占93%，这表明了改革现行征地制度和政策的迫切性。最后，鉴于农地缺乏市场，我们试图建立一个假设市场来评估农地的价值，这种价值不以农地的农业使用价值为基础。其实，土地的市场价值本身就具有相当的主观成分，“它要看买卖双方希望拥有与出售的意愿，以及双方所愿意偿付与接受的价格而定。所以，市场价值对每一种不动产而言，都不是固定的”（韩乾，2005）。本章的理论基础是福利经济学中的福利变化测度理论。

8.2 条件评估法及其应用

运用条件评估法（或称假设市场法、意愿价格法，简写为 CVM）评估环境和资源价值在环境和资源经济学领域非常普遍。近年来，CVM 在国外环境经济学和生态经济学中关于公共物品的价值评估中应用最广泛。自 1963 年哈佛大学博士 Davis 提交了首次将 CVM 应用于研究缅因州滨海森林宿营、狩猎的娱乐价值的第一篇论文以来，以 Henemann 等为代表，围绕 CVM 的早期研究成果大量发表

在 *American Journal of Agricultural Economics*、*Land Economics* 等杂志上，近年来的 *Ecological Economics*、*Journal of Environmental Economics and Management* 等国际刊物则成为 CVM 的重要学术阵地。1979 年，美国水资源委员会（AWRA）将 CVM 作为评估项目效益的三种推荐方法之一，并建立了将 CVM 方法应用于娱乐问题的指导原则、标准和程序。1986 年，美国内务部把 CVM 确定为用于计量"综合环境反应、赔偿和责任的法案"（CERCLA，超级基金法）的费用效益分析方法，并推荐将 CVM 作为评价自然资源和环境的存在价值和遗产价值的基本方法。尤其是 1984 年，美国加州大学 Hanemann 教授建立了 CVM 与 Hicks 等价剩余、补偿剩余和支付意愿等概念的有效联系，为 CVM 奠定了坚实的经济学基础（赵军和杨凯，2006）。

CVM 通常随机选择部分家庭或个人作为样本，以问卷调查的形式通过询问一系列假设的问题，并通过模拟市场来揭示消费者对资源环境等公共物品和服务的偏好，以获得受访者对一项环境改善计划项目的支付意愿。假定消费者的个人效用 U 是环境资源状态 q、消费者个人收入 y 和社会经济信息特征 s 的函数，即 $U=U(q,\ y,\ s)$。计划项目使环境资源状态由状态 q^0 转变至 q^1，假定状态的改变是一种改善，即 $q^1>q^0$。为实现这种状态改善，消费者应做出相应的支出以维持福利水平不变。CVM 通过问卷调查的形式推导出消费者在不同环境资源状态下的等价剩余或补偿剩余，并用统计学方法对消费者的支付意愿分布进行数学计量。最后，通过效益－费用分析并结合其他信息论证计划项目的可行性。相对于发达国家，CVM 在我国的应用较为滞后。陈国阶、杜亚平和薛达元等是国内较早从事 CVM 研究的学者，其中，薛达元等对长白山自然保护区的价值评估工作是早期较具影响的研究之一。自 2000 年后，国内学者开始较多关注 CVM，集中在资源环境领域的案例有 20 多个。由于 CVM 在国内的应用历史尚浅，上述研究也存在一些值得探讨的问题，如评价结论随问卷模式、投标起点、调查区域和研究总体选择等因素变化而产生了较明显的差异；CVM 在调查问卷的设计与抽样、环境信息提供、调查数据筛选、理论方法探讨、结论有效性和可靠性验证等较多方面需要深入探讨。如何规范 CVM 研究中的具体步骤和相应原则，对 CVM 评价结论可靠程度的重要性不言而喻。

在国内，CVM 的应用范围逐渐扩大。周应恒和彭晓佳（2006）用 CVM 研究了江苏省城市消费者对食品安全的支付意愿。运用单边界二分法（DC 法，该法需要更大的样本量）和 Logit 模型以获取消费者对于低残留蔬菜中食品安全的 WTP（支付意愿）。在理论上，该文认为，食品安全经济学研究的是安全水平提高带来的消费者福利的改进，因此，Hicks 消费者剩余的 CV 形式是 CVM 在食品安全领域应用的主要理论基础。假定在其他条件均保持不变的情况下，食品安全由较低的 Q_0 水平升到较高的 Q_1 水平，则消费者获得的效用必定更大，即

$U_1(Q_1, I, X, \varepsilon_1) > U_0(Q_0, I, X, \varepsilon_0)$。而 CVM 就是利用问卷的方式，揭示消费者的偏好，从而推导在不同安全水平下消费者的等效用点，使 $U_1(Q_1, I - WTP, X, \varepsilon_1) = U_0(Q_0, I, X, \varepsilon_0)$，并用统计学分析得出消费者的 WTP。他选取的变量包括食品价格、安全水平、消费者的风险意识、购买习惯、社会经济因素、个人特征。计量的结果显示，价格、风险感知、承受指数、城市规模、家庭总人口数对 WTP 影响显著，而消费者性别、年龄、受教育情况、健康等对 WTP 没有显著影响。

张翼飞和刘宇辉（2007）利用 CVM 对上海市某景观内河的生态恢复产出进行了估价，在国内经常采用的线形对数模型基础上，加入二值响应的 Logit 概率模型，对受访者的社会经济变量进行回归分析。结果表明平均支付意愿是 160 元/(年 · 户)，改善漕河泾水环境的年经济效益至少在 6.1×10^6 元以上。程文仕等（2006）利用 CVM 对其在征地区片价制定中的应用进行了开创性的研究，他们认为按照划定的征地区片，在对被征地农民和村社干部的受偿意愿调查、相关行政部门（长期从事征地工作的国家公职人员、相关部门熟悉和关心征地工作的国家公职人员）决策意愿调查和用地单位（企业法定代表人、事业单位责任人）支付意愿调查的基础上，对调查数据进行统计分析，测算出农民、用地单位和国家三方均能基本接受的征地区片综合地价的方法。意愿调查法的三个特征包括：①在征地区片综合地价测算中，意愿调查法不仅能够考虑土地自身的经济价值，还能够考虑土地的社会保障功能；②意愿调查法能够兼顾农民、用地单位和国家三方的共同利益；③意愿调查法能够同时兼顾农民的受偿意愿、政府的决策意愿和用地单位的支付意愿，使得测算结果具有实际执行性。但是他们的研究结果偏大，而且缺乏 WTP 的影响因素分析及有效性等检验，使得结论缺乏可信度。孔祥智等（2007）用 CVM 方法研究了失地农民受偿意愿的影响因素、选择非货币补偿方式的概率和愿意放弃农地使用进行转让的概率，发现在 0.1 的显著性水平下，以下变量对失地农民意愿的补偿金额有显著影响：①所在地是否为东部地区对农民的补偿要价有显著影响，而中部地区没有反映出显著的影响效果；②受访者是否有外出打工或经商经历，以及家庭劳动力非农就业比率对因变量的影响较为显著，且都有正向影响；③以前被征地时所获补偿的“好坏”程度、征地过程中农民的“知情”程度这两个变量对因变量也有显著影响。

韩乾（2005）认为，条件评估法存在很多偏误：假设的偏误、资讯的偏误、策略的偏误，以及政策或偿付方法的偏误。如果我们用条件评估法与旅游成本法或特征估价法甚至其他方法来比较，我们会发现它们之间有相当的一致性。虽然在正负之间的差距很大，但是仍然能够提供给决策者相当有用的资讯。

在国外，CVM 有关的研究非常多。Loomis 等（1994）研究了如果受访者在回答 WTP 问题之前被暗示其他替代资源和他们的收入约束后，其结果是否会受到影响。结果显示其影响并不显著，这出乎先前预计。Cummings 和 Taylor（1998）研究了支付实际发生可能性与 WTP 精确性关系的问题，他认为要得到精确的公共物品的支付意愿，在调查时支付实际发生的可能性必须是强有力的。

Haab 和 McConnell（1998）研究了支付卡模型与消费者偏好、实际 WTP 值域的关系。一旦 WTP 限制在零和收入值之间，那么其分布的形态变得不再重要。他还提出一个新的基于贝塔分布的 WTP 模型并与以前的估计模型进行了比较。Cooper 和 Loomis（1992）研究了在两分式（DC）CVM 调查中的支付值选择与 WTP 估计敏感度的关系，认为在 DC 方法设计时要十分谨慎。支付水平与支付值和样本规模存在依存关系。

Schulze 等（1981）回顾了有关环境物品估价的一些试验，并指出了五种偏误：策略偏误、信息偏误、工具偏误、假设偏误、样本偏误。很明显，当受访者被问及一个在他们并不了解和认同的市场下会做什么或者支付多少货币的问题时，那会和他们实际支付多少不同。在很多情况下，决策者一点都不知道保护环境质量的经济价值。目前获得的证据表明，评估环境质量最简单实用的方法，即享乐价值、旅行成本和调查技术法都可能产生不同程度的精确度问题，在我们看来这些信息最好被我们所完全忽视。

Heyde（1995）在他的《条件评估法这么麻烦吗》一文中，全面回顾了条件评估法的存在价值。如何去对公共所有的自然资源定价，目前没有满意的解决办法。很明显，以市场为基础的估价方法不能完全抓住资源对公众具有的全部价值。公众对资源的评价超出了其有用性，资源的价值包括诸如因知晓美景存在或将美景传递给下一代而感到满足这样的非使用价值。很多间接技术不能量化这些非使用价值，所以很多人求助于 CVM，尽管遭受尖锐批评，他们仍然企图运用这种方法更精确、符合成本效益原则地去量化那些不可测度的价值。然而这种企图却是难以实现的，不仅因为这种方法不可靠，而且需要花费时间、金钱和进一步的完善以满足个人运用的目的。CV 试图量化价值而价值不能简单地被货币量化，所以，CVM 应该被更简单的经验法则替代。

Beteman 等（2000）研究了公共物品估计的四种希克斯福利测度方法。假定一个人消费两种商品，X 和 Y，X 是一种特殊商品，而 Y 是复合商品，它们可以用货币单位来计量。假设我们希望测度个人消费从 x 到 x'，$x'>x$，给定初始禀赋 y，y 是计价标准，这时有四种可以采用的方式：补偿获益（CG）、补偿损失（CL）、等量损失（EL）、等量获益（EG）。实证结果表明，EG、EL 指数分别优于传统的 CL、CG 指数，然而，EG、CL 不够令人满意，只有少于半数的受访者愿意接受哪怕是最高补偿数额，CL 数额并不可信。不幸的是，EG 有同样的问题且导致大量相似的拒付。EL 和 CG 两者都发生较少的受访者拒付。CG 和 EL，EG 和 CL 之间的差别并不大，在合适的条件下，EL 可能是 CG 的有用替代手段。

Reiling 等（1990）研究了条件估值的时间可靠性问题，实证证实了 CV 是可靠的，不会随调查时间而变化。今后的调查者，应该重新考虑时间可靠性问题，尤其是用于对非使用价值估价或者受访者对情境缺乏经验的时候。另外，调查者还要注意到受访者缺乏对于非使用价值的经验、假设情境超出受访者理解估值问题的能力等问题。

Johnson 等（2002）研究了对公共物品陈述性偏好价值与空间因素之间的关系，他以农地使用中生态系统完整性的保护为研究对象。结果显示，空间特征会进入受访者的偏好函数，此时，空间特征无论有意还是无意都会影响受访者对复合环境物品或政策的偏好。而且，空间信息可以影响非空间变量的边际价值，潜在的改变基于福利政策选项的排序，如果去掉了空间特征，就会在求取边际或总 WTP 值时犯去除变量偏误的错误。

Gowdy（2004）研究了福利经济学革命及其对环境估值和政策的影响，这是一篇关于福利经济学的理论文献，他指出了帕累托改进作为政策指导时在理论上的缺陷，通过消费者选择公理可以筛选表达偏好，他还提出内生偏好在重构环境估值和政策方面的重要作用。主要表现有以下几种内生偏好：禀赋效应、程序相关偏好（process regarding preference）、时间不一致和双曲折现（time inconsistency and hyperbolic discounting）、有偏文化传递（biased cultural transmission）、其他有关（社会）偏好。尽管做了很多大胆的尝试试图去建立一个实际的、独立于价值判断的科学，但是新古典福利经济学还是带有伦理和意识形态的色彩。离开了伦理判断无法选择一个帕累托最优的分配。潜在的帕累托改进是社会福利函数的替代，但不幸的是它必须要比较人际间效用，从文献和与鼓吹者的谈话来判断，多数经济学家并不了解估计福利变化时面临的理论困难。作者赞成皮尔斯的观点："经济估价所做的就是测度人的偏好，从而支持或者反对环境状态的变化。"由于所有的政策都是人做出的，很明显，一些偏好的计算滞后于环境政策，这些偏好如何决定是争论的主题。50 年的理论分析研究清楚地表明，如果不作人际间效用比较就不可能作出福利判断。

Alberini（1995）研究了在 WTP 模型中使用两分式估值中离散调查支付值的选择问题。他用模拟的方法证实 CV 研究者在设计离散两分式调查时，最好在可能的情况下作一个后续研究，使用适中的支付值（不超过 4 ~ 6 个）避免把投标值设置在 WTP 的两端。Kristom（1990）研究了对于离散数据的非参数福利测度方法。他认为非参数方法减少了策略性行为。

Bockstael 和 McConnell（1980）研究了关于自然资源如何进行补偿变量和对等变量测度的问题。例如，公园、海滩、桥梁等公共设施的提供会被公众所选择，它们和纯公共品不同，因为后者无论公众是否喜欢，他们都可以自由进入并纳入其偏好函数。提供或者消灭诸如休憩地这样的自然资源物品，都会面临对巨大价格变化导致福利变化如何进行测度的难题。消费者剩余以前作为测度利益的一种普遍接受的手段，但是其很少取得满意的结果，也难以在对等变量和补偿变量之间加以选择。当 CV 和 EV 两种指标计算相差不大，都与马歇尔需求曲线下的区域相近的时候，可以等于消费者剩余 CS。在自然资源领域，学者们常常直接用 WTP 和 WTA 去测度福利变化。各种观点和实证已经证实 WTA 高于 WTP，WTP 的限制是收入，而 WTA 却不受收入的限制，并将由于正的收入效应而高于 WTP。Willig 曾经提出 WTP 和 WTA 相差不大，这种经验法则却存在以下三个问题。①价格变化太大时，需求曲线下面的区域不近似等于 WTP 或 WTA。②Willig 要求的 CV 和 EV 值之间的限度、马歇尔需求曲线下的消费者剩余都需要从观察数据和积分计算来估算马歇尔需求曲线，需要在相关的范围求出最小和最大的收入弹性。估计需求函数在某种程度上要求专断地去选择函数形式，由于价格变化等量很大，所以非线性和线性函数的误差都是大的。③如果不估计马歇尔需求曲线、收入弹性和计算消费者剩余，就不可能断言 WTP、WTA 之间的差别符合预期，不能计算差别是否反映了真实的测量误差。CVM 这种直接询问受访者的方法受到研究者的欢迎是由于它比较灵活，在其他方法不能用的时候还能使用，而且在经济计量方面不需要像旅行成本法那么巨大的样本量。但是其最致命的缺点是其不能辩驳性（证伪性）。如果我们能找出 Willig 边界，我们有更多的信息去估计需求曲线和消费者剩余，就不必求诸于直接访问技术了。我们缺乏有力的证据来表明可以得到对于失去资源的福利变化的一致性福利测度。当减少资源数量到零，意味着价格上升，这样很难用 Willg 误差边界来计算 CV 和 EV。总之，既然没有一个判断哪种方法优劣的标准存在，那么我们运用和发展直接技术就是有意义的。同时，找出需求函数，计算 Willg 边界，直觉上更能反映人类行为，这个领域将更富有成果。

Cameron（1991）研究了用两分式支付调查法评估非市场资源价值的估计区间问题。Mackenzie（1993）研究了条件偏好模型的比较问题。他们认为尽管存在缺陷，但是 CVM 方法仍然是一种最可行的估值方法，尤其是当宜人环境效用和市场物品效用强烈可分的时候。两分式调查有其优劣之处，在效果上它牺牲了信息效率但是避免了一些内在的开放式 CVM 调查中存在的偏误问题。John 还用三种条件估值方法进行了对比分析，认为条件等级法（contingent rating approach）是最有效率的调查方法。

Portney（1994）对 CVM 方法进行了反思，向经济学家提出了应该注意的问题。他对 NOAA 提出的 CVM 指南中的七个方面进行了强调：一是面对面的调查优于电话方式，后者又优于信件方式；二是防止未来某事发生的支付意愿优于已经发生事件的最小补偿意愿，虽然后者在理论上更适合对事故损失量的测度；三是两分式问卷优于开放边界式问卷；四是在调查开始时需要进行一个情景描述；

五是必须向受访者提醒该支付会减少其对其他物品的消费；六是受访者需要有一个与“对象物品”（commodity）不同的替代物品；七是需要有后续跟进的问题确保受访者理解其选择并发现这么选择的原因。无论经济学同行喜欢与否，CVM方法不可避免地会在公共政策领域扮演重要的角色。

从上述研究现状回顾中可以看出，西方国家的研究在时间上很久，在深度上比较深入，这些为我们的 CVM 问卷设计、结果检验等工作提供了很好的借鉴空间。尤其要注意在问卷设计和进行阶段防止或减少一些偏误的发生。

8.3 调查设计与理论模型

我们试图将缺乏市场的农地作为一种类似于“环境资源”的公共物品和服务，通过询问受访者的支付和受偿意愿，运用福利经济学理论推导出该物品的价值数额。

8.3.1 问卷的整体设计

一是由于受访者对土地比较熟悉，问卷不需要对土地特征过多描述；为防止 WTA 值过大，可在问卷的其他部分设计一个农地收益评价问题，对受访者间接地给予提示，即农地评价不能偏离农地经济价值太远。二是避免提问的学术化，尽量将问题通俗化、口语化，让受访者听得懂。提问的过于学术化只能导致受访者的反感或敷衍。三是考虑农民对土地的权利认知，对于原本属于他们的东西他们可能会拒绝支付。在 WTP、WTA 提问设计时要假设一个环境，让他们更乐于对支付问题给出回答，减少拒答率。

8.3.2 社会经济信息变量的设置

受访者个人、家庭及其所在地区的社会经济状况可能对验证 CVM 有效性具有重要意义，根据理论预期和预调查情况，可初步选择 12 个变量作为因变量（WTA/WTP）的解释变量。这些变量大致分为三类：受访者个人和家庭特征、区位特征、地区经济特征。GDP 表示所在区域人均国内生产总值，一般认为经济越是发达的地区，农地价值越高；MDP 是家庭月生活支出水平，由于调查认为直接询问收入水平可能导致信息失真，所以询问了其月生活支出水平作为其收入水平的替代，一般认为，收入水平越高，月支出水平越高；CPL 代表土地被征者上次被征土地时的平均受偿水平，用总补偿额除以总被征土地数量来表示；OWN 代表产权认知，认为承包土地属于个人所有的设置值为 1，认为属于国家、政府或者其他主体的设置为 0；OLD 代表受访者年龄；SEX 代表受访者性别；POP 代表受访者家庭总人口；EDU 代表受访者受教育年限；RLD 代表受访者家庭是否还有承包地；RGI 代表不同的调查区域距省会城市的距离；DIS 代表受访者所在村距城市中心的距离；PRF 代表受访者认为种植粮食等作物的盈利水平。

8.3.3 核心估值问题的设计

第一，本次调查采取 WTA、WTP 同时调查比对的方法，我们认为 WTA 一般不会出现零补偿意愿值，WTP 会出现拒绝支付的可能，一旦出现，以零取值，所以，不设置受访者是否同意支付（或接受）的表决型问题。第二，由于受样本容量、调查时间限制等原因，采取支付卡式问题，在预调查中试行了双边界二分式设计，正式调查一律采取支付卡式设计，可以等待以后研究条件允许的时候再以二分式作对比研究。第三，以传统的农业种植效益还原土地价值（尽管这种方法不能代表土地的真实价值）一般在 5 万元以下，即亩年均纯收入 1000 元除以还原利率 3% ~5% 来计算；调查区域实际发生征地的亩均补偿水平也在 5 万元以下；预调查证实了设置的投标值基本符合要求。基于以上三个考虑，我们将投标值设为 11 个，从每亩 0.75 万元到 10.5 万元，同时考虑到更高或更低的投标可能，将高于最高投标值和低于最低投标值之外的投标值设置自由赋值选项，即受访者可以自由给出投标值。第四，在核心估值问题之前应该提醒受访者注意收入约束和对标的价值的理性认识，所以我们提前设计了两个问题：询问种植业年收益数额以防止过高的投标值；询问实际受偿金额给出一个投标大致的参考。

8.3.4 支付方式、支付年限

由于以土地价值为标的物，WTA 估值问题是：“假设政策允许您可以将自己承包使用的农田转让或卖给其他个人或者企业用于建设住宅或厂房，或者被政府征用，那么您认为您可以接受的最少补偿价格每亩是多少钱。”WTP 估值问题是：“如果本村集体通过土地整理等手段增加了一些耕地，目前有部分农田对外出售，本村村民优先购买，年限是无限期，这类土地可以用于建设住宅、工厂等，您也可以继续农业种植或者等待以后自由出售，但是需要您出价购买，请问您最多愿意支付多少钱。”农民对农地所能产生以及预期今后能够产生的收益一般比较熟悉，对于农地具有的社会保障、心理上具有的效用感受更为深刻。加之种植收益和补偿方式都以货币为主，所以支付（或接受，下同）方式采用货币，支付单位为一次性，由于征地使农民永远失去集体土地，所以支付年限为永久。

8.3.5 预调查

我们选择了武汉市江夏区和洪山区6个村105个农户、福建省将乐县5个农户进行了预调查。共有17个调查员（15人为研究生，2人为本科生）参加，他们一方面熟悉问卷的内容，获取调查经验，提高提问技巧，另一方面发现核心估值可能存在的问题。通过预调查，我们发现了估值问题设计学术化味道较浓导致农户难以理解的问题，经过研究小组多次讨论，对估值问题多次修改，使其既能获得调查者需要的信息，又能使语言通俗化，农户容易理解和配合回答。另外，我们还增加了WTP问题，以使研究者可以对二者加以对比。

8.3.6 样本容量和抽样原则

根据其他学者提供的经验，开放式问卷样本量应该大于300，所以我们将300份问卷作为调查的目标。在抽样原则上，以省会城市为中心，按距离远近选择4个城市：武汉、仙桃、荆门、宜昌为调查地区，在每个地区，有意识地选择距离该城市中心由远及近的村作为样本村，在每个村，采取随机入户的方式挑选土地曾经被征的农户作为面访对象。

8.3.7 理论基础

理论基础是CG和CL指标计算①补偿获益（CG）：假设个人拥有数量x，y，$CG(x, x', y)$是个人为了增加x消费所愿意最大支付的Y货币。②补偿损失（CL）：假定个人初始禀赋是x'，y，$CL(x, x', y)$是个人将x消费减少所愿意接受的最小补偿。按照Beteman的理论，CG、CL不如EG、EL指标好，但是土地是一种特殊的带有非市场性质的物品，加之要考虑到受访农民对土地拥有使用权的认知和现实基础，很难测度EG和EL。土地和环境物品的差异是很大的，对于环境物品可以询问支付货币来避免环境变差，而对土地而言本来就归农民承包，要他们回答支付货币来防止土地数量减少或者回答接受货币来放弃土地数量增加的问题是很不现实的。另外，农民的受教育水平（8.2年）也限制了他们对这类问题的理解，如果强行询问这些问题，可能导致很高的拒绝回答率或者消极的、不严肃的回答。基于这些考虑，我们宁可选择CG、CL指标。

8.4 研究区域情况及农户认知、特征

本次调查按照距离省会武汉这个特大城市由远及近选择了3个地区：仙桃、

荆门和宜昌，加上武汉市，共涉及 12 个县（市、区），25 个村，收回有效样本 398 份。为了对受访者特征、受访者对于征地政策的态度等作一个全面了解，下面对这些方面作一一描述。

8.4.1 受访者是否愿意土地被征

从统计结果来看，大部分的农户（89%）不愿意土地被征（图 8-1）。其原因主要是世代种地，失去农地后不仅就业很难，而且基本生活会受到不同程度的影响，缺乏安全感。

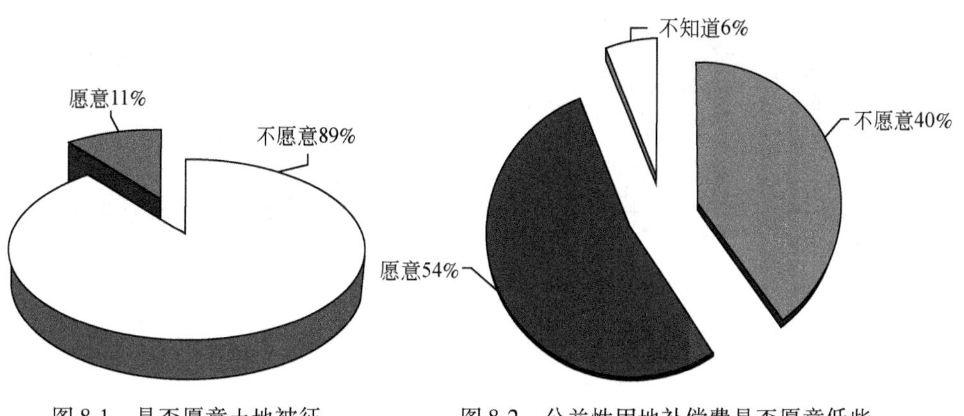

图 8-1　是否愿意土地被征　　图 8-2　公益性用地补偿费是否愿意低些

8.4.2 受访者是否愿意降低补偿金额

该问题主要调查农户对征地后土地用途的态度。调查者特意分别询问了受访者对于公益性事业征地和经营性征地时是否愿意降低补偿金额的态度差异，结果显示超过一半的人愿意在国家公益事业征地时获得较低的补偿费，即为国家建设作出一定的牺牲。但是仍然有 40% 的人持反对态度，他们认为不管是否公益事业，都应该给予公平合理的补偿，保障其基本生活。对于经营性用地，农户的态度发生了巨大的转变，愿意的人从 54% 剧降到 6%。这说明了农户对非公益性质征地较低补偿费的一种抗议，也可推论部分农户对于确保国家公益建设需要的征地愿意作出一些牺牲，如图 8-2 和图 8-3 所示。

8.4.3 对现行补偿政策和金额是否满意

可能是由于调查区域的原因，绝大部分的受访者对现行地方政府执行的补偿政策和金额不满意，有89%的受访者对征地政策不满意，93%的受访者对补偿金额不满意，而且对补偿金额的不满意程度大于对补偿政策的不满意程度（图8-4和图8-5）。部分农户认为，国家的政策是好的，到了下面往往变差。这有力地说明了我们有必要对现行的征地补偿制度和政策，或者对政策的执行情况加以深刻的反思。

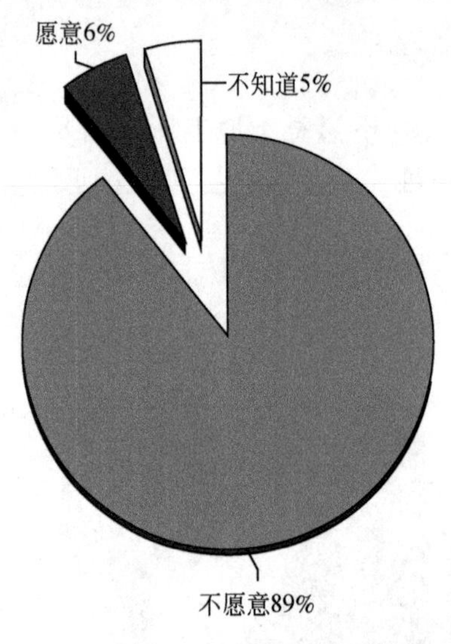

图8-3　经营性用地是否愿意补偿低些

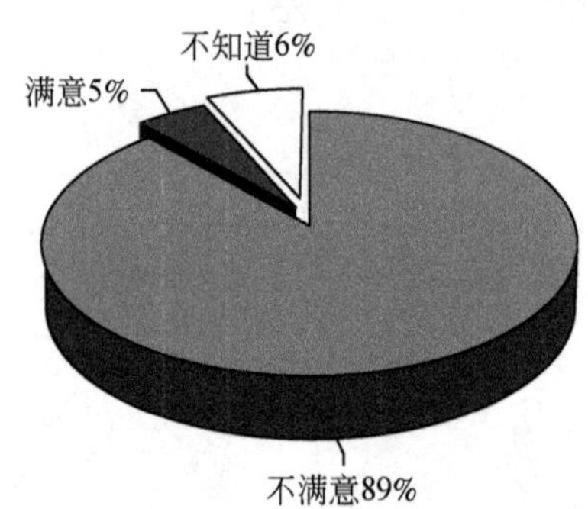

图8-4　对征地政策是否满意

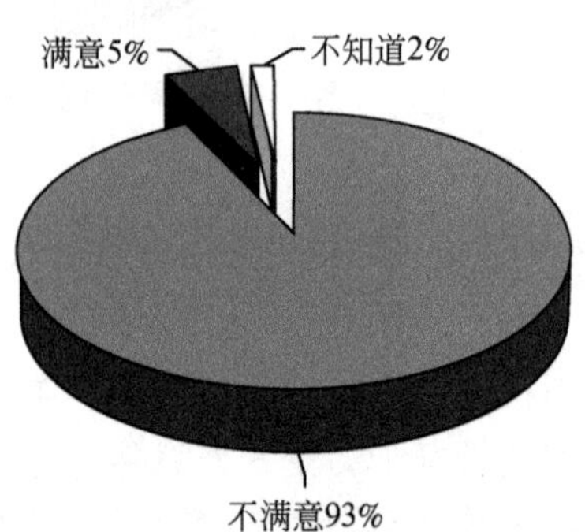

图8-5　对征收补偿金额是否满意

8.4.4　最近一次征地中农户实际获得的补偿额度

由于调查是随机的，一些农户的农地被征发生在2000年甚至更早，但我们只以最近的一次作为调查内容。398个农户平均每亩获得的补偿费为11 643.17元，这包含了他们分得的少量土地补偿费、劳力安置费和青苗及地上附着物补偿费。要说明的是，由于本次调查中农户的最近一次征地可能发生在几年前，当时获得的补偿较低，这拉低了平均的补偿水平。而且我们发现有很大比例的补偿费被村集体留用，农民获得的绝对数额显著降低。从调查来看，尽管这些年来国家不断加大失地农民保护的力度，农民实际获得的补偿金额有所提高，但是整体提高幅度不大，农民利益仍然受到较大的损害（图 8-6）。只有 12% 的农户获得的亩均补偿费高于 20 000 元，而 20 000 元只相当于城市里一个普通公务员一年的工资收入。398 个受访农户中只有 12 户收到的补偿高于 40 000 元，且最高的也只有 60 000 元，比较高的原因主要是承包鱼塘获得的补偿。

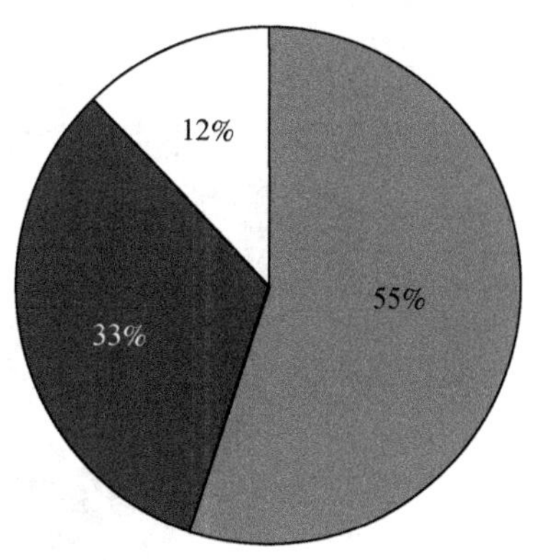

图 8-6　最近一次征地实际每亩获得的补偿金额

8.4.5　农户的土地产权认知

不同的产权有不同的价值评价。承包农地到底属于个人所有还是集体、政府、国家所有，农户存在着模糊的认识，这无疑与我国土地制度的历史有关。产权认识

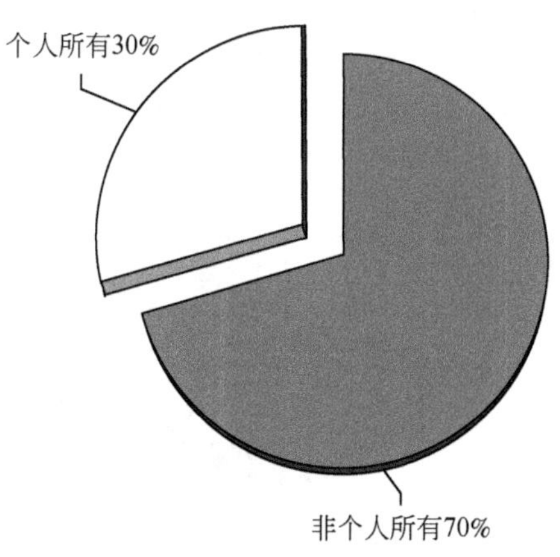

图 8-7　承包土地产权认知

的模糊，可能对于农户进行稳定的农业投资和农户对农地的价值认知产生影响，大多数农户认为土地属于国家所有，国家拥有最后的所有权，他们只有使用权。只有30%的农户认为承包农地属于他们个人所有（图8-7）。另外，农户对诸如所有权和使用权这样的法律概念很难加以清晰地认识和区分，他们重视的是承包权。

8.4.6 受访者年龄构成

将受访者年龄分为四组，35岁以下为青年，36~44岁为中青年，45~59岁为中年，大于59岁为老年。从统计来看，受访者以中青年为主，占到了65%（图8-8）。

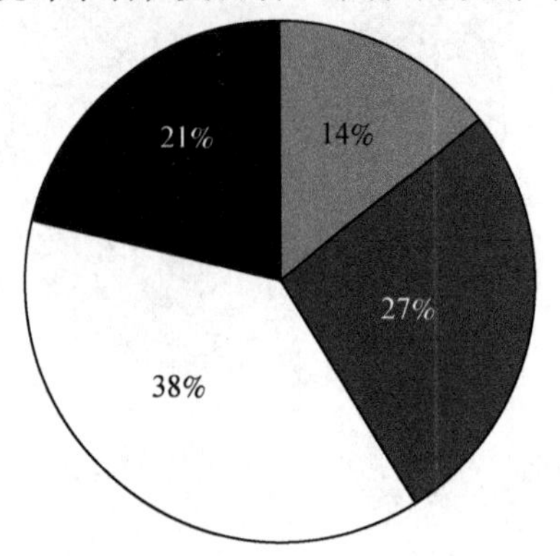

图8-8 受访者年龄构成图

8.4.7 受访者性别构成

在受访者中，男性占的比例为65%，女性占35%。性别对支付或受偿意愿的影响方向是未知的。例如，男性收入较高，对失去农地的补偿意愿随之增高，但是他们有更多的非农劳动技能和收入渠道，反而可能并不在意农地的收入功能，从而给出较低的评价。

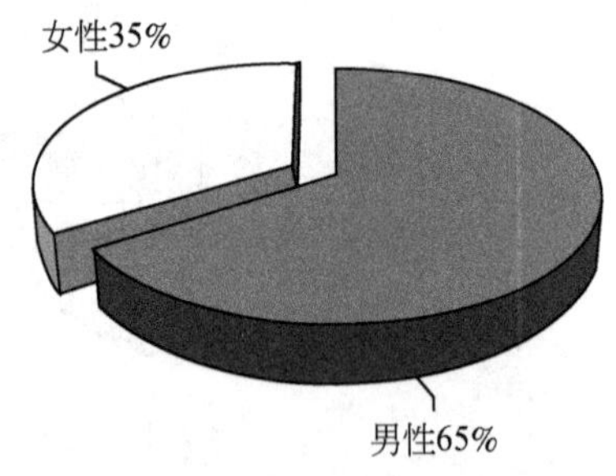

图8-9 受访者性别构成图

8.4.8 受访者受教育程度

初中及以下教育程度的受访农户占了72%，文盲占8%，高中占19%，如图8-10所示。全部受访者平均受教育年限为8.2年，相当于初中毕业受教育水平，反映了目前农村较低的国民教育水平。

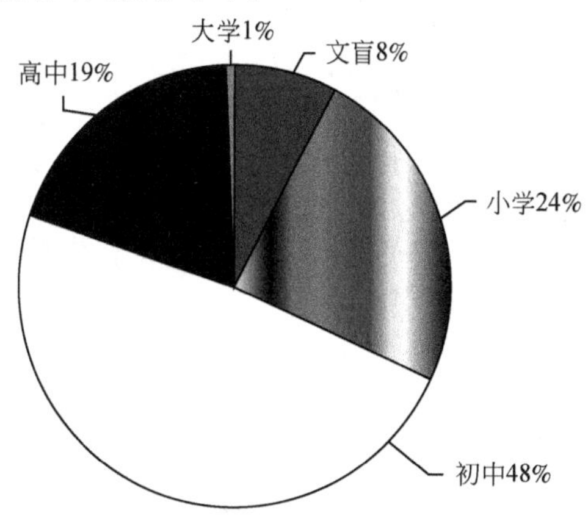

图8-10 受访者受教育年限结构图

8.4.9 受访者家庭人口规模

受访家庭人口规模平均为4.1人，其中3~4人的家庭占到了51%，属于典型家庭的规模。5~6人的家庭占到33%，7人以上的占到5%，1~2人的占到11%（图8-11）。

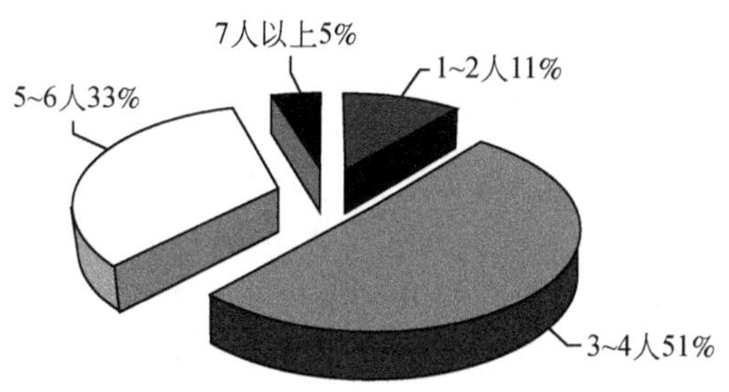

图8-11 家庭人口规模构成图

8.5 WTA及WTP值的计算及相关检验

将WTA（WTP）的投标值作为因变量，以选取的12个影响因素作为自变量

进行计量分析，运用多元回归模型，得

WTP(WTA)

=f(GDP，CPL，EDU，OLD，SEX，POP，PRO，DIS，RGI，MDP，OWN，RLD)

对函数形式采用线性回归分析。各变量的定义、描述性统计及其预期作用方向如表 8-1 所示。

表 8-1　变量定义及其预期作用方向

变　量	定　义	预期作用方向
WTA	失去一亩土地愿意接受补偿的最低金额	\
WTP	获得一亩土地愿意支付的最高数额	\
GDP	所在区域人均国内生产总值	+
MDP	受访者家庭每月生活开支	+
CPL	上次征地亩均补偿水平	+
OWN	受访者土地产权认知	+
OLD	受访者年龄	±
SEX	受访者性别	±
POP	受访者家庭人口	+
EDU	受访者受教育水平	±
RLD	是否还有土地	±
RGI	距省会城市距离	-
DIS	距最近城市中心的距离	-
PRF	种植粮食作物每亩可获得收益	+

8.5.1　WTA 分析结果

8.5.1.1　接受意愿分布

本次调查设置了 11 个投标值，考虑到受访者可能有更高的接受意愿，我们设置了自由投标值选项，一共收回问卷 398 份，其中有效问卷 389 份，有效率为 97.7%。接受意愿值从 600 元/亩到 80 万元/亩都有分布。标准差为 9.47 万元，方差为 89.6 万元。采取分组方法，各组的分布情况如图 8-12 所示。

8.5.1.2　平均接受意愿

有学者认为，超出受访者家庭年收入一定比例的支付意愿是可以剔除的，但是接受意愿则不应该受此限制，在保留全部样本的前提下，用全部接受意愿投标值的算术平均值计算，平均接受意愿为 8.22 万元。如果剔除高于 30 万元和低于 1000 元这样的样本，则平均补偿意愿为 7.06 万元。

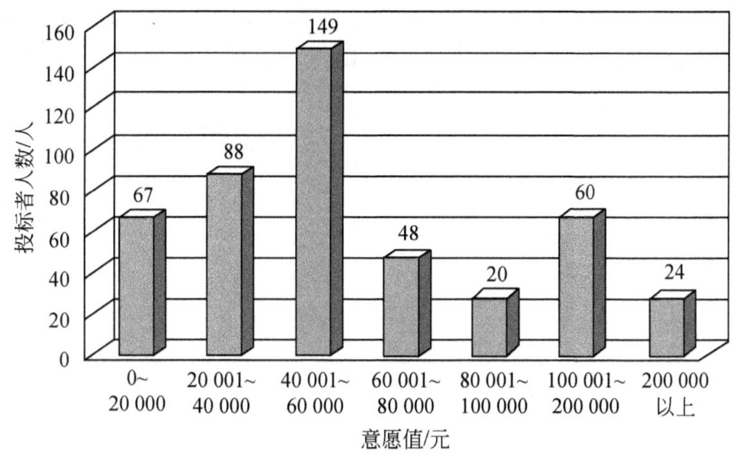

图 8-12　接受意愿值分布

8.5.1.3　有效性检验及意愿影响因素

有学者（张翼飞和刘宇辉，2007）认为，自 1993 年后，国际上 CVM 相关文献从实施实验并报告内容和结果向检验结果的有效性、可靠性转变。特别是在发展中国家，社会与经济的发展程度使得 CVM 的应用存在特殊的影响因素，缺乏有效性、可靠性检验的应用研究结果一直受到广泛质疑。有效性和可靠性是方法论中度量方法的基本指标。CVM 方法的有效性指测量出的理论值的“准确度”，可靠性指“一致性”和“再现性”。有效性主要包括收敛有效性、内容有效性和理论有效性，其中理论有效性是验证 CVM 是否有效的基础。理论有效性指 CVM 的调查结果与传统经济理论的一致性，其实质是说明 CVM 主要评估的“非使用价值”是否应纳入决策制定过程以及能否被可靠计量。由于本次调查条件的限制，不能进行可靠性检验，这里只进行有效性检验，将 WTP 值对传统的经济变量回归视是验证理论有效性的常用方法（表 8-2、表 8-3）。

表 8-2　WTA 值的变量回归结果

WTA	系　数	t 值	显著性
常数	179 791.9	4.667	0.000 ***
GDP	-2.69	-3.299	0.001 ***
CPL	1.154	2.422	0.016 ***
MDP	2.563	0.462	0.645
OWS	-642.554	-0.064	0.949
OLD	-296.423	-0.691	0.490

续表

WTA	系　数	t 值	显著性
SEX	-1 816.201	-0.176	0.860
POP	3 173.312	0.956	0.340
EDU	-126.874	-0.07	0.944
RLD	-5 606.216	-0.538	0.591
RGI	-136.456	-3.660	0.000***
DIS	-3 488.106	-3.532	0.000***
PRF	-0.6	-0.308	0.758

*** 表示 5% 的显著水平；** 表示 10% 的显著水平；* 表示略低于 10% 的显著水平

表 8-3　WTA 回归模型的概要结果

R	R^2	Adjusted R^2	F	F 显著性
0.368	0.135	0.108	4.891	0.0

从结果来看，常数项和四个解释变量分别在不同的显著水平上通过检验。一是人均 GDP 水平和 WTA 呈负相关关系，这和理论预期相反，但这并不意味着地区经济越发达，农民的接受意愿就越低。因为地区经济发展水平并不能代表本地居民和农民的福利水平，即使在人均 GDP 统计数字较高的地区，如果农民不能分享到地区经济发展的成果，实际收入较低，那他们反而可能降低对农地的价值评判。二是 WTA 值和上次征地补偿水平，呈正相关关系，这说明了政府过去的补偿标准会潜在地影响到农民对接受意愿的赋值，部分农户可能依据上次接受的补偿标准来接受补偿，至少不会低于上次补偿标准。三是 WTA 值和离省会城市（或区域中心城市）的距离呈显著的负相关关系，距离越远，接受意愿越低。四是 WTA 值和离最近城市中心的距离，也呈显著的负相关关系。最近的城市中心，一般就是该地的行政和经济中心，距离越远，接受意愿越低。这基本都符合我们的理论假设和经济原理。

8.5.2　WTP 分析结果

8.5.2.1　支付意愿分布

由于本次调查没有在武汉调查支付意愿，这减少了样本量，所以只获得了 287 个样本，其中有效样本 250 个，占 87.1%；拒绝回答样本 37 个，占 12.9%，拒绝回答率远高于受偿意愿调查问卷。尽管事先受到高度重视，多次反复设计问卷，还是有较高的拒答率，但是这在意料之中。支付意愿的最小值为 0.1 万元，最高值为 80 万元，标准差 9.53 万元，具体分布如图 8-13 所示。

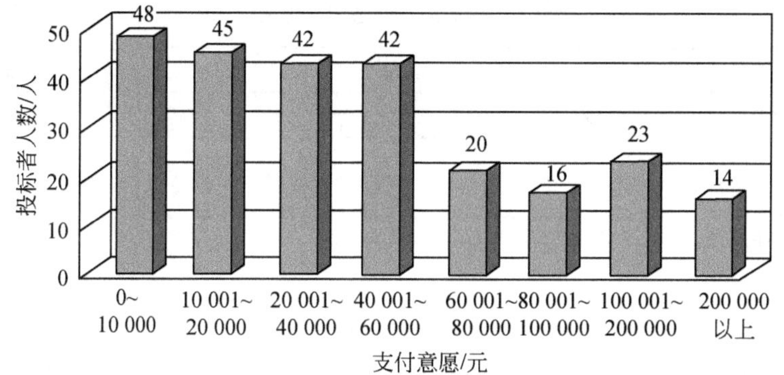

图 8-13　支付意愿值分布图

8.5.2.2　平均支付意愿

对全部样本的投标值取算术平均值得到平均支付意愿为 6.58 万元，这是剔除了零支付意愿（包括拒绝回答）样本后得出的值。

8.5.2.3　有效性检验及意愿影响因素

同理，我们对支付意愿进行有效性检验。从表 8-4 可以看出：一是人均 GDP 不再显著，而且与 WTP 的关系变成了正相关，这说明地区发展水平对意愿价值的作用呈现复杂性；二是最近一次征地补偿水平与 WTP 呈正相关，显著性通过检验，而且系数值基本与接受意愿相同；三是 WTP 与离省会城市距离呈负相关，通过检验；四是 WTP 与离最近城市中心距离呈负相关，通过检验。

表 8-4　WTA 的变量回归结果

WTA	系　数	t 值	显著性
常数	147 583.5	2.284	0.023 ***
GDP	1.58	0.374	0.709
CPL	1.172	1.582	0.115 *
MDP	1.242	−0.208	0.836
OWS	3 880.104	−0.308	0.758
OLD	−485.947	−0.929	0.354
SEX	11 007.399	−0.835	0.404
POP	2 035.37	−0.503	0.615
EDU	−2 213.856	−0.503	0.615
RLD	−9 842.144	−0.761	0.447
RGI	−268.631	−2.856	0.005 ***
DIS	−2913.168	−1.657	0.099 **
PRF	−0.426	−0.189	0.851

*** 表示 5% 的显著水平；** 表示 10% 的显著水平；* 表示略低于 10% 的显著水平

表 8-5　WTA 回归模型的概要结果

R	R^2	Adjusted R^2	F	F 显著性
0.408	0.166	0.124	3.944	0.0

8.5.3　WTA、WTP 有效性检验的比较

上述对意愿值的有效性分别进行的检验结果显示，受访者特征，包括年龄、家庭人口规模、受教育程度、性别变量都不显著，这与周应恒研究的结论非常相似。农户是否还有土地及他们认为承包农地属于谁所有，以及种田的效益高低对意愿值的影响都不显著。上次征地补偿水平以及离省会城市和最近城市中心距离都在不同的显著水平下通过检验，其中上次补偿水平的研究结果与上述孔祥智的研究结论非常相似。人均 GDP 的影响呈现复杂性，这或者与调查问卷本身的设计不够完善有关，或者与没有选择更好的调查变量有关。

8.6　WTA 和 WTP 的比较与取舍

上述统计结果显示，对农地数量变化所带来的福利度量指标方面，WTA 平均值为 8.22 万元，WTP 平均值为 6.58 万元，前者比后者高 1.64 万元，高出 25%。从国际上 CVM 研究的经验来看，这种差异的存在是毫不奇怪的，而且差别程度并不很大。据蔡银莺（2007）的研究，在 CVM 的早期研究中，Hammack 和 Brown（1974）以 WTP 和 WTA 两种问卷数据计算了水禽的外部效益，结果两者相差 3 倍多。随后，有更多学者得出类似结论。许多的经济学家对影响 WTP 和 WTA 结果差异的原因作了解释（Knetsch and Siden，1984；Knetsch，1989；Kahneman，1991；Hanemann，1991），认为它们之间的偏差并不是因为消费者的非理性形成的，而是与环境商品和其他商品的替代程度有着系统的联系。当环境商品与其他商品完全可替代的情况下，WTA 和 WTP 相等；而当环境商品和其他商品完全不可替代的情况下，消费者为了避免损失，对损失的评价高于对等价收益的评价，由此，WTP 高于 WTA。从本书的标的——土地价值来看，土地如果能看做一种具有独特特性的商品的话，它的替代物就是货币，二者之间具有很强的替代性，但不是完全可替代的，所以 WTA 和 WTP 之间尽管有差距，但是差距不会很大。本书研究的结果证实了二者的差距不是很大，只有 25%。从国际上一般采取 WTP 作为物品价值度量的做法来看，我们选取 WTP 值作为农地价值的近似评价。从 6.58 万元这个数值来看，远远高于目前粮食作物所产生收益还原而来的价值。较高的数值恰恰反映了城市边界区农地价值受到城市化影响而价值

较高的实际，而且我们已经证明了距离城市越远农地价值越低的规律，在远离城市的地区，支付和接受意愿的价格较低，农地价值随之降低。

8.7 农地征收中对产权主体补偿标准的探讨

土地征收是对农地所有权的剥夺，国家规定征收时应该给予合理补偿，但是何谓合理却存在诸多疑问和争论。从字面上来看，补偿不是赔偿，更不是购买，这就意味着补偿标准的制定权在于国家这个强权的征收方。何时征收、征收何地、什么标准以及是否符合各种规划都由国家说了算，这是很不对等的一种“交易”。土地征收常常被认为是为了发展社会公益事业、加快推进地方社会和经济发展所必须采用的一种制度安排。尽管世界各国都有土地征收的做法，但是中国长期以来实行土地公有制和计划经济的传统使得我国的征地制度具有自己的特色，这种特色在某个历史阶段可能被认为是我们的一种制度优势，它可以迅速地获得土地用于建设，从而获得较快的发展速度，但是时代的变革已经或将要证明这种制度的局限性和弊端。政府主导的征地不仅使得大量耕地迅速非农化，而且使得广大被征地农民的利益受到不同程度的侵害，变革制度已经成为社会共识。

8.7.1 国际上的主要做法

国外的土地征收制度尽管大多基于他们的土地私有制度，但是从保护财产权的全球共同的价值观念和潮流来看，国外的土地征收制度对我们还是具有一定借鉴意义的。国外一般采取的是按照市场价值补偿的办法，政府征收私人的土地是对私人财产权的伤害，因此，几乎每个国家，对于征收私人土地财产都会采取补偿的政策（韩乾，2005）。通常政府机构决定征收某块土地时，都会事先告诉所有权人，而且会与被征收人协商一个可能被接受的市场价格。如果协商不成，则会请求一个仲裁机构重新估计土地的市场价格，再加上迁移花费等损失补偿。在实际操作中，多数征收都是经由协商来达成的，而运用强制手段的并不多。而且所达成的价格与照价收买没有太大的差别。但是因为政府有征收的权力作为后盾，被征收人也不会过分要价。最后双方达成的价格多半是市场价格。通常，多数征收者都不会同意所有权人要求的全价补偿。这是西方国家的一般做法，尽管每个国家还有自己的不同做法，但是这些做法相差不大。例如，加拿大联邦政府和安大略等六省，从1970年起改采市场价值为补偿的基础。所谓市场价值是指在公开市场出售、买卖双方所达成一致的、愿意接受的价值。而市场价值的认定是要在征收消息分布之前、市场稳定状况下的价值。在美国，大多数法院对于征收者价值与被征收者价值的观念都不采纳，而认为合理的补偿应该是公平的市场价值或者是买卖双方都愿意接受的价格。连带的损失，如搬迁费用、个人的不便、对营业的中断等是不计算在内的。但是对于所有权人存留部分的土地所造成价值上的减损则可以包括在内。田纳西流域管理局认为合理的补偿，应该能够维持所有权人的福利状况与被征收之前具有同样水平的价值。德国的做法是以政府公布土地征用时土地的市场价格为准。对于农业用地，补偿费等于被收回土地的现行市价。在田地被分割和切断的情况下，必须根据下面四种情况支付：①花在路上的时间长了，要多买汽油；②受走弯路之苦；③土地边界增加带来的损害补偿金；④被损坏的土地界址带来的损失。日本的做法是补偿的金额要按照法律规定的方法进行计算。按被征用财产的正常市场交易价格计价，并按签订合同时的价格计价，对以后价格变动的差额不再进行追加（王正立和刘丽，2004）。

8.7.2 改革现行征地补偿制度的必要性

我国的土地征收制度与农地产权制度密切相关。出于社会公平、防止两极分化、为农民提供基本生产资料和生活保障的目的，农地制度一直有集体拥有所有权、农民拥有承包权的特点。农地所有权是不能自由交易的，承包权的流转也面临诸多的限制条件，这些难以流动、缺乏转让权的制度安排实际上是对权利的一种潜在限制，这种限制不能真实表达和实现权利的货币价值。产权的天然缺陷使得政府在面对产权侵害时具有得天独厚的优势，因为这些产权没有市场价值，或者说根本就没有市场，那么政府到底在征收时补偿多少，农民没有发言权。

在经济发展程度较高、财力日益雄厚的形势下，整个国家的发展理念会发生变化。经济增长速度不再是最重要的目标，生态和环境优美、较高的生活质量、社会的公平等变得更为重要。建设和谐社会、建设社会主义新农村等口号真实反映了人民的呼声和迫切需要。我们已经有能力、有财力采取工业反哺农业、城市反哺农村的战略了。重视和维护农民的土地财产权利，在认识农地价值的基础之上，不断提高征地补偿水平，让补偿逐步接近和达到市场价格，达到像美国田纳西流域管理局那样“维持所有权人的福利状况与被征收之前同样水平”，应该也是完全可以做到的。以前瞻性的眼光来看，我国目前的农村土地集体所有制也不是“亘古不变”的，在今后可能出现的农地可以自由交易的情况下，农地的价值将会被市场所揭示。

在农地缺乏所有权交易市场及价格的背景下，我们试图通过基于福利变化测度理论的 CVM 手段，借助于受访农户对土地价值的主观评价，获得农地价值的数量测度。尽管这种测度存在不足和有待完善之处，但还是可以为决策者提供一个数量上的决策依据。进一步地，在获得了农地价值的有关信息后，如何检视现行的土地征收制度和政策并提出改进的方向，下文将对此进行论述。

8.7.3 远期的土地征收补偿政策思路

由于社会制度尤其是土地所有权公有制的原因，长期以来，集体的土地所有权利和农民的土地承包权利未得到起码的尊重和足够的补偿，集体和农民的经济利益饱受侵害，这不仅让农民不满、社会不稳，而且在很大程度上损害了土地资源的优化配置，导致宏观经济的发展也出现了许多问题，如投资增长幅度过大、房地产泡沫、开发区肆虐等，最终伤害的是全体国民的福利。问题的根源还是出在征地制度，尤其是补偿制度方面。按国际通行的做法，多数征收都是经由协商达成的，而运用强制手段的并不多，关键的问题是如何给予合理的补偿。一般认为，征收土地应该给予市场价值对等的补偿，所谓市场价值，是指在公开市场出售，买卖双方所达成一致的、愿意接受的价值。如果协商不成，则会请求一个仲裁机构重新估计土地的市场价格，再加上迁移花费等损失补偿。所以，远期来看，政府逐步退出非公益用地的征收行为，将其交由其他机构甚至用地者自己来做。对于公益性用地政府也应该按照公开的市场价值来补偿失地农民及集体，不过标准可以略低一点，因为农民也是社会经济发展和基础设施改善的受益者。

8.7.4 近期的土地征收补偿政策思路

农地价值理论的研究表明，农地的价值绝不仅仅等于农业生产力产生效益的折现之和。在缺乏所有权市场、国家土地法律近期不会做大改动的前提下，完全可以在框架之内做一些制度的改进。这种改进的基本原则就是尊重农地的全部价值，给予农民足够的补偿，其形式可以多样化。本书的研究结果已经显示，农地的价值平均值（中部经济欠发达地区）取 WTP 值为代表是 6.58 万元，这个值的含义是城市郊区的农地价值平均值，不同的区位有不同的价值。而据本次调查，全部样本的最近一次补偿水平只有 1.1643 万元，是前者的 17.7%，不到 20%。当然即使考虑到村集体留用的部分，这个比例最多达到 40% 左右。从补偿标准的绝对数额看，现行征地补偿标准严重侵害了农民利益，所以必须进一步提高补偿标准。本书的研究还显示距离和区位是影响农地价值的重要因素，这和土地经济学的基本理论相符，距离区域中心城市越近、距离县级城市中心越近，享有的级差地租越高，农地价值或者说潜在的未能体现的农地价值越高，客观上需要更高的补偿。所以，基于农地价格的区位性特征，需要将农地区位作为征地补偿重点考虑的因素。当前一些地方已经或正在制定区片综合地价，这种办法是一种积极的政策改进，应该可以作为目前征地制度改革的一个过渡性措施加以推广，区片综合地价在一定程度上反映了农地的真实价值。但是需要防止的问题就是政府直接制定区片综合地价，这可能会导致“既当运动员又当裁判员”的问题，应该交由有关中介机构或者学术研究机构独立地、依据科学的估价规程进行区片价制定。

8.7.5 逐步提高补偿标准，采取多元化的补偿形式

应该以农地的全部价值作为制定补偿标准的指导依据并向这个方向努力。尽管存在法律最高补偿倍数不能超过年产值30倍的条文限制，但是也有国家政策明确指出，如果30倍年产值的补偿仍然不能保持被征地农民原有生活标准的，可以从出让金等资金中列支。在我国部分经济发达地区，突破30倍年产值进行补偿的早已有之。所以逐步提高补偿标准是可行的，尤其在经济较为发达、经济实力雄厚的地区。关键的问题是征地补偿标准的制定原则必须考虑到农地所具有的种种功能。站在农民的福利角度，农民往往并不重视农地具有的所谓国家粮食和生态安全功能，他们所重视的是农地具有的社会保障、就业等功能。农地被征的农民，如果连基本的生活都不能保证，那么这不仅不是法律的本意，也不符合社会发展的方向，更不利于社会稳定。或者可以这么说，这不仅不利于农民，而且不利于整个社会。社会保障问题是决策者需要考虑的首要问题。第一，提高征地补偿标准的主要部分应该优先用在社会保障资金的缴纳上。这是多数农民所期盼和最为关注的。第二，建议以省为行政单元，应该有统一的社会保障缴纳标准并将其纳入征地成本的强制性规定。第三，应该由专业机构和人士对缴纳社会保障费的标准进行精算。第四，为解决以前失地农民未进入社保的历史遗留问题，需要建立政府控制的社保资金筹措机制，逐步解决历史遗留问题，不能让以前的失地农民被排斥在社保之外，导致新的社会不公，不能因为是历史问题就忘了旧账。第五，从国家或省（市、区）的更大区域来讲，由于区位差异使得农地价值会有较大的差别，因此，一旦某些地区的地价较低，不能保证社保资金缴纳的时候，国家或省（市、区）有关部门有责任建立调控基金，对地价较低地区社保资金账户的不足部分进行补足。第六，需要重新思考国家收取的有关费用（如新增建设用地有偿使用费）的用途和标准问题。费用太高，必然压低农民应得的部分；如果在中西部地区降低收费标准，会给失地农民的社保资金提供更大的余地。中央和省获得的有关费用，除了用于土地开发耕地保护这种给整个社会带来利益的事业之外，应该拿出一部分对失地农民的社保账户进行支持，尤其是对一些经济不发达、农地本来价值就不高、用地供求形势不紧张的地区。

8.8 本章小结

本书试图运用CVM的方法对农地的价值作评价，这种方法不同于传统的估

价方法，是一种有益的尝试，可以为决策者提供政策制定的参考。

1）从 WTP 和 WTA 的计算结果来看，WTA 高于 WTP，这完全和国际通行的研究结论相符，但是两者差距不是很大，WTA 比 WTP 值高出 25%，每亩 1.64 万元，可以采纳 WTP 作为农地的价值估计量。WTP 值和实际获得补偿值之间的差额乘以征地数量可以视为农民福利损失量的总额。

2）本书研究的农地价值计量与实际补偿标准的巨大差距为我们今后逐步提高补偿标准提供了理论依据。

3）在影响支付或接受意愿的因素中，具有显著影响的因素是最近一次农民实际获得的补偿水平、离省会城市的距离、离最近城市中心的距离，这显示了城市和区位对农地价值具有的巨大影响，这也为征地区片地价政策的完善提供了理论依据。并且本书认为，区片综合地价是一种可行的制度改进，应予推广。

4）本书选取的样本位于城市郊区，所以农地价值相对较高，对于城市远郊的农地可能需要另外的估价方法，但是这不影响决策者在制定区片综合地价时对远郊农地赋予较低的补偿标准。

当然，由于是一种尝试，本书存在以下不足和有待商榷、完善的地方。

1）关于农地价值权利内涵的界定。这个问题一直困扰研究者，在受访者对农地价值赋值之前，必须对农地的权利内涵加以准确的定义，不同的权利其价值必然不同。农地即使没有发展权，由于区位的原因，城市郊区的农地价值还是远远高于一般农地的价值，这种价值需要受到尊重。

2）本书认为，农地价值的构成和内涵视研究目的和用途而定。站在将农地视为一种商品的角度，征地就是对所有权合理补偿的立场，农地价值主要包含农业产出价值和社会保障价值。站在国家的层面，决策者则有必要将农地具有的生态、社会稳定、粮食安全等价值加以考虑。实际上，目前征地中国家收取的数额不低的税费相当于对农地这些价值的分割，对农地流失而言，收费是一种针对“负外部性”的纠正措施。

3）CVM 要求严格的条件，这些条件包括情景的描述、投标值的设置、估值方法的选定、偏误的消除等，本书在研究的深度方面需要拓展。

4）一般认为，两分式问卷具有较好的效果，但是本书选择了支付卡式问卷，哪种方法更好，需要在条件具备的时候进一步研究并对结果加以比对。

5）计量结果显示，模型的 R^2 值还比较小，这说明有很多解释变量被我们忽略，如受访者非农就业状况。所以，按照经济理论选择更为合理的解释变量会提高模型的解释能力。另外，选择的一般线性回归可能比较简单，能否选择对数、半对数、logistic 或 probit 等函数形式需要进一步考虑。

第9章 基于阿马蒂亚·森的可行能力理论的征地补偿费分配

9.1 导言

在我国社会主义经济建设的过程中，农地流转为城市用地是必然现象，农地城市流转的同时会产生大量的被征地农民。国务院发展研究中心农村经济研究部部长韩俊曾谈到，"大体上每征用1亩地会造成1.4人失去土地。依此推算，全国至少有3400万农民因征地失去土地"（韩俊，2003）。对于农民来说，土地是重要的生产和生活资料来源，特别是在中国这样一个自古以农业经济为主的国度中，农民对土地更具有情感和心理上的依赖性。尽管随着我国工业化和城市化速度的不断加快，这种依赖会有所减弱，但是在农民从土地上彻底转移出去之前，土地依旧是农民最重要的资产。由于国家现行的征地补偿安置政策往往不能使农民继续维持征地前的生活水平，甚至有些农民的生产和生活因征地而陷于困境，从而引发了许多社会和经济问题。

现有的对失地农民的研究主要集中在对他们进行补偿安置的合理性探讨、土地对农民的多重效用以及失地农民的生活状况分析等方面。其中，对失地农民生活状况的研究大多是对现象的描述性分析。例如，九三学社2003年所作的一项调查表明，60%的失地农民生活处于十分困难的境地。陈琳等分析了征地过程中农民的生活状况与亲身感受，但她的分析主要是叙述性的描述；雷寰在他的博士论文里探讨了失地农民的利益得失，但这些研究都未对农民生活状况的改变进行量化分析。

国家作为社会决策的制定者和执行者，应尽量保证政策的执行不使各权利主体的福利下降。在农地城市流转过程中，则应保证被征地农民至少能维持征地前的生活水平，在此基础上，再采取措施进一步增强农民的生存能力，提升其生活质量。因此，首先应研究农地城市流转过程中农民生活的哪些方面发生了变化；农民的家庭特征以及当地社会经济条件对农民福利的变化有着怎样的影响，应该采取何种措施维护农民的福利。本章试图在Amartya Sen的可行能力方法（capability approach）框架下分析农地城市流转中农民福利的变化情况。文章结构如下：首先简要介绍阿马蒂亚·森的可行能力方法；其次探讨构成农民福利的功能性活动和相关指标，并确定与福利变化紧密联系的转换因素；再次尝试性地进行农民福利的实证研究；最后是政策含义和讨论。

9.2 阿马蒂亚·森的可行能力方法概述

9.2.1 传统福利衡量方法的缺陷

传统的福利经济学中，福利被认为是个人或集体偏好的反映，是由于消费一定的商品或服务而得到的效用。在由边沁、艾奇沃斯、马歇尔、庇古等建立起来的这一传统效用理论框架中，效用反映的是一个人所获得的幸福、满足程度或者愿望的实现。这一概念主要的缺陷在于它把福利看做“本质上是一种心理特征”，从而是个高度主观的东西，因此得出的判断可能会产生误导性的结论。由于度量“满足程度”在技术上的困难，在实证研究中，往往用收入来代替效用。但是，无论是效用还是收入，对于我们所讨论的农地城市流转中农民福利变化的分析都具有局限性。

就效用衡量而言。首先，这种以快乐或满足程度为评价基础的方法，未能充分反映其他潜在的重要内容，如个人自由、公共权利的获得和侵犯、个人健康、休闲娱乐的时间、社会关系、就业状况等。其次，人们的愿望和快乐随着具体环境的变化而改变，因此效用易受“适应性行为和心理调节”的影响。例如，长期难以达到温饱的贫民偶尔享受了一顿大餐，他当时感受到的快乐是从未有过的，难道能说明他的福利就彻底改善了吗？在本书的研究中，有些地方由于国家的征地补偿政策不能得到很好的执行，从而激发了农民的不满情绪，使用效用衡量法则可能歪曲或夸大农民真正的福利损失，不能正确反映由农地城市流转带来的客观福利变化。最后，客观环境相同的情况下，由于个体的差异，不同的人也会获得不同的效用，因为“同一商品组合必定给不同的人们（即使他们的需求函数是相同的时候）提供相同水平的效用这一假定是完全任意的”。例如，在农地城市流转的背景下，农民失地后可能面临相同的非农就业机会，但谁能获得就业受自身条件、环境条件等因素的影响。

以收入作为衡量福利的指标又太过粗略，它至多体现在个人效用最大化的经济理性下所得货币多少的差异。收入的作用随人的特征与环境而变，它不能反映在获取过程中起重要作用的农民个体之间的异质性以及地区社会经济环境的差异，同时，收入也无法揭示由农地城市流转带来的环境、农民就业状况等重要变量的改变。

9.2.2 阿马蒂亚·森的可行能力方法

阿马蒂亚·森于20世纪80~90年代提出了他的可行能力方法框架。该方法实际上重新定义了福利的概念，他根据一个人实际能做什么和能成为什么来描述个人福利。能力方法的核心在于人们追求所珍视的生活的自由，即可根据个人的能力去采取有价值的行动以达到生命中有价值的状态。在这一观点下，生活被看做相互关联的功能性活动（functioning）的集合，对福利的评估可通过评估这些组成成分来实现。功能性活动反映一个人认为值得去做的多种多样的事情和达到的状态。如果获得的功能性活动组成了一个人的福利，能力（capability）则反映了一个人可以获得福利的真正机会和选择的自由，是各种可能的功能性活动向量的集合。“阿马蒂亚·森实际上强调，影响个人福利水平或者生活水平的不是物品本身，而是物品能够为人们带来什么，以及人们能够利用这些物品做些什么”。因此，可获得的功能性活动和可行能力与人们的个体特征和社会经济条件紧密相关，相同的资源被不同的人在不同的环境下可转换成不同的功能性活动。实际上，能力集是不能被直接观察的，因此，在实证中一般分析福利是与可获得的功能性活动之间的关系。阿马蒂亚·森自己也指出：“某些可行能力比其他一些可行能力更难测度，在试图对它们进行‘度量’时，由此所隐藏的东西有时可能比揭示的还多。”图9-1是可行能力方法的基本原理图解。

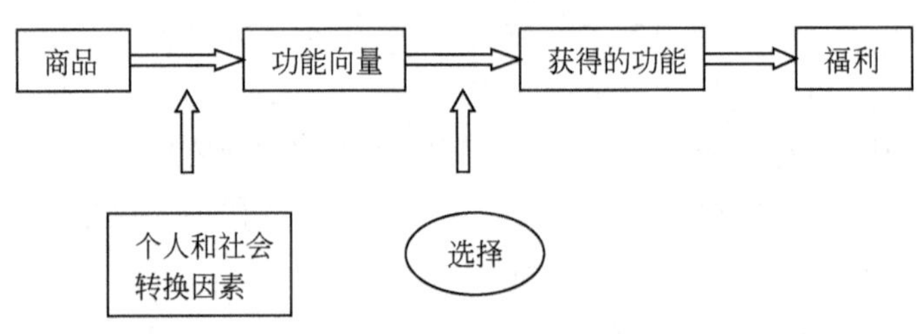

图9-1　可行能力方法

阿马蒂亚·森的可行能力方法作为福利分析的更为完整的理论框架得到了广泛认同。该方法考虑了除效用之外组成福利的更多内容，并研究了它们之间的关系，强调追求的目标应该是社会福利的最大化，这其中不仅包括个人效用的提高，而且包括自由、平等、个人权利等伦理方面的保证和提高。阿马蒂亚·森的能力概念避免了功利主义者由效用所引起的歧义，即能力不是一种愉悦，而是关于一个人选择集的度量，因此避免了效用比较的问题。通过该方法，贫困、剥夺和不平等等问题都呈现出了一种新的、更清晰的含义。

要将阿马蒂亚·森的这一理论运用于实践存在着较大的困难，因为其与传统的福利衡量方法相比需要更多的信息，对方法论的要求也更高。在一定程度上，阿马蒂亚·森本人也承认在实证应用中完全体现可行能力的思想还存在很多困难。但是，仍有许多学者对此进行了尝试性研究，而根据阿马蒂亚·森的可行能力方法建立起来的联合国发展计划署（UNDP）的“人类发展指数”（human development index）则是对该理论的最好实践，该方法在联合国人权报告和世界银行的年度发展报告中的广泛应用使其在全球范围具有较高的知名度和认可度。

能力方法“集中注意具有自身固有的重要性的剥夺”，使用能力方法可以合理地识别失地后农民可行能力的变化，而收入只是产生可行能力的一种工具，而且不是唯一工具。农户低收入并不能反映其低的可行能力，因为不同特征的农户其收入与能力之间的关系不同。因此，通过分析可行能力来讨论农民福利的变化更为合理。

国家保证土地的家庭联产承包责任制30年不变，温家宝总理甚至承诺“农民对土地的生产经营权将长期不变，也就是永远不变”。在这一制度前提下，被征地农民与其他普通农民相比，被征地后丧失的主要权益之一就是农地发展权。失去农地就意味着未来不再拥有将农地用于其他用途而取得收益的权力，是一种可行能力的丧失。正如富人节食和穷人被迫挨饿，二者所实现的功能性活动也许相同，即可能都是摄入很少的食物量，但他们面临的选择机会却各异。富人感觉节食痛苦还可以选择多吃东西，但穷人就没有这样的可行能力。尽管现在农民的兼业化水平在提高，但在拥有和没有农地情况下的兼业是不同的。

阿马蒂亚·森的可行能力理论把扩展自由作为发展的首要目的，体现了他对社会最底层群体的关怀。在我国农地城市流转的过程中，农民群体的福利状况发生了很大的变化，也因此引发了很多问题。本章试图以阿马蒂亚·森的可行能力理论为基础，构建被征地农民的功能指标体系，通过模糊评价方法对农民福利变化进行衡量评价。

9.3 农民福利的构成

9.3.1 研究对象的确定

尽管在阿马蒂亚·森的理论探讨中确定的研究对象是个人，但他在实证讨论中通常使用群体、地区或国家层面上的数据，如在研究种族不平等问题时使用群体层面上的数据。研究印度与撒哈拉以南的贫困和剥夺问题时，他依赖于国家和地区水平上的数据。而在讨论农地城市流转导致农民福利变化这一议题时，一方面我国实行家庭联产承包责任制，农户是基本的决策单位，以家庭为研究对象较为合适；另一方面，由于中国传统的家庭观念和浓厚的亲情关系，不论其他成员实际的福利状况如何，部分家庭成员好的状况带给其他成员的满足度是很大的，所以在这里将农户家庭定为研究对象。

9.3.2 组成农民福利的功能性活动及相关指标

上述已经提到，能力不可直接观察，所以福利的衡量一般在评估功能性活动的基础上进行。阿马蒂亚·森考察了五种工具性自由：政治自由、经济条件、社会机会、透明性保证和防护性保障。这些工具性自由能直接扩展人们的可行能力，它们之间相互补充、相互强化。在发达国家，以单个人为福利的研究对象，一般选取的功能性活动主要包括五个方面：居住条件、健康状况、教育和知识、社交、心理状况。有的研究还加上了劳动力市场状态和家庭经济资源两个功能性活动。一般的，农民福利也应包括很多内容，这里主要评价农地城市流转前后可能发生变化的农民福利的主要功能性活动，即根据我国的实际情况以及农地城市流转的现实特征，选择针对被征地农民的功能性活动，进行“突出的可行能力比较”。对于农地城市流转过程涉及的农民来说，他们失去的不仅是土地本身，还包括土地带来的财富和权利，即农地的发展权、农民的就业权利以及农民享受优美的田园风光的权利等诸多内容。以下详细考察组成农民福利的功能性活动。

（1）家庭经济收入

根据上述论述，用收入代替福利具有若干缺陷。严格来讲，收入只是反映获得功能性活动大小的工具，而不是功能本身。但是，实际上它仍是达到福利的一个重要途径，特别是在中国这样一个经济发展水平还不高的国家，农民的经济收入仍是提高其生活质量的关键决定因素，因此，考虑把经济收入作为组成福利的功能性活动之一。Sara 也认为家庭经济资源可以反映家庭成员的社会地位，其可用的商品和服务以及紧急情况发生后是否感觉安全的主观感受也可以反映家庭生活的舒适度。农地城市流转使得农民家庭资源禀赋发生变化，承包地从有到无，农民失去了获得持续性农业收益的机会，即使对于那些原本就有非农收入的家庭来说，也必须重新考虑经济收入的来源问题，更不用说那些以农业产出为唯一收入来源的农民了。因此，农地城市流转后农民福利受到影响的重要内容之一就是经济收入。

反映这一功能性活动的指标有：农业收入、非农业收入以及纯收入。这些指标旨在揭示收入获取的能力和结果。一般情况下，农地流转后，农民的农业收入减少、非农收入增加、总收入变动的方向可能为正也可能为负。同时，农地城市流转后，农户的非预期性开支可能增加，从而导致纯收入发生变化。

（2）社会保障

在我国，世世代代的农民都将土地作为安身立命之本，农民对土地具有很强的依附心理，这主要是由于农地可以给予农民生活上的保障，同时还具有失业保险和养老保障的作用。因为在一般情况下，农民耕种自家农地即可保证家庭对粮食蔬菜的基本需求，从而又引出农地的失业保险作用，即从事非农产业的农民没有失业的后顾之忧。王克强等通过对甘肃、湖北、江苏、上海四省市的调查发现，集体土地对本集体农民的六大效用中，生活保障功效和就业机会保障功效排在效用重要性序列的第一和第三位，由此足以看出农地的社会保障功能对农民的重要性。

反映生活保障作用的指标选取的是恩格尔系数。因为农地城市流转前，农民的日常食品需求都依靠自家农地的产出，包括稻米、小麦、蔬菜、肉类等，而土地被转用后，农户承包使用的农地面积减少，甚至是无地可种、无地可养，食品支出等家庭生活开支可能增加。因此，采用恩格尔系数说明农地的生活保障作用。农地城市流转后这一比值变化越大说明农地的流转对农民的生活保障影响越大。农地面积则可用来反映农地对农民的失业保险作用，该值越大说明农地对农民的失业保险作用越大。用土地在农户失去劳动能力后所起的养老保障作用的大小这一指标来反映土地的养老功能。用村集体是否在征地后将剩余土地在村民间进行重新分配这一指标进一步验证土地对农民的保障作用，如果重新分配了土地，农民仍有地可种，则他们的失落感可能没有完全失地的农民严重。实际调查中我们也发现，即使重新分地后农民所获的土地数量也并不是很多，但有地与无地在农民的心理认知上仍有很大区别。

（3）居住条件

居住是福利的重要组成部分。住房最原始的功能是遮风挡雨、御寒防冻，主要起着保护性作用。随着社会的发展，人们对居住条件的要求不再仅满足于对生存和生活条件的需求，而是越来越看重住房的视觉感受和舒适程度。Ingrid Robeyns 认为“从工具性角度来讲，好的居住条件与好的心理和生理健康密切相关”。除此之外，住房实际上也是居住者身份的象征，往往对个人的心理有实质影响。对于那些由于农地城市流转而使原有房屋被征收的农户，现住房不论是周转房，还是新盖房屋，现实的居住条件和农民的心理都发生了变化，因此，应将描述房屋的指标纳入进来，选择人均居住面积、房屋结构以及是否有自来水加以评价。

指标中人均居住面积反映的是房屋的舒适程度，该值越大，表明有更高的舒适度；房屋结构指标反映农民居住房屋品质的好坏。这两个指标对居住功能的实现都有正向影响。由于中国部分农村的农民还不能喝到完全符合卫生条件的饮用水，家中是否通自来水反映农户基本的生活设施是否完备。

（4）社区生活

农地城市流转后，原来的农用地转变为工厂、学校、道路等城市用地，农民的社区生活发生了很大变化。居住区附近道路的开通，厂房、学校的修建使得当地的居住人口变得复杂，影响了社区的治安，从而影响农民的福利状况。因此，选用社区治安状况来反映社区生活的质量，用征地对家庭生活的影响这一指标从主观上衡量农民的感受。这两项指标主要从农民主观认识的角度来体现[①]。

(5) 环境

农地流转是一种明显的美学损坏，特别是对某些相当脆弱的客体，如环境或生态系统有较大的冲击。农地城市流转前，农民居住地的周围可能都是农田，环境状况相对良好；农地流转后，农田变成了公路、学校甚至工厂，当地自然景观遭到破坏，噪声污染、空气质量下降等问题都可能出现，使农民的环境福利受损。因此，在考察农地城市流转对农民福利的影响时必须将环境因素纳入其中，当然，这些因素主要是农民的主观感受和认识程度。

选取的指标包括对空气质量状况、噪音污染、自然景观破坏程度的感受。如果被调查者认识到了环境质量的下降，就说明环境已经对他的功能性活动产生了负面影响。

(6) 心理

阿马蒂亚·森从来没有否认快乐是一个人所获得福利的重要内容，只不过他认为快乐不是评价福利的唯一标准。这里将被征地农民的心理状况列进来以进一步验证并补充上述功能性活动对福利的评价结果。农民土地被征收后，由于失去原本由土地带来的依赖感，而导致对未来生活的恐慌、迷惑，同时由于农民普遍文化程度和社会地位都较低，而使他们在社会中的自我定位低，从而造成情绪低落，对未来生活期望不高的状况。

在实际调查中，由于难以获得心理这一功能在农地城市流转前后的对比值，且对心理的调查答案易受征地补偿政策执行情况的影响，因此，选择征地后农民对家庭经济状况的满意度这一指标来反映农民的心理感受。

9.4 农民福利实证研究

9.4.1 计算方法

9.4.1.1 模糊数学及研究领域的模糊性

在现实生活中，很多现象和问题都无法运用经典数学方法加以描述和解决（如贫困、温饱、小康等模糊概念的量化研究），而由 Zadeh 教授于 1965 年提出

① 实证中以被调查农民个人的态度代表其整个家庭的认知。5）、6）中的指标同样如此。

的模糊数学方法就提供了一种处理这类问题的崭新思路。模糊数学被广泛应用于不同的研究领域，这一方法近来被应用在了公平性研究、福利分析以及贫困的衡量中。

阿马蒂亚·森将福利定义为“人们追求所珍视的生活的自由，即可根据个人的能力去采取有价值的行动和达到生命中有价值的状态”，他自己也承认福利是一个广泛和在一定程度上模糊的概念。福利在本质上的模糊性和复杂性使得无法精确地将其界定清楚，因为这不是一个非此即彼的极端概念，在现实生活中，我们也无法得出福利状况好或坏的绝对结论。在福利衡量过程中所选取的一些指标属于主观评价指标，由于其中主观判断的因素具有模糊性，因此，模糊集方法就可突显其处理模糊问题的优势。在本章中，笔者尝试计算农户福利的模糊评价值。

9.4.1.2 对福利变化的模糊评价

福利的模糊函数设定：将农户福利状况表示为模糊集 X，设农地城市流转前后可能变化的福利内容为 X 的子集 W，则第 n 个农户的福利函数可表示为 $W(n)=\{x, \mu w(x)\}$，其中，$x\in X$，$\mu w(x)$ 则是 x 对 W 的隶属度，$\mu w(x)\in[0, 1]$。一般设定隶属度为 1 时福利处于绝对好的状态，为 0 时状况绝对差，等于 0.5 时其状态最模糊，不好也不坏，隶属度值越大表示农户的福利状况越好。

（1）隶属函数的设定

运用模糊方法的关键问题之一在于选择合适的隶属函数。隶属函数的选择依赖于研究背景和指标的类型。一般情况下，指标变量分为三种类型：虚拟二分变量、连续变量和虚拟定性变量。

设 $x_{i\cdot}$ 是由初级指标 x_{ij}决定的农民福利的第 i 个功能子集，农民福利的初级指标为 $x=[x_{11}, \cdots, x_{ij}\cdots]$。

选择虚拟二分变量的情况一般是因为对象是非模糊的，只存在两种情况，如耐用品的拥有，因此，其隶属函数可写为

$$\mu(x_{ij}) = \begin{cases} 0 & x_{ij} = 0 \\ 1 & x_{ij} = 1 \end{cases} \tag{9-1}$$

式（9-1）表示，当农户拥有商品 x_{ij}时，该指标对于第 i 个功能子集的隶属度等于 1，没有时为 0。

当指标变量为连续值时，Cerioli 和 Zani 将连续变量的隶属函数定义为

$$\mu(x_{ij}) = \begin{cases} 0 & 0 \leqslant x_{ij} \leqslant x_{ij}^{\min} \\ \dfrac{x_{ij} - x_{ij}^{\min}}{x_{ij}^{\max} - x_{ij}^{\min}} & x_{ij}^{\min} < x_{ij} < x_{ij}^{\max} \\ 1 & x_{ij} \geqslant x_{ij}^{\max} \end{cases} \tag{9-2}$$

$$\mu(x_{ij}) = \begin{cases} 0 & 0 \leqslant x_{ij} \leqslant x_{ij}^{\min} \\ \dfrac{x_{ij}^{\max} - x_{ij}}{x_{ij}^{\max} - x_{ij}^{\min}} & x_{ij}^{\min} < x_{ij} < x_{ij}^{\max} \\ 1 & x_{ij} \geqslant x_{ij}^{\max} \end{cases} \tag{9-3}$$

式中，$x_{ij}^{\max}$表示如果农户家庭第 i 个功能子集中第 j 个指标的取值大于或等于这个数，那么其状况肯定是好的；$x_{ij}^{\min}$则表示如果指标值小于或等于这个数，其状况肯定是差的。$\mu(x_{ij})$ 值越大，说明福利状况越好。式（9-2）表示指标 x_{ij}与福利状况呈正向相关关系，即 x_{ij}的值越大福利状况越好，而式（9-3）正好相反，适用于福利状况随指标反向变动的情况。

在对福利进行评估时，所研究的内容常常无法得到定量的数据，只能通过语言定性描述，这就是虚拟定性变量。虚拟定性变量是对研究对象进行不同程度的主观评价。例如，在对一种状况进行满意程度的评价时，可以设置：很满意，一般满意，不满意，很不满意这四种状态。假设一项研究中有 m 种状态，为这 m 种状态依次赋值 $x_{ij} = \{x_{ij(1)}, \cdots, x_{ij(m)}\}$，这些值等距分布，值越大表示福利状况越好。通常设：$x_{ij(1)} < \cdots < x_{ij(l)} < \cdots < x_{ij(m)}$，且 $x_{ij(l)} = 1 \quad (l = 1, \cdots, m)$。

Cerioli 和 Zani 将这类虚拟定性变量的隶属函数设为

$$\mu(x_{ij}) = \begin{cases} 0 & x_{ij} \leqslant x_{ij}^{\min} \\ \dfrac{x_{ij} - x_{ij}^{\min}}{x_{ij}^{\max} - x_{ij}^{\min}} & x_{ij}^{\min} < x_{ij} < x_{ij}^{\max} \\ 1 & x_{ij} \geqslant x_{ij}^{\max} \end{cases} \tag{9-4}$$

式中，$x_{ij}^{\max}$和 $x_{ij}^{\min}$分别表示指标 x_{ij}最大和最小的取值。

（2）指标的加总

在得到初级指标隶属度的基础上，需要进一步将隶属度加总成一个综合指标，这就涉及指标的权重问题，这是运用模糊方法的又一关键。

如果认为各指标的重要性难分伯仲，那么可采用 Martinetti 提出的下式来获得指标的加总即

$$h\alpha = (a_1, a_2, \cdots, a_k) = [(a_{1\alpha} + a_{2\alpha} + \cdots + a_{k\alpha})/k]1/\alpha \tag{9-5}$$

式中，a_1，a_2，$\cdots$，a_k 是各指标的隶属度取值，$\alpha \neq 0$。当 $\alpha = 1$ 时，式（9-5）计算的是算术平均；$\alpha = -1$ 时，计算其调和平均数；$\alpha = 0$ 时，得到的是几何平均数。

而如果认为各指标在福利获得的过程中起的作用各不相同，就需要根据理论和实际为各指标赋予不同的权重。

Cheli 和 Lemmi 将权重结构定义为

$$\omega_{ij} = \ln\left[\frac{1}{\mu(x_{ij})}\right] \tag{9-6}$$

式中，$\overline{\mu(x_{ij})} = \frac{1}{n}\sum_{p=1}^{n}\mu(x_{ij})^{(p)}$ 反映 n 个农户第 i 个功能子集中第 j 项指标的均值。该权重公式可保证给予隶属度较小的变量以较大的权重，在福利评价时更关注获得程度较低的指标和功能。

在获得初级指标隶属度和权重的基础上，就可计算各功能的隶属度，Cerioli 和 Zani 提出使用式（9-7）的加总公式，即

$$f(x_{i\cdot}) = \frac{\sum_{j=1}^{k}\overline{\mu(x_{ij})}\omega_{ij}}{\sum_{j=1}^{k}\omega_{ij}} \tag{9-7}$$

式中，k 表示在第 i 个功能子集中包含 k 个初级指标。

Miceli 使用上面的隶属函数和加权公式、加总公式研究了 1990 年瑞士家庭的贫困状况。Cheli 对英国 1991 年和 1992 年家庭的贫困状况进行了多维评估。

实际上，上述权重结构为变权结构，即权重随着指标值的变化而变化，并且符合指标值越大其对福利获取贡献越小的假设。但是上述权重结构忽略了一个重要问题，即权重的变化对评价结论的影响。例如，Cheli 和 Lemmi 提出的权重公式加总计算福利指数，则很可能出现当个体收入增加时总体福利指数减小的不合理状况。本章将对上述权重结构加以改进。

在展开分析前，应明确本章中福利评价的三个基本假定。一是要求当评价指标单调变化时，福利指数也随之单调变化。例如，一般而言，农户个体和整体的收入增加时，则其相应的个体和总体的福利状况都会得到改善，福利指数呈单调增加。因此，要求当这些指标隶属度单调变化时，福利指数也相应单调变化。二是不论评价的是功能性活动或是二级指标，彼此间不存在替代关系，或者说边际替代率无穷大。例如，无论收入如何增加，都不能导致农户个体和总体其他指标，如社会保障、居住条件、社区生活、环境、心理状况的改善。三是随着评价指标值的增加，该指标对应的权重边际递减。黄有光针对个体收入的权重也曾指出"随着个体收入的增加，社会赋予其边际收入的权重应不断下降"。因此，随着指标值的增加，该指标值对总体福利的贡献率应逐渐减弱。以下进行相应的数学推导，以选择符合上述假设的权重结构。

设共有 n 个农户，x_i 为第 i 个农户的 x 评价指标值，在本章中，x_i 为第 i 个农户的 x 评价指标的隶属度，因此，$x_i \in [0,1]$。设 $f(x)$ 为指标 x 的权重函数，则 $f(x)$ 总是大于或等于 0。又令综合评价指数为 I，则有

$$I = \frac{\sum_{i=1}^{n}x_i f(x_i)}{\sum_{i=1}^{n}f(x_i)}$$

根据假设，应有 $\frac{\partial I}{\partial x_i}>0$，即

$$\left(\frac{\sum_{i=1}^{n} x_i f(x_i)}{\sum_{i=1}^{n} f(x_i)}\right)' > 0,$$

上式可写为

$$\left(\frac{x_i f(x_i) + \sum_{i=1}^{i-1} x_i f(x_i) + \sum_{i=i+1}^{n} x_i f(x_i)}{f(x_i) + \sum_{i=1}^{i-1} f(x_i) + \sum_{i=i+1}^{n} f(x_i)}\right)' > 0,$$

令 $a = \sum_{i=1}^{i-1} x_i f(x_i) + \sum_{i=i+1}^{n} x_i f(x_i)$，$b = \sum_{i=1}^{i-1} f(x_i) + \sum_{i=i+1}^{n} f(x_i)$，由于 $x_i \in [0,1]$，所以总有 $a < b$。简化上式得

$$\left(\frac{x_i f(x_i) + a}{f(x_i) + b}\right)' > 0$$

计算得

$$I' = \frac{f(x_i)[f(x_i) + b] + f'(x_i)(bx_i - a)}{[f(x_i) + b]^2} > 0$$

$$\Rightarrow f(x_i)[f(x_i) + b] + f'(x_i)(bx_i - a) > 0$$

根据假设，有

$$\begin{cases} f(x) > 0 \\ b > a > 0 \\ f'(x) < 0 \end{cases}$$

于是，有

$$\Rightarrow f(x_i)[f(x_i) + b] + bx_i f'(x_i) - af'(x_i) > 0$$

$$\Leftarrow bf(x_i) + bx_i f'(x_i) > 0$$

$$\Leftarrow \frac{f(x_i)}{-x_i f'(x_i)} > 1 \tag{9-8}$$

因此，式（9-8）即为指标值和其权重之间的函数关系。该条件为必要条件，只要满足该不等式，即满足上述三个假设，便可验证

当 $f(x) = -\ln x$ 时，$\frac{f(x_i)}{-x_i f'(x_i)} = \frac{-\ln x}{-x(-\frac{1}{x})} = -\ln x$

式中，$x \in [0,1]$，只有当 $x \in [0,\frac{1}{e}]$ 时，才满足上述条件。所以，采用 $f(x) = -\ln x$ 的权重函数可能并不合适。选用幂函数 $f(x) = x^a$ 作为权重函数，代入式

(9-8) 中计算，有

$$\frac{f(x_i)}{-x_i f'(x_i)} = \frac{x_i^{\ a}}{-x_i\ a x_i^{\ a-1}} = -\frac{1}{a} > 1,$$

当 $a > 0$ 时，计算得到 $a < -1$，这是相互矛盾的，因此 a 应小于 0，计算上式得 $-1 < a < 0$。

本章研究中，采用函数 $f(x) = x^{-0.5}$ 作为权重函数。不同的 a 值，导致福利指数不相同，但它们都具有以下特征：首先，当指标值增加时，其权重值边际递减；其次，当指标值单调变化时，个体和总体福利指数也相应单调变化。

在获得初级指标隶属度和权重的基础上，就可计算各功能的隶属度，本章借用 Cerioli 和 Zani 提出的加总公式并加以修正，如式 (9-9)，即

$$b_i = g(x_{i\cdot}) = \mu(x_{i\cdot}) = \frac{\sum_{j=1}^{J_{(i)}} (\bar{\mu}(x_{ij})\omega_{ij})}{\sum_{j=1}^{J_{(i)}} \omega_{ij}} \tag{9-9}$$

式中，$\omega_{ij} = \bar{\mu}(x_{ij})^{(-0.5)}$，$b_i$ 为功能向量。由于功能向量 b_i 可完全描述一个人的状态，福利的衡量就可看做是对 b_i 的估计；$g(\cdot)$ 为功能函数。将对各功能向量进行的评估值汇总为福利指数，农户总体福利隶属度的计算公式为

$$W = \frac{\sum_{i=1}^{I} (\mu(x_{i\cdot})\omega_{i\cdot})}{\sum_{i=1}^{I} \omega_{i\cdot}} \tag{9-10}$$

式中，$\omega_{i\cdot}$ 为各功能的权重，$\omega_{i\cdot} = \mu(x_{i\cdot})^{-0.5}$。

对单个农户福利水平的度量也同样遵循以上的评估规律。

初级指标 $x_{ij}^{\ (n)}$，根据不同的指标类型选择不同的隶属函数求得指标隶属度 $\mu(x_{ij})^{(n)}$，指标权重为 $\omega_{ij}^{\ (n)'} = \mu(x_{ij})^{(n)(-0.5)}$；汇总的功能隶属度为

$$\mu(x_{i\cdot})^{(n)} = \frac{\sum_{j=1}^{J_{(i)}} (\mu(x_{ij})^{(n)}\omega_{ij}^{\ (n)'})}{\sum_{j=1}^{J_{(i)}} \omega_{ij}^{\ (n)'}}$$

福利隶属度为

$$W^{(n)} = \frac{\sum_{i=1}^{I} (\mu(x_{i\cdot})^{(n)}\omega_{i\cdot})}{\sum_{i=1}^{I} \omega_{i\cdot}}$$

式中，$\omega_{i\cdot}$ 是各功能的权重。由于功能是福利的组成要素，各农户对福利的获取有一致的追求，所以这里不再依照农户个体的福利指标获得情况求取权重，而是选

择农户总体各功能的权重进行计算。

9.4.2　研究区域与数据来源

城乡生态经济交错区是城市生态经济系统和农村生态经济系统的交接地带，是城乡矛盾、城乡土地利用竞争、土地投机行为表现最剧烈的地段。这一地带也是农地城市流转的集中区域。

本章所用数据资料来源于对湖北省武汉市、宜昌市、荆门市和仙桃市的调查，这四个市可分别作为大、中、小城市的代表，并且四个城市也分别处在平原、丘陵和高山区，地形地势的特征差异十分明显，对于研究中部地区不同城市规模、不同经济发展水平以及不同地域特征下的农地城市流转农民福利变化具有一定的揭示作用。

9.4.3　被征地农民的福利变化评价结果

根据 9.3 所作的讨论，选择如表 9-1 所示的功能和指标来研究农地城市流转前后农民福利的变化。

表 9-1　农地城市流转农民福利状况的模糊评价　　单位:%

应获得的功能性活动及指标	变量类型	隶属度									
		湖北		武汉		宜昌		荆门		仙桃	
		流转前	流转后	流转前	流转后	流转前	流转后	流转前	流转后	流转前	流转后
1. 家庭经济状况 X_1	–	0.264	0.229	0.263	0.243	0.368	0.292	0.183	0.198	0.224	0.115
1.1　农业收入 X_{11}	C	0.218	0.047	0.275	0.057	0.303	0.063	0.160	0.049	0.116	0.008
1.2　非农业收入 X_{12}	C	0.310	0.558	0.255	0.499	0.411	0.674	0.167	0.374	0.484	0.785
1.3　纯收入 X_{13}	C	0.274	0.516	0.261	0.548	0.399	0.651	0.230	0.459	0.198	0.381
2. 社会保障 X_2	–	0.513	0.176	0.573	0.173	0.405	0.125	0.592	0.210	0.376	0.156
2.1　农地面积 X_{21}	C	0.397	0.065	0.517	0.067	0.316	0.032	0.514	0.115	0.143	0.030
2.2　恩格尔系数 X_{22}	C	0.466	0.190	0.547	0.177	0.230	0.110	0.630	0.235	0.394	0.242
2.3　养老作用 X_{23}	D	0.750	0.244	0.762	0.237	0.742	0.253	0.761	0.230	0.725	0.262
2.4　土地重分配 X_{24}	D	0.500	0.324	0.500	0.329	0.500	0.300	0.500	0.312	0.500	0.367
3. 居住条件 X_3	–	0.502	0.575	0.439	0.569	0.545	0.624	0.415	0.508	0.574	0.598
3.1　人均居住面积 X_{31}	C	0.274	0.263	0.295	0.333	0.278	0.266	0.288	0.217	0.219	0.231
3.2　房屋结构 X_{32}	Q	0.819	0.895	0.692	0.769	0.728	0.941	0.938	0.930	0.930	0.964

续表

应获得的功能性活动及指标	变量类型	隶属度									
		湖北		武汉		宜昌		荆门		仙桃	
		流转前	流转后	流转前	流转后	流转前	流转后	流转前	流转后	流转前	流转后
3.3 自来水 X_{33}	D	0.566	0.818	0.414	0.721	0.808	0.988	0.261	0.661	0.957	0.985
4. 社区生活 X_4	–	0.500	0.339	0.500	0.381	0.500	0.326	0.500	0.300	0.500	0.335
4.1 治安状况 X_{41}	Q	0.500	0.470	0.500	0.430	0.500	0.537	0.500	0.470	0.500	0.441
4.2 生活变化 X_{42}	Q	0.500	0.244	0.500	0.337	0.500	0.197	0.500	0.192	0.500	0.254
5. 环境 X_5	–	0.500	0.158	0.500	0.226	0.500	0.086	0.500	0.151	0.500	0.163
5.1 空气质量状况 X_{51}	Q	0.500	0.172	0.500	0.236	0.500	0.107	0.500	0.170	0.500	0.167
5.2 噪音污染 X_{52}	Q	0.500	0.149	0.500	0.227	0.500	0.070	0.500	0.140	0.500	0.153
5.3 自然景观破坏程度 X_{53}	Q	0.500	0.154	0.500	0.217	0.500	0.086	0.500	0.144	0.500	0.167
6. 心理 X_6	–	0.500	0.351	0.500	0.375	0.500	0.295	0.500	0.324	0.500	0.388
6.1 经济的满意度 X_{61}	Q	0.500	0.351	0.500	0.375	0.500	0.295	0.500	0.337	0.500	0.410
总模糊指数	–	0.451	0.276	0.449	0.303	0.465	0.239	0.420	0.262	0.426	0.249

注：变量类型中 C 表示连续变量、Q 表示虚拟定性变量、D 表示虚拟二分变量。计算过程中，为符合数学意义，将数值 1 和 0 分别改为 0.999 和 0.001

以下是计算指标隶属度时对最大、最小值的选取说明。

1）在对农业收入进行隶属度计算时，考虑土地的亩均收益是有限度的，所以首先计算样本的最大亩均收益和最小亩均收益，这两个值乘以每个农户的土地面积即为每个农户可能获得的最大和最小农业收入。根据样本数据计算可得武汉市农地的最大亩均收益为 15 000 元/亩，最小亩均收益为 88 元/亩；宜昌市农地最大亩均收益为 15 000 元/亩，最小亩均收益为 200 元/亩；荆门市农地最大亩均收益为 15 000 元/亩，最小亩均收益为 293 元/亩；仙桃市的最大、最小值分别为 15 000 元/亩和 500 元/亩。农民的实际农业收入与最大农业收入相差越小，计算出的隶属度应越大，说明该农户对土地资源的利用程度较高。

2）本章研究的农民非农收入除了包括在非农领域就业获得的收入外，还计入了农民房租收入、副业收入等非农地产出所获收入。另外，国家对失地农民以一次性货币补偿，将补偿额按 30 年土地承包经营权折算年均收入，也应将该收入计入非农业收入中。非农业收入与农户家庭中从事非农领域就业的人数有关，最大的非农收入乘以家庭非农就业人数就可得出该家庭的非农业总收入。由于农地城市流转的区域主要集中在城乡结合部，农民非农就业的机会较多，同时鉴于城镇居民生活水平普遍高于农村居民，因此，选择 2006 年武汉市城镇居民年人均可支配收入作为人均非农业收入最大值的参考，认为如果达到这个水平其福利状况就是好的，最小值设为0。根据《武汉统计年鉴2007》，2006年武汉市城镇居民年人均可支配收入为12 360元；宜昌市城镇居民年人均可支配收入为8926元，荆门市和仙桃市分别为9392元、8266元①。

3）在计算纯收入的隶属度时，将中国农村的贫困线，即每人每年683元作为下限②，选择各调查区域样本农户在征地前的人均年纯收入作为中间水平，武汉市、宜昌市、荆门市和仙桃市的人均年纯收入分别为6626元、8392元、4684元和3287元，这样，计算出四市的人均年纯收入上限分别为12 569元、16 101元、8685元、5891元。支出的计算考虑了家庭一般性医疗支出和教育支出。

4）计算农地面积的隶属度时，取联合国粮农组织规定的人均0.8亩的警戒线为最低水平，以调查地市按乡村人口计算的人均耕地量为维持福利的中间状态，在此基础上确定最大的人均农地③。武汉市和宜昌市人均农地最大值分别为1.44亩和1.79亩，荆门市和仙桃市的最大值为3.11亩和1.56亩。

5）根据联合国粮农组织提出的标准，恩格尔系数在0.59以上为贫困，0.50~0.59为温饱，0.40~0.50为小康，0.30~0.40为富裕，低于30%为最富裕④。虽然中国制定的恩格尔系数小康标准是0.50（周长城，2004），但考虑这个值是包括城镇居民在内的复合指标，而农民自家生产的食品比例已经很高，所以本研究按照联合国制定的标准，即恩格尔系数的最大值取0.59，最小值取0.30。由于恩格尔系数与福利状况负向相关，所以采用式（9-3）计算。

6）根据建设部颁布的2020年全面建设小康社会居住的指标，农村人均住房建筑面积为40平方米，本章将该标准设为人均居住面积的最大值，认为等于或超过该标准，农民的居住福利状况就是好的。最低标准采用武汉市房产管理局发布的对住房困难户的界定标准，即人均住房面积不足6平方米⑤，认为低于这个水平其住房福利状况就是差的。

9.4.4 结论

9.4.4.1 结论一

从表9-1的计算结果可以看出，湖北省农地城市流转前后农户福利的变动幅

---

① 数据来源：http：//www. whjx. gov. cn/app. html？do = article&id = 4999，http：//www. hubei. gov. cn/yghb/yg04/yg01e/200710/t34219. htm，http：//www. yc. chinanews. com. cn/2007-01-26/4/34667. html。

② 数据来源：http：//finance. sina. com. cn/review/zlhd/20070927/08544020787. shtml。

③ 由于资料所限，采用2005年的耕地面积和乡村人口数计算。

④ 数据来源：http：//ks. cn. yahoo. com/question/？&qid = 1406122201798&source = ysearch_ ks_ question_ zjtj。

⑤ 数据来源：http：//www. whfcj. gov. cn/include/showarticle. asp？id = 9701，由于难以获得其他城市的标准，以武汉市的标准统一计算。http：//news. soufun. com/2005-02-01/504670. htm。

度较大，从接近中等福利水平的 0.451 降为 0.276 这一较低的福利水平上，变动了 0.175 个单位。武汉、宜昌、荆门、仙桃四市不论在农地城市流转前还是流转后农户福利的差异都不大，四市的农户福利在农地城市流转前都处于 0.400 ~ 0.500 的水平上，接近于 0.500 的福利模糊状态，既不好也不坏。其中，宜昌市农户的福利在流转前是四个城市中最好的，次之是武汉市的农户，荆门市农户福利指数最小，但四市中农户福利的极差也只有 0.027。在农地城市流转后，四个城市的农户福利水平都有一定程度的下降，其中，宜昌市农户福利指数变化最大，并处于四市的最低水平，而武汉市农户福利指数变化最小。农地城市流转对农民福利各功能获取情况的影响在四市之间各不相同，但总体来看，社会保障的获取和美好环境的获得功能都是受损最为严重的功能性活动。以下是对各功能性活动和指标变化情况的详细分析。

（1）农户的经济状况方面

农地城市流转最先影响的应该是农民的农业收入。武汉、宜昌、荆门、仙桃四市的农户在农地城市流转后农业收入指数全部降到了 0.100 以下，其中，宜昌市被征地农民所受影响最大，该指数降了 0.240 个单位，这可能是由于宜昌农民在农地城市流转前普遍以柑橘种植为主要的农业经营方式，农民从中所获收益较大，而农地城市流转使得这些收益不复存在，直接影响农民福利水平的降低。而仙桃市农民在农地城市流转前的农业收入指数也只有 0.116，这是因为仙桃市的样本农户在农地流转前人均农地只有 0.6 亩，农民难以单独依靠农地为生，非农就业比较普遍，这也就解释了仙桃市样本农户的非农业收入指数在农地城市流转前处于四市的最高水平（0.484）的原因。由于农地城市流转后，农民可耕种的土地减少，农业收入大幅度下降，为了维持正常的家庭开支，农民必须想方设法进入非农领域。计算结果也可以看出，农地城市流转后，四个城市农民的非农收入有从较差的状况向好的状况转变的趋势。例如，仙桃市被征地农民在农地城市流转后非农业收入指数达到了 0.785，即突破了 0.500 这一不好也不差的模糊状态，向好的方向转变，其他三市的非农业收入指数增加幅度也都较大。这一方面是由于非农收入中加入了征地补偿费折算的年均收入，另一方面也可反映出农民在自家农地减少后必须进入非农领域赚取收入以维持正常的家庭生活。总体上来讲，由于农地流转后农民原先通过耕种土地所获得的食品需从市场上购买，从而使得总支出增加。但是，由于目前国家对被征地农民的补偿主要以货币为主，农民可从中获得一笔数目不小的收入，这样，农民的总收入水平快速增加，纯收入获取状况变好。武汉、宜昌、荆门、仙桃各市农户的纯收入指数都大幅增加，但很明显，这只是短期内的状况。

以上三项指标综合反映了农户经济状况仍然呈现变差的趋势，因为在农地城市流转前，农民的经济实力原本就较弱，在流转之后，农民必须重新创建家庭经济收入渠道，这在短期无法达到很好的效果。

（2）社会保障功能方面

由于农地的流转，农户可耕作农地面积减少，原本由农地带给农民的保障效用急剧下降。由于仙桃市农民原有农地量已经很少，因此，其农地面积指数变化最小，其他三市的变动都较大。由于食品支出的增加，而总收入未能同步增加，由恩格尔系数反映的农地生活保障功能带给农民的效用下降。其中，武汉市和荆门市的被征地农民受影响最大，该指数分别下降了 0.370 和 0.395 个单位。被调查农民对土地的养老作用普遍认同，因此，养老作用指数也都在较大幅度地下降。被调查的四个城市中都有村集体在征地后重新调整了农户的承包地，使他们都有地可种，以维护本集体农民作为集体一分子的权益，而这一做法也得到了农民的支持。在所调查的四个城市中，仙桃市所选的样本中土地被重新分配的农户比例较大，因此，土地重分配指标的变化最小。但总体来看，被征地农户从土地上获得社会保障功能的状况变差。

（3）农民的居住条件方面

在农地城市流转过程中，部分农民的住房被征，在我们的调查区域基本采取拆旧还新的补偿措施，虽然宜昌市和荆门市被征地农户人均居住面积指数有所下降，但由于农民原有住房有些还是土木结构或砖混结构，而新建房基本上采用砖混结构，房屋品质要优于以前，因此房屋结构指数普遍上升。另外，在所调查的一些村，仍有部分农户无法饮用到干净卫生的自来水，而是以井水作为日常生活用水，随着安置房的修建，自来水也接入到了农民家中，这从一侧面所反映了农民生活品质有所提高。通过综合计算，四个城市由这三项指标反映的居住条件指数都有小幅增加。

（4）社区生活方面

本章中农民的社区生活考察了治安状况和农民对生活变化状况的主观感受①这两项指标。农地城市流转后，农民居住地周围的社会环境变得复杂，流动人口增多，因此，除宜昌市的农户认为治安状况变好之外，其他三市农户的治安状况指数都下降了。而农民对农地城市流转对其生活影响方面的主观感受基本趋同，即认为由于征地，他们的生活变差了。武汉市农户的生活变化指数降低幅度最小，或许是由于武汉市作为省会城市，有更多的非农就业机会，即使现在没有合适的工作，但相对来说有较多的选择，农民心理上的危机感没有其他地方强烈。

（5）环境功能方面

环境功能也是组成农民福利的六个功能中受损严重的功能之一，该功能指数的最大变动发生在宜昌市被征地农民身上，下降了 0.414 个单位，变化最小的武

① 由于主观评价指标的设立是希望得到农地城市流转后与流转前的比较变化值，而流转前的值是多少难以确定，因为会涉及效用判断标准等理论问题，因此主观指标的赋值原则是农地城市流转前统一设为 0.500 的中间水平。

汉市被征地农民，该指数也降低了0.226个单位，可见农地变为城市用地后对于农民而言其环境功能受到了较为严重的损害。环境功能指数变化幅度较大，也是由于环境的变化给农民造成的影响非常直观，每个人都有切身的体会。在这其中，空气质量、噪音污染和自然景观破坏这三个指标的指数变化差异较小，福利状况下降程度接近。

（6）农民心理状况

本章中选取的指标是农民对家庭经济状况的满意程度。同样的经济收入对于不同的人会产生不同的满意度，而只要个人心理满足，货币的多少则是另外一回事。计算结果显示，四个城市的样本农户都认为目前的经济状况不如征地前，因此感觉不满意，宜昌市农户的这种感觉最为强烈。

9.4.4.2 结论二

从福利的总体水平来看（表9-2），农地城市流转前，湖北省绝大部分的农户福利评价值为0.301～0.600，处于中等福利水平，这其中，有15.6%的被调查农户的福利指数大于0.500，超越了不好不坏的模糊状态。但在农地城市流转后，福利指数大于0.500的农户比重直线下降到了0.8%，另外还有12.2%的农户福利状况明显降低，填补了流转前没有农户的福利指数小于0.201的“空白”。武汉、宜昌、荆门和仙桃各市农户的总体福利变化情况基本相似，在此不再赘述，

表9-2　湖北省各功能隶属度农户比重分布　　单位:%

隶属度	X_1		X_2		X_3		X_4		X_5		X_6		总模糊指数	
	流转前	流转后	流转前	流转后	流转前	流转后	流转前	流转后	流转前	流转后	流转前	流转后	流转前	流转后
0.000～0.100	28.3	21.8	0.0	32.2	4.7	3.6	0.0	7.5	0.0	58.2	0.0	0.0	0.0	0.0
0.101～0.200	18.2	30.1	1.8	42.6	8.3	2.6	0.0	24.2	0.0	12.0	0.0	0.0	0.0	12.2
0.201～0.300	15.1	21.0	20.5	12.2	17.1	5.7	0.0	24.2	0.0	0.0	0.0	70.4	0.3	50.7
0.301～0.400	15.9	20.0	15.8	6.5	6.8	4.9	0.0	13.5	0.0	7.0	0.0	0.0	29.1	28.6
0.401～0.500	9.6	3.1	16.1	2.9	12.7	9.9	100	13.5	100	22.8	100	19.0	54.0	7.8
0.501～0.600	4.9	2.3	13.8	2.1	19.2	33.0	0.0	5.6	0.0	0.0	0.0	0.0	15.6	0.8
0.601～0.700	4.4	1.0	9.9	1.0	14.6	16.1	0.0	6.0	0.0	0.0	0.0	0.0	1.0	0.0
0.701～0.800	2.6	0.0	11.4	0.5	8.1	11.4	0.0	4.4	0.0	0.0	0.0	10.7	0.0	0.0
0.801～0.900	0.8	0.8	10.7	0.0	2.6	2.9	0.0	0.3	0.0	0.0	0.0	0.0	0.0	0.0
0.901～1.000	0.3	0.3	0.0	0.0	6.0	9.9	0.0	1.0	0.0	0.0	0.0	0.0	0.0	0.0
平均隶属度	0.264	0.229	0.513	0.176	0.502	0.575	0.500	0.339	0.500	0.158	0.500	0.351	0.451	0.276

具体计算结果如表9-3～表9-6所示。从中可以看出，农地城市流转对绝大多数被征地农户的福利状况产生了很大的影响，农户福利格局发生变化。

表9-3　武汉市各功能隶属度农户比重分布　　单位:%

隶属度	X_1		X_2		X_3		X_4		X_5		X_6		总模糊指数	
	流转前	流转后	流转前	流转后	流转前	流转后	流转前	流转后	流转前	流转后	流转前	流转后	流转前	流转后
0.000～0.100	23.1	25.0	0.0	17.3	11.5	9.6	0.0	0.0	0.0	47.1	0.0	0.0	0.0	0.0
0.101～0.200	13.5	36.5	0.0	56.7	14.4	7.7	0.0	17.3	0.0	6.7	0.0	0.0	0.0	14.4
0.201～0.300	17.3	14.4	11.5	13.5	14.4	4.8	0.0	29.8	0.0	0.0	0.0	63.5	0.0	42.3
0.301～0.400	15.4	11.5	14.4	6.7	5.8	2.9	0.0	13.5	0.0	9.6	0.0	0.0	19.2	31.7
0.401～0.500	9.5	8.7	15.4	1.9	8.7	2.9	100	14.4	100	36.5	100	23.1	56.7	9.6
0.501～0.600	7.7	1.9	15.4	1.0	8.7	9.6	0.0	2.9	0.0	0.0	0.0	0.0	23.1	1.9
0.601～0.700	5.8	0.0	9.6	2.9	23.1	26.0	0.0	13.5	0.0	0.0	0.0	0.0	1.0	0.0
0.701～0.800	2.9	1.0	15.4	0.0	5.8	19.2	0.0	7.7	0.0	0.0	0.0	13.5	0.0	0.0
0.801～0.900	3.8	1.0	18.3	0.0	1.9	4.8	0.0	1.0	0.0	0.0	0.0	0.0	0.0	0.0
0.901～1.000	1.0	0.0	0.0	0.0	5.8	12.5	0.0	0.0	0.0	0.0	0.0	0.0	0.0	0.0
平均隶属度	0.308	0.199	0.573	0.173	0.439	0.569	0.500	0.381	0.500	0.226	0.500	0.375	0.462	0.293

表9-4　宜昌市各功能隶属度农户比重分布　　单位:%

隶属度	X_1		X_2		X_3		X_4		X_5		X_6		总模糊指数	
	流转前	流转后	流转前	流转后	流转前	流转后	流转前	流转后	流转前	流转后	流转前	流转后	流转前	流转后
0.000～0.100	12.8	25.5	0.0	66.0	6.4	0.0	0.0	16.0	0.0	67.0	0.0	0.0	0.0	0.0
0.101～0.200	11.7	24.5	0.0	18.1	8.5	0.0	0.0	27.7	0.0	19.2	0.0	0.0	0.0	16.0
0.201～0.300	13.8	28.7	42.6	8.5	3.2	0.0	0.0	16.0	0.0	0.0	0.0	88.3	0.0	57.5
0.301～0.400	20.2	9.6	16.0	4.3	4.3	5.3	0.0	9.6	0.0	8.5	0.0	0.0	19.2	17.0
0.401～0.500	11.7	2.1	11.7	1.1	9.6	5.3	100	12.8	100	5.3	100	5.3	52.1	8.5
0.501～0.600	10.6	6.4	13.8	2.1	29.8	44.7	0.0	9.6	0.0	0.0	0.0	0.0	25.5	1.1
0.601～0.700	10.6	3.2	5.3	0.0	11.7	20.2	0.0	1.1	0.0	0.0	0.0	0.0	3.2	0.0
0.701～0.800	6.4	0.0	8.5	0.0	12.8	8.5	0.0	4.3	0.0	0.0	0.0	6.4	0.0	0.0
0.801～0.900	2.1	0.0	2.1	0.0	4.3	3.2	0.0	0.0	0.0	0.0	0.0	0.0	0.0	0.0
0.901～1.000	0.0	0.0	0.0	0.0	9.6	12.8	0.0	3.2	0.0	0.0	0.0	0.0	0.0	0.0
平均隶属度	0.374	0.217	0.405	0.125	0.545	0.624	0.500	0.326	0.500	0.086	0.500	0.295	0.467	0.228

表 9-5　荆门市各功能隶属度农户比重分布　　单位:%

隶属度	X_1		X_2		X_3		X_4		X_5		X_6		总模糊指数	
	流转前	流转后	流转前	流转后	流转前	流转后	流转前	流转后	流转前	流转后	流转前	流转后	流转前	流转后
0. 000 ~0. 100	34. 8	42. 6	0. 0	22. 6	0. 0	3. 5	0. 0	12. 2	0. 0	59. 1	0. 0	0. 0	0. 0	0. 0
0. 101 ~0. 200	17. 4	17. 4	0. 0	44. 4	5. 2	2. 6	0. 0	33. 0	0. 0	12. 2	0. 0	0. 0	0. 0	14. 8
0. 201 ~0. 300	19. 1	20. 9	5. 2	9. 6	40. 9	13. 9	0. 0	17. 4	0. 0	0. 0	0. 0	68. 7	0. 0	49. 6
0. 301 ~0. 400	10. 4	10. 4	12. 2	11. 3	13. 0	7. 8	0. 0	12. 2	0. 0	7. 8	0. 0	0. 0	29. 6	30. 4
0. 401 ~0. 500	10. 4	5. 2	17. 4	6. 1	7. 8	6. 1	100	15. 7	100	20. 9	100	27. 8	55. 7	5. 2
0. 501 ~0. 600	5. 2	2. 6	15. 7	3. 5	9. 6	39. 1	0. 0	6. 1	0. 0	0. 0	0. 0	0. 0	14. 8	0. 0
0. 601 ~0. 700	2. 6	0. 0	16. 5	0. 9	13. 9	9. 6	0. 0	1. 7	0. 0	0. 0	0. 0	0. 0	0. 0	0. 0
0. 701 ~0. 800	0. 8	0. 0	16. 5	1. 7	4. 4	10. 4	0. 0	0. 9	0. 0	0. 0	0. 0	3. 5	0. 0	0. 0
0. 801 ~0. 900	0. 0	0. 0	16. 5	0. 0	2. 6	1. 7	0. 0	0. 0	0. 0	0. 0	0. 0	0. 0	0. 0	0. 0
0. 901 ~1. 000	0. 0	0. 0	0. 0	0. 0	2. 6	5. 2	0. 0	0. 9	0. 0	0. 0	0. 0	0. 0	0. 0	0. 0
平均隶属度	0. 248	0. 184	0. 592	0. 210	0. 415	0. 508	0. 500	0. 300	0. 500	0. 151	0. 500	0. 324	0. 435	0. 253

表 9-6　仙桃市各功能隶属度农户比重分布　　单位:%

隶属度	X_1		X_2		X_3		X_4		X_5		X_6		总模糊指数	
	流转前	流转后	流转前	流转后	流转前	流转后	流转前	流转后	流转前	流转后	流转前	流转后	流转前	流转后
0. 000 ~0. 100	23. 6	34. 7	0. 0	25. 0	0. 0	0. 0	0. 0	0. 0	0. 0	61. 1	0. 0	0. 0	0. 0	0. 0
0. 101 ~0. 200	23. 6	61. 1	9. 7	51. 4	4. 2	1. 4	0. 0	15. 3	0. 0	9. 7	0. 0	0. 0	0. 0	25. 0
0. 201 ~0. 300	9. 7	4. 2	29. 2	19. 4	1. 4	1. 4	0. 0	37. 5	0. 0	0. 0	0. 0	59. 7	0. 0	54. 28
0. 301 ~0. 400	5. 6	0. 0	23. 6	1. 4	1. 4	0. 0	0. 0	20. 8	0. 0	0. 0	0. 0	0. 0	27. 8	19. 4
0. 401 ~0. 500	13. 9	0. 0	20. 8	1. 4	29. 2	30. 6	100	2. 8	100	29. 2	100	16. 7	51. 4	1. 4
0. 501 ~0. 600	15. 3	0. 0	8. 3	1. 4	34. 7	31. 9	0. 0	9. 7	0. 0	0. 0	0. 0	0. 0	20. 8	0. 0
0. 601 ~0. 700	5. 6	0. 0	5. 6	0. 0	8. 3	13. 9	0. 0	8. 3	0. 0	0. 0	0. 0	0. 0	0. 0	0. 0
0. 701 ~0. 800	1. 4	0. 0	1. 4	0. 0	8. 3	8. 3	0. 0	5. 6	0. 0	0. 0	0. 0	23. 6	0. 0	0. 0
0. 801 ~0. 900	0. 0	0. 0	1. 4	0. 0	4. 2	2. 8	0. 0	0. 0	0. 0	0. 0	0. 0	0. 0	0. 0	0. 0
0. 901 ~1. 000	1. 4	0. 0	0. 0	0. 0	6. 9	9. 7	0. 0	0. 0	0. 0	0. 0	0. 0	0. 0	0. 0	0. 0
平均隶属度	0. 289	0. 122	0. 376	0. 156	0. 574	0. 598	0. 500	0. 335	0. 500	0. 163	0. 500	0. 388	0. 445	0. 252

在各功能性活动方面，湖北省被调查区域在农地城市流转前，有 13. 0% 的农户家庭经济状况指数大于 0. 500，并有 3. 7% 的农户该指数超过了 0. 700，家庭经

济状况良好。而农地流转后，96.0%的农户经济状况指数集聚降到了0.501以下。在社会保障方面，土地流转前基本上平均分布在0.201～0.900的社会保障功能指数，在流转后也有96.4%农户的该指数降到了0.501以下，并且74.8%的农户该指数介于0.000～0.200这一较差的区段上。被征地农户的居住状况普遍转好，其指数位于0.501以下的农户比例减少，而超过该值的农户比例增多。有69.4%的样本农户认为综合考虑社会治安和征地对生活的影响两方面因素，在社区生活状况方面相对农地城市流转前是变差了，而其余17.3%的人持相反意见。在福利的环境功能获取方面，有22.8%的样本农户感觉农地城市流转没造成什么改变，但有70.2%的人认为农地城市流转使得他们的环境功能遭到了严重的破坏，环境功能指数小于0.201。有70.4%的样本农户认为，征地后与征地前相比对经济的满意度下降，相反，有10.7%的人感觉对经济的满意度增加。

9.5 补偿方案与政策建议

9.5.1 农民福利补偿的思路

由于福利由功能性活动组成，而各功能又被赋予不同的权重，用公式则表示为

$$W = f(\mu_{i\cdot}, \omega_{i\cdot})$$

式中，$\mu_{i\cdot}$ 和 $\omega_{i\cdot}$ 分别是各功能的隶属度和它们的权重。

在本章中，被征地农民的福利由六方面的功能性活动组成，即家庭经济状况、社会保障状况、农户的居住条件、社区生活、环境状况以及心理状态，第4章的实证研究已经证明，除农户的居住条件在农地城市流转后得到改善外，其他五个方面的功能都受到了损害，要想使农民至少保持征地前的福利水平，必须想方设法改进这五个方面的功能，但五个功能性活动不可能同时得到改进，必须循序渐进地采取措施，逐步完善。

根据本章中的福利函数，为

$$W = \sum_{i=1}^{6} (\mu_{i\cdot}\omega_{i\cdot}) = \sum_{i=1}^{6} (\mu_{i\cdot} \frac{1}{\sqrt{\mu_{i\cdot}}})$$

对此函数求偏导，可得

$$\frac{\partial W}{\partial \mu_{i\cdot}} = (\sqrt{\mu_{i\cdot}})' = \frac{1}{2\sqrt{\mu_{i\cdot}}}$$

从此偏导式可以看出，功能性活动的单位变动对福利指数的影响是反向的，且该功能的隶属度越低，其边际福利越大，即福利指数受限于那些获得程度较低的功能的获取，要想改进被征地农户的福利水平，或者说使他们至少保持被征地

前的福利状态，就必须将关注的重点放在这些获得程度较低的功能性活动上，因为这些功能在较小程度上的改善将在相对来说较大的程度上改进农户的福利。

从表9-1中可以看出，不论是省会武汉市，还是位于江汉平原的荆门和仙桃市，或是水电之城宜昌市，农民所获得的社会保障和环境欣赏功能隶属度在征地后的变化都是最大的，只不过变动最大的功能性活动在四个城市间略有差别，如武汉市和荆门市的农户社会保障功能隶属度变化最大，而宜昌市和仙桃市则是环境功能隶属度变动最大。除此之外，农户的经济状况、社区生活状况和心理感受的变化幅度相近。农民社区的生活状况，包括社区配套的文化娱乐设施、生活服务设施、安全保障设施的建设和完善等，这些公益性项目基本上都应由地方政府或村集体负责，很大程度上受地方政府或村集体的经济实力或决策者的执政理念影响。因此，这里建议政府多关注农民特别是被征地农民社区生活服务设施的建设和完善，从这一侧面改进他们的福利。在环境功能的改进方面，由于环境功能是农地这一自然资源赋予人类的天然财富，其提供优美的自然景观、清新的空气以及生物栖息繁衍场所等功能是无法通过人工复制的，因此，想让环境隶属度恢复到征地前的水平几乎是不可能的，只有逐步通过人工营造一个良好的生活环境来弥补，这将是个长期性的工作。而农民在心理上的变化主要是由于土地被征而失去经济来源和安全感，心理上的建设可通过对农民社会保障的安排和经济上的补偿来完成。这样，补偿制度设计的重点就放在经济补偿和社会保障的安排上了。

在传统意义上，土地对于农民起着重要的社会保障作用，而实际上，这一社会保障作用更多的是由于土地对农民经济上的保障作用而转化的。我们从表9-2～表9-6的计算结果中就可看出其中的端倪，即武汉市农户家庭经济状况的变化与社会保障状况的变化同步进行。在农地城市流转前，有21.2%的农户经济状况指数大于0.500，处于中等偏上或好的经济福利状态，而同时有58.7%的农户社保状况突破了0.500的模糊中间水平；在农地城市流转后，有96.1%的农户经济状况指数降到了0.501以下，与此同时，有96.1%的农户社会保障指数也降到了0.501以下，这就说明经济状况与社会保障功能的获取有着紧密的联系。首先，土地可以满足农民基本的日常食品需求。我们通过在湖北省所调查的样本可以发现，农户自家种植的水稻、房前屋后撒播的蔬菜就可以满足一家人的伙食，种植油菜又节省了食用油的购买支出。如果说家中承包有鱼塘，那么除了可以丰富餐桌外，鱼塘的经济收入也比较可观。这样，农民只要有足够的土地，他们的生活就基本可以保证。其次，在我们的调查中也发现，土地对农民的另一个很重要的作用是心理上的安全感。以武汉市的调查为例，在有效的104份样本中，有80%的农民认为“家里有土地感觉有保障，种地牢靠、保险”。这种心理上对土地的依赖其实很大程度上是由于没有了土地农民的经济生活不能得到保障。最后，种地对于农民来说最具比较优势，农业劳作对劳动者自身的低水平要求是农民依恋土地的重要原因之一。也就是说，不论农民的性别如何，是否是种地的能手，只要他愿意劳动、可以劳动，就算他没有受过任何科学文化教育，也能够从土地上获得收益，以满足其基本的生存需求。一旦农民失去了土地，他们就只能从事一些低技能的体力劳动，除此之外，其他工作对于他们来说就不具有竞争力。

如何改进被征地农民的福利，其中涉及路径依赖的问题。较为现实的措施是直接一次性给予货币补偿；或者是补偿款不经过农民或村集体之手，直接缴纳农民的养老保障费用，将被征地农民纳入社保体系；抑或是给农民一定量的货币补偿，其他支付他们的社会保障费用。

2004 年《国务院关于深化改革严格土地管理的决定》中首次明确提出建立被征地农民社会保障制度，特别是建立国民社会养老保障体系将割断农民与土地的经济联系，为确立公民之间的真正平等提供了可能（卢海元，2007）。实际上，土地给予农民的是经济上持续性的收入，在征地后，如果能够保证农民至少有同等数量的收入，即将他们纳入社保体系，那么他们就不用担心日后的养老问题从而无后顾之忧。因此，补偿措施的选择要遵从从传统的“土地保障”向“社会保障”转变的理念，在农地城市流转后，让现代社会保障直接取代原本土地所扮演的在农民的经济、心理等方面的保障角色（由于湖北已于 2003 年启动农村合作医疗试点，并将在 2008 年全面启动新型农村合作医疗，实现以县、市、区为单位的全覆盖①，同时此项工程与农地城市流转并无直接联系，因此这里主要讨论养老保障）。而如果一次性地给予农民货币补偿，他们也难以从这些货币中获得安全感，甚至有的人很快将这些钱一花而光，生活更加陷入窘境。但是养老保障也只能保证农民在达到一定年龄以后的生活，而对于其他年龄段的人，不论是未达到法定劳动年龄的未成年人，还是成年人，都可能在征地后没有收入来源或是由于无法在短期内找到合适的工作而导致生活水平降低（在调查中有 88.7% 的农民认为要找到一份适当的工作难度较大），因此，一定程度的货币补偿又是必需的。这样就确定了一定的货币补偿加安排养老保障的补偿思路。

9.5.2 补偿措施和货币数额的确定方法——以武汉市为例

一般而言，农地资源具有市场价值和非市场价值。市场价值是指受农地产权约束、可在市场上实现的价值。农地的市场价值可通过地租量的折现值来反映。农地的非市场价值是指农地所提供的不具有产权约束性、可被社会大众所共享的

① 资料来源：http：//health. sohu. com/20071006/n252488483. shtml。

服务，这种价值不能在市场上实现。农地与周围环境所形成的优美景观，以及农地生态系统拥有的维护生物多样性、净化空气、涵养水源等功能都是农地资源所提供的，无法通过市场交易获得的价值。

对于农民来说，由于农地城市流转的原因，他们损失的经济效益就可用农地的市场价值来衡量。农地市场价值的估算多采用收益还原法，即可以通过农民每年从农地上获得的收益水平在一定年期内的折现值来衡量。虽然农民对农地的承包经营权是30年，但温家宝总理曾承诺“农民对土地的生产经营权将长期不变，也就是永远不变”，因此，选择无限年期折现公式：$P=A/r$，其中，P为被征地的市场价值，A为土地的年均收益，r为还原率。对于r的确定，目前国内学者多使用下式（蔡银莺，2007），即

$$\text{土地还原率}=\frac{\text{一年期银行存款利率}}{\text{同期物价指数}}\ (1-\text{农业税率})$$

目前中国已全面取消农业税，因此，农业税率为0，当前我国一年期固定存款利率为4.14%，2007年的物价指数为4.8%[①]，这样计算的土地还原率小于一年期固定存款利率，而使用权年限大于一年的土地还原率必须严格大于或等于一年期存款利率（李国安，1996），因此，土地还原率仍取4.14%。武汉市样本农户被征地块的亩均收益为3060元/年，这样可计算得到农民在被征土地上的经济损失为73 913元/亩。

农民由于农地城市流转而丧失的养老安全感、无法继续依赖于土地以及对农民享受美好环境的功能被破坏，都可通过农地资源对农民的非市场价值来衡量。对于农地非市场价值的评估，由于无法在真正的市场上体现，学界多采用条件价值评估法、旅行成本法、享乐价值法等这些替代性技术加以衡量。由于农地的非市场价值不受产权约束，享有的主体不仅包括农民，还包括市民，因此要考察农地城市流转对农民享有农地非市场价值情况的破坏，必须将农民作为单独的研究对象。蔡银莺（2007）对农地价值的构成、农地价值的评估方法等内容进行了系统的分析和研究，并以湖北省为例评估了不同类型地区的农地资源价值。由于本书对农地价值的内涵认同与蔡银莺的观点相同，且研究区域一致，所以，这里对农地非市场价值的计算借用她的计算结果，并通过时间价值的修正得到我们所需要的结果。蔡银莺评估的2004年以武汉市农民为受益群体的农地保护支付意愿总价值为45 100万元，将支付意愿折算成农地的非市场价值，并通过利率的修正，得到2007年对于农民而言由于农地城市流转而使他们损失的非市场价值为1462元/亩。加上农民损失的市场价值，农地城市流转使得农民受损的总价值为75 375元/亩。

---

① 资料来源：http://house.inhe.net/zhuanti/07yhjx_12_21/，http://finance.sina.com.cn/roll/20080121/02401946614.shtml。

将被征地农民的货币补偿额与其经济状况指数进行拟合，发现如果按每亩地补偿货币 15 500 元的标准，农民的经济状况指数将回复到流转前的水平，即由 0.243 上升到 0.263。虽然这一经济福利水平仍是比较低的，但让农民维持流转前的经济状况是首要的工作，进一步改善农民的福利状况还需从福利组成的其他各个部分全面入手。

农地城市流转对农民福利影响最大的是社会保障功能，从第 8 章的实证计算可以看出，以武汉市为例的样本农户因农地城市流转而导致的社保功能降低了 0.400 个单位，对获得程度最低的功能补偿将在最大限度上改进农民的福利，因此，对农民补偿工作的重点应放在农民养老保障措施的制定上。从所获调查资料来看，在武汉市 104 户调查样本中有 76 户农户完全失地，而在这些完全失地的农户中只有 41 户农户被安排了养老保障。这一养老政策安排一般是男 60 岁、女 55 岁以后每月享有 80 ~ 300 元数额不等的保障标准，对于这样的安排，农民普遍表示不满。问及农民对养老保障月保障额的意愿，武汉市被调查农民的回答是希望得到平均水平为 430 元/月的标准。可见，实际给农民的保障水平和农民的期望值之间还是有一定差距的。

被征地农民对于养老保障应有标准的意愿表达，其实反映了他们在养老问题上的补偿变化，也就是使消费者能回复到他初始无差异曲线上所必需的收入变化。当消费者福利受损时，补偿变化是指为使消费者的福利不变所必须补偿的最低价值（蔡银莺，2007）。因此，对于养老保障标准的选取问题，可以直接将农民所表达的应有的补偿意愿标准作为实际补偿标准。对于武汉市的被征地农民来说，可以按照被调查农民对养老保障的平均意愿水平，即 430 元/月来安置农民家庭中的老人。当然农民在享受养老保障之前应缴纳养老保险统筹费，这部分资金可由应给农民补偿的总价值扣除给予农民的经济补偿款后的余额支付，其数值为 59 875 元/亩。武汉市城乡结合部调查所得样本的人均农地面积为 2.16 亩[①]，这样，每人可获得除直接货币补偿外的129 330元作为因失去农地而丧失的非市场价值的补偿。对征地时达到退休年龄（男满 60 周岁，女满 55 周岁）的被征地人员，一次性缴纳 15 年的养老保险统筹费，从次月开始按月发放养老金。如果按照每月 430 元的标准发放，15 年的养老保险统筹费所需要的资金总量为 104 403元。根据中国《卫生发展“十一五”规划纲要》[②]，中国人口平均预期寿命到 2010 年达到 72.5 岁。如果按预期寿命 72.5 岁计算，满 60 周岁的男性和满 55 周岁的女性应分别有 12.5 年和 17.5 年的时间享受养老保险，在这段时间内所

① 武汉市 2005 年人均农用地面积为 2.89 亩，考虑这个数值是整个武汉市的平均水平，包括了人均农地面积较多的远郊典型农村，而农地城市流转主要集中在近郊的城乡结合部，这一地域的人均农地面积本来就少于远郊农村，因此选用在城乡结合部调查所得样本的人均农地面积 2.16 亩为计算基数较为合适。

② 资料来源：http：//www.hljjsw.gov.cn/rkbk/tjzl/200706/t20070621_ 2261.htm。

需的养老保障资金总量分别为86 386元和133 838元。据湖北新闻网报道①，武汉市60岁以上老年人口男女比例为1∶1.08，折算下来的养老保障资金均值为115 465元。这与上面计算的失地农民非市场价值损失的补偿额度非常接近，因此，这些钱应全部用于失地农民的养老保障安排。由于计算中已经考虑了利率上涨的因素，因此，在具体实施过程中对保障金的发放应遵循逐步递增的原则。

9.5.3 简要的政策含义

阿马蒂亚·森强调了人的主体性（agency）地位，他认为我们不仅仅是健康的或生病的人，而且应该是能够做出选择和采取行动的人。他强调对于被剥夺的群体，应该通过地位独立和素质提升来增强他们的声音和主体性，对于被征地农民也是如此。虽然被征地农民福利水平有上升也有下降，但农民总体福利水平不高，多数处在隶属度小于0.501这样较差的阶段中，改善农民的福利状况仍有很长的路要走。

从功能指标来看，家庭经济状况、社会保障和环境的权重很大，说明这三项功能是影响农民福利获得的主要因素。要使被征地农民福利水平上升，主要应增加他们的经济收入，跟进社会保障措施，同时注意对环境的保护，改善社区的生活条件。农地城市流转后，被征地农民的福利水平从0.462降到0.293，这说明当前国家实行的单一货币化补偿方式并未增进农民福利或至少维持农民以前的福利水平，反而对农民福利有所损害。

总之，国家的征地补偿安置方式不应只是发放补偿金，而应以促进农民就业为主。对家庭收入低、需抚养人口多、文化水平低的农户应给予特别关注和照顾。作为长效机制，国家应加大基础教育投入力度，增强农民获得非农就业机会的能力，与此同时，完善农民社会保障体系，尽量减少他们的医疗和教育支出。

9.5.4 讨论

本书在分析被征地农民福利过程中选取了六个方面的功能性活动，选择的功能性活动不同、指标不同，反映的农民福利内容就会不同，从而揭示不同的侧面。在这方面，阿马蒂亚·森也认为针对不同的研究对象应选取不同的指标体系。选择指标体系的准确性直接影响到评价结果，如何确定合理的评价指标体系仍值得探讨。例如，一些指标的变化也许并不完全起因于农地城市流转，其中还可能包括社会经济发展等因素，如交通条件、治安状况等的改变。因此，用这些

① 资料来源：http：//www.hb.chinanews.com.cn/news/2007/2007-05-08/80859.html。

指标反映农地流转后农民福利变化情况可能有偏差。

由于受获取资料所限，本章的实证部分只分析了农民福利的六个功能性活动变化，未能覆盖理论研究中提到的全部功能性活动，得出的结论只能大致反映农民福利的变化，在未来的研究中应全面加以考察。在实证部分，转换因素应选择被调查农民所在乡镇的社会经济数据，但由于获取资料困难，只能扩大到区这一范围，这可能影响评价结果。

第 10 章 被征地农民社会保障资金构成及运行管理

10.1 被征地农民社会保障状况及制约因素

在调查中，我们以武汉、荆门、仙桃、宜昌四个典型地区进行实地调研，共回收有效问卷390份，对被征地农民的社会保障情况进行抽样调查和访谈，对湖北省被征地农民的社会保障基本情况及存在问题有了一定的了解。

10.1.1 被征地农民社会保障存在的问题

10.1.1.1 被征地农民的就业和社会保障体系建设迫在眉睫

被征地农民是一个国家或地区在城市化进程中必然出现的一种正常的社会现象。伴随着工业化和城镇化进程的快速推进，被征地农民的数量剧增。我国每年农村正常占用的土地达400多万亩，其中大约有200多万亩是属于农民的耕地，这些耕地的占用，可能使100多万农民失去耕地（尹成杰，2006）。湖北省有农村人口3388.3万人，占总人口的56.32%，人均耕地面积仅有0.87亩，低于全国平均水平。按照目前的城市化进程和基础设施的建设速度，预计2020年湖北省城市化水平将达到59%，未来十几年至少有1000万农民成为失去土地的农民，他们需要逐渐从农民转变为市民，被征地农民的就业和社会保障体系建设迫在眉睫。由征地问题引发的社会矛盾不断加剧，保护好耕地资源、解决被征地农民的就业和社会保障问题已成为社会主义新农村建设中最重要的问题。

10.1.1.2 被征地农民的土地补偿以短期的货币补偿为主

目前，湖北省对被征地农民的安置大部分是以政府货币补偿的方式为主。实行货币补偿后，被征地农民自行解决养老、医疗、失业等社会保险待遇，总体上看，被征地农民社会保障的覆盖面窄，保障水平低。在近几年各地审批的建设用地项目中，补偿方式上基本采用货币补偿安置方式，且是一次性补偿。这种补偿方法虽简单易行，但只能缓解被征地农民的近忧。当前被征地农民尚不能获得与城市居民一样的社会保障，被征地后再就业又缺乏帮助和支持，农民的土地一旦被征用，便面临无地、无技术、无岗位、无最低生活保障的困境，成为既有别于农民又不同于城市市民的社会弱势群体。他们的生活仅依靠有限的征地补偿金，“坐吃山空”，补偿金用完，生计就会变得麻烦，如果再遇到生病，生活就更艰难。据统计，因征地引发的社会矛盾急剧上升，在全国各地土地上访案件中，70%以上是因征地引发，并且这种上访具有明显的组织性、对抗性和持久性。

10.1.1.3 被征地农民社会保障层次低，社会保障制度陈旧甚至空白

长期以来，我国社会保障水平发展呈现典型的城乡二元性。城市有正规的社会保障制度，在过去的几十年里得到国家的重视，保障水平不断提高。土地保障和家庭保障是当前农村的基本社会保障方式，而农村的社会保障则仍主要依靠农村基层组织自己解决，保障制度空白、落后。农村目前建立的保障制度仅有农村“五保户”福利制度、农村老弱孤寡病救助、农村计划生育保险等几项制度，主要的养老保障制度、医疗保障制度、失业保障制度和最低生活保障制度在多数地区仍是空白，即便是有相关制度，执行难度也较大。当前，农村养老以家庭为主，近郊区、县部分经济实力较强的村集体通过给予养老金等方式为老年农民提供福利待遇。但整体而言，养老待遇较低。湖北省现有的唯一农村社会保障制度，即《湖北省农村社会养老保险暂行办法》，也是在1995年8月施行的，制度陈旧、落后，即使按相关条款完全执行也难以达到养老保障的目的。北京、上海、宁波等地目前在对被征地农民补偿的操作实践中，已将被征地农民作为城镇居民对待，将其纳入到城镇居民的社会保障体系之中。而在对湖北经济发展水平较为发达的武汉、仙桃、宜昌、荆门四个城市的调查中，除个别村镇有养老保障外，多数村镇基本均未将被征地农民纳入城镇居民的社会保障。即使建立被征地农民养老保障的村镇，其保障水平也非常低，年养老金最高有500元/月，最低的只有50元/月，难以满足被征地农民基本生活需求。更谈不上跟上物价的上涨，在实际中，农民养老保障的执行情况也参差不齐。据调查，仙桃市沙嘴街道杜柳村1组60岁后每月可领取60元，黄荆村6组每月可领取40元，其他村组有的每月可领取50元，有的则没有养老金。宜昌市夷陵区东湖村、刘家河村、七里岗村60岁后每月可领取60元的养老金，丁家坝每月养老金在40元。家庭每月的基本生活费在400元左右。荆门市掇刀区交通村、斗立村、双泉村，女性满50岁，男性满60岁的每月可领取养老金400~500元。武汉市洪山区马湖村村民年满60岁后，每月可领取300元；江夏区郋数村每月养老金100元。

10.1.1.4 新型农村合作医疗虽基本覆盖，但仍需进一步完善

调查表明，调研地区基本未建立针对被征地农民的医疗保障制度，其主要仍

以新型合作医疗为主。新型农村合作医疗是由政府组织、引导和支持，农民自愿参加，个人、集体和政府多方筹资，以大病统筹为主的农民医疗互助共济制度。2003 年 7 月，湖北省选择武穴等 8 个县（市）作为全省首批试点，推广新型农村合作医疗；2004 年 6 月，增加当阳等 6 个县（市、区）为 2005 年新增试点地区；2005 年 10 又确定阳新等 27 个县（市）为 2006 年启动的新增新型农村合作医疗试点县（市）。随着试点县市的扩大，2003 年，8 个试点县（市）参合农民达 234.6 万；2004 年，14 个试点县（市）参合农民达 418 万；截止到 2006 年 3 月，全省 41 个试点县（市）已有 1435 万农民参加新型农村合作医疗，试点地区农民医疗保障水平有一定提高，2005 年，全省部分看病、住院的农民共获得了合作医疗基金补助 1.14 亿多元。调查表明，新型农村合作医疗覆盖面广，调查地区的各村镇农民基本已参加农村合作医疗，有些乡镇的参合率接近 100%。但受筹资水平限制，合作医疗也存在农民的受益面和受益水平偏低的问题。结合我国目前的医疗费用水平，现行筹资水平很难为农民提供有效的医疗保障。调查表明，目前农村人均医疗费用支出为 400～500 元/年，但全省新型农村合作医疗筹资水平仅为人均 85 元/年（个人出资 15 元/年，区财政给 20 元/年，市补贴 20 元/年，省补贴 30 元/年），远不能保障农民的医疗需求，即参合意义受到一定程度影响。

10.1.1.5 被征地农民就业困难，缺乏就业保障

据统计，1990～2002 年，全国因非农建设占用耕地达 4736 万亩。其中，1990～1996 年共非农占地 3080 万亩，平均每年 440 多万亩；1997～2002 年非农占地 1646 万亩，平均每年约 274 万亩。因这些非农建设占地主要集中在城郊和人多地少的经济发达地区，而这些地区一般人均耕地不足 0.7 亩，每占用一亩耕地就会造成 1.4 人失去土地，依此推算，13 年来全国共有 6630 万农业人口失去赖以生存的土地。而由于征用补偿标准低，被征地农民所获得的土地补偿费不足创业，又没有建立合理的安置和社会保障制度，导致这些被征地农民大都成为无地可种、无正式工作岗位、无社会保障的社会流民。在调查中，88.7% 的被征地农民认为能够找到一份合适工作的难度较大。被征地农民就业困难的原因是多方面的，其中被征地农民文化素质较低是就业难的首要原因。在 390 户被调查户各种文化程度中，小学及以下文化程度人口占总人数的 34.7%，初中及以下文化程度人口占总人口的 73.3%，只有 1.9% 的人具有大学以上学历。很明显，目前被征地农民的文化素质不能适应工厂、企业的招工要求，而那些文化水平低、年龄偏大、无一技之长的劳动力就更难找到工作，即使找到就业机会，也只能从事耗体力、报酬低、稳定性差的简单劳动。政府在解决被征地农民的就业问题上缺位，是被征地农民就业困难的另一个原因。调查结果表明，被征地农民基本上没

有得到就业安排，也没有得到安置补助费，安置补助费基本被村委会留用，被征地农民的再就业权益受到侵犯。即使被安排了工作，也只是到社区做清洁工人、保安人员，而且工资低、数量有限。在安排这些人员就业时，也有很大的随意性。拥有足够的人际关系资源的，才能够得到安排。这对被征地农民来说，又是很不公平的。

10.1.1.6 征地补偿历史遗留问题较多，土地纠纷严重，同地不同价现象普遍

调查发现，在不同时期征地补偿标准不一，不同征地类型补偿标准不一的问题普遍存在。有的地方，即便是同一村庄、同一年期、同一征地类型，农民得到的征地补偿也存在较大差异。在宜昌等地的调查发现，征地补偿标准不一是促使农民上访的主要原因。在一些地方，农民上访和争议后征地补偿款有所增加；不上访、不争取，征地补偿款则存在差异明显。这种状况更加驱动被征地农民上访现象的出现。农村土地纠纷已取代税费争议成为目前农民维权活动的焦点，是当前影响农村社会稳定和发展的首要问题。

10.1.1.7 被征地农民在耕地被征收后，收入普遍减少

土地被征收后农民的生活成本提高，被征地农民进城后生活难以为继。农民失去土地这个最基本的生产资料后，无论愿不愿意“农转非”，他们的一切生活都已经城市化了，以往自己种自己吃，而现在大部分生活用品都要到市场去买，因而增加了生活成本。虽然征地后农民得到补偿，但只是杯水车薪，解决不了根本问题。同时由于缺乏创业能力，也只有坐吃山空，进城后生活变得很艰难。从农民的人均纯收入上看，耕地征收前 390 户农民家庭人均纯收入为 4057.5 元，耕地征收后人均纯收入为 2985.3 元，被征地后纯收入下降幅度达 26.4%。以仙桃市为例，被征地农民征地前后农副业收入发生明显的变化，征地前副业收入在 5883 元/年，征地后副业收入净减少 3266 元/年。同时征地后生活成本增加。征地前户均生活月开支 621 元，征地后户均生活月开支达 1141 元，户均月生活开支直接增加 520 元；征地后，被征地农民的月生活开支中用于食品开支的比例也在增加，征地前户均食品开支在 268 元/月，征地后户均食品开支为 626 元/月，恩格尔系数由征地前的 43% 增加到征地后的 55%。

10.1.2 被征地农民社会保障制度发展的制约因素

10.1.2.1 农业哺育工业、哺育城市的历史和制度原因

我国从 20 世纪 50 年代起选择发展工业的战略，农业承担起为工业发展积累资本的任务，长期以来，这一战略极大阻碍了农业发展。据统计，1952 ~ 1980

年，工业以剪刀差方式从农业中获取5000亿元以上的资金，恰相当于1953～1980年全民所有制各行业基本建设新增固定资产总额5129亿元。从这个角度说，传统体制时期国家现代化建设的资金来源主要来自于农业。目前来看，这种思想并未完全改变。据统计，实行土地有偿使用以来，地方政府收取的土地出让金达2400亿元，大部分作为地方预算外资金。一些地方政府出让土地获得的收益相当于地方财政收入的30%，少数地方在某一时期甚至达到80%以上。而被征地的农民仅得到补偿的5%～10%。正是这种不公平的制度导致农民贫困问题长久得不到解决。这也是被征地后农民贫困程度加深的直接根源。

10.1.2.2 长期以来城乡社会保障水平的非均衡性，农村社会保障水平低

民政部虽从1987年开始就在全国部分县市推行的农村社会养老保险制度，已有20年的时间，但农村社会保障制度建设仍处在试点阶段。截至目前，仍没有在农村建立一个正规的社会保障制度。我国农村社会保障缺乏稳定的制度安排，依然处于社会救济的低水平层次。农村由于长期以来一直依靠土地保障，国家对农村的社会保障工作不甚重视，投入也很少。统计显示，几十年来，占全国总人口80%左右的农民的社会保障支出仅占全国社会保障支出的11%，而占20%左右的城镇居民却占有89%的社会保障费，城市人均享有的社会保障费约是农村人均的30倍之多。截至2004年底，全国农村社会保障支出仅占全国社会保障支出的1.84%，农村社会保障支出总额不到125亿元，人均16.4元。

10.1.2.3 就业环境差、障碍重重

乡镇企业的萎缩不但不能吸收新的农村劳动力，相反却使数千万以往吸收过的劳动力失业；国企改革等造成大量城市职工下岗，农民进城打工更加困难，出现了上亿农民争抢东部都市和少数繁荣地区工作机会的局面。与此同时，不少城市的政府设置重重障碍限制农民工的就业机会，以保护城市失业者的饭碗。这种就业环境对被征地农民外出打工更加不利，从而加剧贫困程度。

10.1.2.4 农民劳动技能低，就业培训制度不健全

被征地农民文化素质偏低，劳动技能较低，况且相应的就业培训制度也不健全，面对竞争激烈的就业市场，在城市工作岗位的竞争上一般处于弱势，很难找到满意工作，从而很难保障基本生活。尽管土地被征收后有关部门作了一些就业安置，但由于被征地农民的文化素质和劳动技能普遍不高，对市场的应变能力有限，很容易再次失业。另外，虽然农村中已有不少农民进入第二、三产业，但大多数是从事纯体力劳动，劳动替代性极强，实质上也是一种隐性失业。这种自身

素质条件限制使被征地农民外出打工更加艰难，从而加深其贫困程度。

10.1.2.5 被征地农民的社会保障缺乏法律依据

我国缺乏征地方面专门法制，目前的法制体系也不健全，缺乏对农民切身利益的法制保障，诸如农民被征地后的相关保障工作缺乏法律依据等。同时，征地工作中的违法情况也极大地损害了农民利益，如补偿标准低于国家规定、挪用补偿款等情况多有发生。

10.2 国内典型地区被征地农民社会保障的经验借鉴与启示

10.2.1 国内典型地区征地农民社会保障的经验借鉴

近年来，为被征地农民建立社会保障越来越受到重视，一些经济发达地区和大中城市为解决被征地农民的生活保障问题进行探索。例如，浙江省在全国率先建立被征地农民社会保障制度，为了加强被征地农民基本生活保障资金的筹集、使用、管理工作，确保被征地农民基本生活保障费及时、足额缴纳和安全运行，维护保障对象的合法权益，出台了《浙江省被征地农民基本生活保障资金管理暂行办法》，全省已有52万被征地农民通过参加基本生活保障、养老保险等方式纳入社会保障范围，其中符合条件的15万被征地农民已按月领取保障金。福建省采取国家、集体、个人三者共担的方式，正着手建立被征地农民基本生活保障制度，从根本上解决被征地农民的长远生计。北京市2004年颁布实施《建设征地补偿安置办法》，确立“逢征必转、逢转必保”的原则，建立被征地农民的养老保障、医疗保障、失业保障三方面的社会保障制度。安徽省立法保障被征地农民权益，“对征地后失去生活保障的农民，由县级以上人民政府建立就业和社会保障制度；征地前必须听取集体组织和农民的意见；征地费用必须直接发放到农户”被正式写进安徽省地方法规。山东青岛、福建厦门等地试行被征地农民养老保险，统一实施新型农村养老保险制度。

10.2.1.1 北京市被征地农民社会保障的做法

北京市将建设征地农转非人员全部纳入城镇企业职工社会保险统筹范围，以保障农转非人员（转非劳动力）的基本生活，并确保其享有与城镇居民同等的促进就业优惠政策，此外，补缴社会保险所需费用全部由征地补偿费提供。具体操作方法如下四方面。

（1）被征地农民养老保险办法

转非劳动力达到国家规定的退休年龄时，累计缴纳基本养老保险费满15年及以上的，享受按月领取基本养老金待遇。基本养老金由基础养老金和个人账户养老金两部分组成。基础养老金按照本人退休时上一年本市职工月平均工资的20%计发；个人账户养老金按照个人账户累计储存额的1/120计发。转非劳动力按月领取的基本养老金低于本市基本养老金最低标准的，按照最低标准发放，并执行基本养老金调整的统一规定。

转非劳动力达到国家规定的退休年龄时，累计缴纳基本养老保险费不满15年的，不享受按月领取基本养老金待遇，其个人账户储存额一次性支付给本人，并终止养老保险关系。

依法批准征地时，转非劳动力男年满41周岁、女年满31周岁的补缴1年基本养老保险费；年龄每增加1岁增补1年基本养老保险费，最多补缴15年。

补缴基本养老保险费以依法批准征地时上一年本市职工年均工资的60%为基数，按照28%的比例一次性补缴。补缴后，由社会保险经办机构按照11%的比例一次性为其建立基本养老保险个人账户。

（2）被征地农民的医疗保障办法

转非劳动力达到国家规定的退休年龄时，基本医疗保险累计年限男满25年、女满20年且符合按月领取基本养老金条件的，办理退休手续后按规定享受退休人员基本医疗保险待遇；不符合上述条件的不享受退休人员基本医疗保险待遇，个人账户余额一次性支付给本人。

依法批准征地时，转非劳动力（男）年满31周岁的补缴1年基本医疗保险费，至年满51周岁前每增加1岁增补1年，最多补缴10年；年满51周岁的补缴11年基本医疗保险费，至退休前每增加1岁增补1年，最多补缴15年。转非劳动力（女）年满26周岁的补缴1年基本医疗保险费，至年满41周岁前每增加1岁增补1年，最多补缴5年；年满41周岁补缴6年基本医疗保险费，至退休前每增加1岁增补1年，最多补缴10年。

补缴基本医疗保险费以依法批准征地时上一年本市职工平均工资的60%为基数，按照12%的比例一次性补缴。补缴后，由社会保险经办机构将其中9%划入统筹基金、1%划入大额医疗互助资金、2%划入个人账户。

转非劳动力按照本办法第37条规定补缴基本医疗保险费后，在达到国家规定的退休年龄前继续缴纳基本医疗保险费的，享受当期基本医疗保险待遇；不继续缴纳基本医疗保险费的，不享受当期基本医疗保险待遇。

（3）被征地农民的失业保障办法

依法批准征地时，转非劳动力年满16周岁的补缴1年失业保险费，至达到国家规定的退休年龄前，每增加1岁增补1年，最多补缴20年。补缴失业保险费以依法批准征地时上一年本市职工平均工资的60%为基数，并按照2%的比例一次性补缴。

转非劳动力失业后，按照规定享受失业保险待遇，但其在领取失业保险金期间自谋职业的，不符合一次性领取失业保险金的规定。未领取失业保险金的期限予以保留，与再次失业后当领取失业保险金的期限合并计算。

以2005年北京市全市平均工资水平为例，被征地农民社会保障月缴费额度如表10-1所示。

表10-1 按2005年北京市职工人均工资水平计算的缴费额度 单位：元

2005年工资水平	月医疗保险12%	月失业保险2%	养老保险28%
2 849	205	34	479

（4）一次性就业安置补助费

转非劳动力在征地时被单位招用的，征地单位应当从征地补偿款中支付招用单位一次性就业补助费；转非劳动力自谋职业的，一次性变业补助费支付给本人。

一次性就业补助费不低于下列标准：①转非劳动力年满30周岁、不满40周岁的，为征地时本市月最低工资标准的60倍；②转非劳动力男年满55周岁、女年满45周岁的，为征地时本市月最低工资标准的48倍，年龄每增加1岁递减1/6，至达到国家规定的退休年龄时为止；③其他转非劳动力为征地时本市月最低工资标准的48倍。

10.2.1.2 上海市被征地农民社会保障制度建设经验及启示

上海市政府在多次专题讨论和工作试点的基础上，2003年10月10日推出针对被征地农民的镇保制度。镇保是上海市社会保障体系中的一种新型综合社会保险基本制度，由基本社会保险和补充保险有机结合组成，其总体框架可以概括为“25% + x”。25%指基本保险的统筹部分。目前基本保险的统筹部分包括养老、医疗、失业、生育和工伤保险。这部分以上年度全市职工月平均工资的60%为基数，以25%的比例按月缴费。在25%的缴费比例中，养老、医疗、失业保险分别占17%、5%和2%，生育、工伤保险各占0.5%。x是指补充保险的个人账户部分。补充保险由政府指导鼓励，单位和个人选择参加，实行个人账户制，归个人所有。目前的补充保险具有补充养老、补充医疗、被征地人员的生活补贴等多方面用途。按上述标准，以2005年平均工资水平为例，上海市被征地农民相关社会保障月缴费额度如表10-2所示。

表 10-2　按 2005 年上海市职工人均工资水平计算的缴费额度　　　单位：元

2005 年工资水平 60%	养老保险 17%	医疗保险 5%	失业保险 2%	生育保险 0.5%	工伤保险 0.5%
2 235	228	67	27	6.7	6.7

产生的征地劳动力，全部纳入镇保。征地单位为被征地劳动力一次性缴纳不低于 15 年的基本养老、医疗保险费，被征地劳动力在到法定退休年龄时可按规定享受相应的养老和医疗保险待遇。此外，征地单位还应为被征地劳动力缴纳一定的补充社会保险费，包含补充养老、补充医疗（3 个百分点是强制的），以及不低于 24 个月的生活补贴，以提高被征地劳动力今后的养老待遇、补充解决门急诊医疗费用以及对他们在实现市场就业的过程中给予生活费保障。而征地养老人员可选择参加镇保。目前，被征地养老人员没有进入现有的基本社会保险体系，而是由征地单位或接收单位负责养老，成为体制外的特殊人群。镇保办法实施后，新产生的男性 55 ~60 周岁、女性 45 ~55 周岁的被征地人员，可以选择征地养老办法，也可以选择参加镇保。对选择参加镇保的人员，其安置补偿费的一部分将用于一次性缴纳不低于 15 年的基本保险费，另一部分用于缴纳补充保险，以专项解决他们被征地后、按月领取养老金前这一段时间的生活补助问题。

10.2.1.3　浙江省被征地农民社会保障体系制度借鉴

（1）被征地农民社会保障对象

浙江规定参加被征地农民社会保障的对象为劳动年龄段内和劳动年龄以上的人员，并且被征地时登记注册为农业人口。根据不同的年龄实行不同的基本生活保障。对征地时属于劳动年龄段内的人员，可参加基本养老保障、医疗保障、最低生活保障等系列保障，重点是促进就业。劳动年龄段内的人员在未就业前发放不超过两年的阶段性生活补助；补助期满后仍未就业并符合城市低保条件的，纳入城市低保；就业的人员按政策规定参加城镇职工基本养老保险；就业后失业的人员将其纳入失业保障渠道。对征地时已经是劳动年龄段以上的人员，直接实行养老保障，定期领取养老金至终身。征地时未达到劳动年龄段（16 周岁以下）的人员和已享受城镇职工基本养老保险的人员，不列入被征地农民保障范围，一次性发放征地安置补偿费。

（2）被征地农民社会保障资金的筹集与管理

浙江规定社保基金的筹资办法采取“三个一点”，即“政府出一点、集体补一点、个人缴一点”。其中政府出资部分不低于保障资金总额的 30%，从土地出让金收入中列支；集体承担部分不低于保障资金总额的 40%，从土地补偿费中列支；个人承担部分从征地安置补助费中抵交。集体和个人缴纳的费用进入个人专户，个人账户的计账利率按一年期银行同期存款利率确定；政府的补助金进入社会统筹基金，实行个人专户与社会统筹相结合的制度。并且在土地出让金中提取建立被征地农民基本生活保障的风险准备金，以应对未来的支付风险。

（3）被征地农民社会保障体系有待完善之处

1）政府、集体、个人缴费的基础上缴费比例存在不合理性。缴费的主体虽为政府、集体、被征地农民三方，但资金其实都最终来源于被征土地的土地价值款。土地价值款是一定的，给予农民个人的补偿款只占其小部分，那么再从补偿款中抽取部分用来缴纳保费，对农民来说就是将本身不多的即期资金还要用来防范远期风险，其结果是生活保障金缴纳越多，被征地农民的现期利益被侵犯越多。

2）给付水平仍较低，农民难以得到真正的保障。尽管浙江被征地农民保障横向与其他省市比较水平较高，与农村社会保险相比水平也较高，但其给付水平对于切实保障被征地农民的基本生活来说还是较低的。所有实施保障体系的地市中，台州养老保险金给付水平最高为每月 520 元左右，其他大部分地市均在 300 元左右。这样的保险金数额在现今的物价水平、消费指数下要保障基本生活是有一定难度的。

10.2.1.4 《海南东环铁路被征地农民养老保险暂行办法》

东环铁路被征地农民的养老保险费由政府、村集体经济组织和个人共同筹集、合理分担。缴费标准为：省政府按每亩 5000 元标准出资，从国有土地有偿使用收入中列支；村集体经济组织按每亩 2000 元标准出资，从土地补偿费中列支；个人按每亩 3000 元标准出资，从征地安置补助费中抵交。如按此缴费标准，每人月养老金水平达不到当地农村最低生活保障标准 120% 的，资金缺口部分由征地所在市、县财政兜底，从当地国有土地有偿收入中列支。各市、县政府在新增建设用地、存量土地、闲置土地供应时，从政府土地出让总价款中提取 15% 作为被征地农民养老保险专项基金，养老保险专项基金不足以保证养老保险费缴纳的，由当地政府从国有土地有偿使用收入结余中解决。

建立被征地农民养老保险基金个人账户。个人、集体经济组织和政府缴纳的农村社会养老保险费全部记入个人账户。保险费积累利率按不低于 1 年期银行同期存款利率确定。养老金月领取标准为个人账户积累总额的 1/120，按本办法参保并按规定足额缴纳养老保险费的被征地农民，可按以下标准享受养老保险待遇：被征地时已达到供养年龄段的（男满 60 周岁、女满 55 周岁）人员，应当在一次性缴足养老保险费的次月，按月享受养老保险待遇直至死亡。

被征地时处于劳动年龄段（男 16 ~ 59 周岁、女 16 ~ 54 周岁）的，应当一次性缴足养老保险费，待进入供养年龄后按月享受养老保险待遇。

养老金月领取标准为个人账户积累总额的1/120，高于当地农村最低生活保障标准120%的，按实际水平发放；未达到当地农村最低生活保障标准的120%的，按当地农村最低生活保障标准的120%计发。被征地农民的养老保险水平，应当根据社会经济发展水平和农村最低生活保障水平的提高而进行适当调整。转为非农业人口的被征地农民所在单位须为其买保险，参保人员出国（境）定居或户籍迁移至本省行政区域外，其个人账户中个人缴纳的养老保险费本金和利息，由参保人员一次性领取，同时终止其养老保险关系。

参保人员在未享受养老保险待遇以前死亡的，向其法定受益人或法定继承人退还个人缴纳的养老保险费的本金和利息。

参保对象终身只生育1个子女并持有独生子女证的，达到领取养老金年龄时，每月加发5%的养老金；独生子女死亡或无子女的，达到领取养老金年龄时，每月加发10%的养老金。加发的养老金所需资金由各市、县财政负担，农保机构负责发放。

参保人员在享受养老保险待遇期间不满10年死亡的，向其指定受益人或法定继承人退还个人账户中个人缴纳部分本息；无合法继承人的，个人账户中本息余额并入被征地农民养老保险基金；享受养老待遇逾10年死亡的，其个人账户余额不予退还。

转为非农业人口的被征地农民，在用人单位就业的，所在单位必须为其办理城镇从业人员基本养老保险。已参加城镇从业人员基本养老保险的被征地农民与企业解除劳动关系后自谋职业的，允许个人按城镇灵活就业人员参保的办法参加城镇从业人员基本养老保险。农民养老保险基金不得挪用，被征地农民养老保险基金必须专款专用，不得转借、截留或挤占、挪用。

10.2.1.5 《桐城市被征地农民基本养老保障试行办法》（2007年7月1日起实施）

桐城市将城市范围内，自1996年1月1日起经依法批准被征地后失去全部耕地或人均耕地面积不足0.3亩（以村民组为单位），且被征地时年满16周岁以上（含16周岁）的在册农业人口均纳入被征地农民基本养老保障范围。

被征地农民基本养老保障金由基础养老金和个人账户养老金两部分组成，个人账户养老金分A、B、C三个档次。

1）个人缴费A档3600元，每人每月发给130元，其中基础养老金100元，个人账户养老金30元。

2）个人缴费B档6000元，每人每月发给150元，其中基础养老金100元，个人账户养老金50元。

3）个人缴费C档9000元，每人每月发给175元，其中基础养老金100元，个人账户养老金75元。

被征地农民个人缴费本着自愿的原则，个人不缴费的，每人每月发给基础养老金 100 元。

被征地农民基本养老保障资金由政府、村（组）集体和个人共同出资筹集，统筹基金由下列渠道筹集：

1）行政划拨土地从用地单位每平方米收取 10 元；

2）从土地出让收入等国有土地有偿使用收入中列支，出让用地每平方米收取 10 元；

3）从被征土地补偿费提取 35%；

4）其他资金渠道。

10.2.1.6 《哈尔滨市被征地农民养老保险和就业服务暂行办法》（2008 年 1 月 1 日起施行）

哈尔滨市将被征地农民分为未转非被征地农民和农转非被征地农民。据规定，未转非被征地农民参加养老保险的缴费标准为，以征地时本市城市居民月最低生活保障标准为基数，可以选择 110% 或 130% 的比例，一次性缴纳 10 年的费用。个人、村集体、政府按照 4∶4∶2 的比例承担养老保险费用。养老金按照本人选择的缴费比例乘以领取时本市城市居民月最低生活保障标准计发。

农转非被征地农民参加城镇基本养老保险，其达到规定享受养老金年龄时，累计缴费年限不满 15 年的，可从参保当年起一次性缴纳以往年度的养老保险费，缴纳年限最早推算至 1996 年 7 月。

该办法规定，被征地农民可以享受免费职业介绍和职业培训补贴等就业服务。符合条件的法定劳动年龄内未就业农转非被征地农民，可领取《哈尔滨市就（失）业登记证》，享受小额担保贷款、职业培训补贴和免费职业介绍等就业扶持政策。

10.2.2 国内典型地区征地农民社会保障的经验启示

经验启示一：针对不同地区的经济状况，有步骤、有计划地将被征地农民纳入城市社会保障体系。

土地是农民的衣食之源和生存之本，是农民的“就业岗位”，失去土地意味着失去家庭经济来源，失去了保障的基础。因此，实际上，失去全部土地的农民本身是“新市民”，和城市居民面临一样的市场风险。因此，应着力将他们纳入城镇社会保障体系，建立一个包括被征地农民在内的城镇社会保障体系，并且作为推进城市化的重要举措，使被征地农民在一定时期内得到基本的生活保障，以解除农民的后顾之忧和促进经济社会的稳定发展。建立以“个人账户、储备积累”为主的“可携带”制度模式，以及“政府定政策，市场化运营”的资金运营机制。同时，构建被征地农民的社会保障机制要有区别、有重点地加以实施。根据地区的经济发展水平，有先后、有步骤地启动和实施社会保障制度。例如，北京市确立“逢征必转、逢转必保”的原则，建设将征地农转非人员全部纳入城镇企业职工社会保险统筹范围，补缴社会保险所需费用全部由征地补偿费提供。上海市采取调节缴费基数的过渡办法（如以全市职工平均工资的60%为基数），强化企业的缴费责任，并推行医疗保险、失业保险等，将这些有稳定就业的农村正规从业人员纳入城镇社会保障体系，力求做到“应保尽保”。针对湖北省的情况，可先在武汉和仙桃等经济发展水平较高的地区实施被征地农民社会保障试点，通过试点发现问题、总结经验后，再在全省铺开。同时，由于不同地区的财政状况和经济实力不同，因此，在当前状况下建立的社会保障制度的内容也有所差异。例如，在武汉和仙桃，被征地农民的社会保障制度可包括最低生活保障制度、养老保险、医疗保障和失业保障四个方面的内容，而在其他地区可根据财政实力选择，建立最低生活保障、养老保险、医疗保障三个方面的内容。

经验启示二：社会保障资金筹集实行“个人负担、集体补助、财政补贴”的办法，政府补贴记入个人账户。

社会保障资金的筹集是建立被征地农民社会保障制度的难点问题，是社会保障制度运行的关键。目前，国内多数典型地区被征地农民社会保障基金的筹集均基于“以土地换保障”的基本思想，具体操作模式有两种。①“个人负担、集体补助、财政补贴”的办法。例如，浙江省为确保被征地农民养老资金的顺利收缴及健康运行，被征地农民基本生活保障制度所需资金，由政府、集体、个人各出一部分，基本上形成了“政府出一点、集体补一点、个人缴一点”、“三个一点”予以筹集、收支两条线和财政专户管理的资金筹集与管理模式。同时，按照养老保障资金总额的一定比例（10%左右）建立被征地农民养老保障风险准备金，从土地收益中列支或由财政安排。②被征地农民的社会保障基金由征地单位一次性缴足。例如，经济发达的上海市采取征地单位一次性缴足的办法，将社会保障基金实质纳入征地补偿款中。考虑到湖北省财政实力，被征地农民保障基金的缴纳可按照国家、村集体经济组织、个人三方面合理分担的筹集原则。政府承担的部分从国有土地出让收入和增值收益中列支并安排专项财政拨款作为被征地农民社会保障基金，统一由政府为被征地农民进行保障，发挥政府在对被征地农民社会保障基金运营和监管上的主导作用；集体承担部分从土地补偿费和集体经济积累中提取，被征地农民个人缴纳的部分可视其具体经济状况在安置补助费中扣除。被征地农民在各类企业就业后，必须按照规定缴纳城镇职工基本养老保险费。除了养老保险外，还应该以征地补偿费的一部分为被征地农民缴纳医疗保险金，解决他们的医疗问题，减少被征地农民看不起病的困难。

经验启示三：实行社会统筹和个人账户相结合的社会保障模式。

选择社会统筹和个人账户相结合的社会保障模式主要考虑到社会统筹体现公平和社会供给性以及国家的基本保障义务，个人账户体现效率和保障水平以及个人缴费义务。社会统筹的水平应不低于耕种的收益和城镇居民最低生活保障金中的较高值，这是经济补偿政策的底线，也是建立被征地农民保障制度的最低成本线；同时为每一位被征地农民建立个人账户，按照权利和义务对等的原则，设计不同的缴费标准，根据集体和个人缴费的不同得到不同的保障，缴费水平可以较低但应有一个下限，并鼓励多缴费。

经验启示四：被征地农民社会保障制度要着重解决被征地农民的医疗和养老问题，至少要满足被征地农民的养老和医疗两项基本需求。

经验启示五：要有计划地解决部分征地历史遗留问题，从土地财政收入中提取部分专项基金，建立被征地农民社会保障基金。

例如，桐城市2007年执行的《被征地农民基本养老保障试行办法》，从公正和社会和谐的角度考虑了部分历史遗留问题，将自1996年1月1日起经依法批准被征地后失去全部耕地或人均耕地面积不足0.3亩（以村民组为单位），且被征地时年满16周岁以上（含16周岁）的在册农业人口均纳入被征地农民基本养老保障范围。针对湖北省的基本情况，在计算出历年被征地农民数量及所需的基本养老金数额的基础上，建议可从每年的土地财政收入中提取一定比例的资金建立被征地农民的基本养老保障基金。

需要改进之处包括以下四个方面。

1）上述补偿模式允许被征地农民通过补缴社会保险费加入城镇社会保障，取得一定进步。但是，各种模式均有不完善之外。例如，“土地换社保”模式的缺陷是农民依然没有分享到土地增值收益，政府没有在土地出让金中为农民加入城镇社会保障安排专门资金。因此，农民以按照农业用途补偿的征地补偿费标准加入“城保”，保障水平较低。本书建议从土地出让金中划取一定比例补缴农民的养老金，并将其中一部分用于充实个人养老账户，作为农村养老保障基金。

2）将被征地农民纳入城镇居民社会保障体系，解决今后少量土地无法承担大量农业人口生存和保障的难题，但对继续征地的确定转居人员存在操作难的问题。

3）各地市的保障体系设计时在保险费的计算时都是采取简单的静态计算公式，缴费总额 = 缴费标准 ×12 个月 × 缴费年限。没有考虑参保人的生存率、死亡率及资金的时间价值等保险精算因素，与保险技术需要考虑的合理、科学、精确地计算每一个被征地农民的生活保障金需要量的要求相差甚远。

4）政府、集体、个人缴费的基础上缴费比例的合理确定仍有难度。国内制定被征地农民社会保障制度的地区基本上都形成了“政府出一点、集体补一点、个人缴一点”、“三个一点”予以筹集、收支两条线和财政专户管理的资金筹集与管理模式，但三方的出资比例涉及产权分割是否合理仍有待进一步研究和确定。

10.3 被征地农民社会保障制度设计

10.3.1 被征地农民社会保障制度的基本内容

社会保障体系是指国家通过立法对社会成员给予物质帮助所采取的各种相互独立而又相互联系的各项社会保障子系统的总和。换言之，也就是由各项社会保障子系统所构成的社会保障整体。根据国际劳工组织《社会保障（最低标准）公约》（1952）指出，对人们所共同面对的社会风险包括老年、疾病、失业和家庭困难等问题，社会保障都设立了相应的子项目。这些基本项目是每个社会保障体系中不可少的。虽然各地方采取的保障手段、享受条件和规定标准不同，但就社会保障内容而言，社会保障体系大体上可分为社会保险、社会救助、社会福利、特殊津贴等项目。大多数国家的社会保障都以社会保险为核心，社会救助为辅助，商业保险为补充。社会保险包括养老、医疗、失业、工伤及生育保险等内容。

理论上，被征地农民的社会保障制度应该是包括养老保险、医疗保险、失业保险、工伤保险和生育保险等在内的一个完整的保障体系。但以目前湖北省各市县的经济实力及被征地农民的实际情况来看，要一下子建立起非常完善的社会保障体系是不现实的，只能采取循序渐进的方式。从重要性、社会经济影响以及财务支出来看，养老保险、失业保险和医疗保险无疑是社会保障中最重要的部分，是社会保障的主体和支柱。因此，本书认为现阶段被征地农民的社会保障内容主要应包括养老保险、失业保险和医疗保险三项。

10.3.2 被征地农民养老保障实施办法

10.3.2.1 意义

当前，尽快建立被征地农民基本养老保障制度是构建新型农村社会保障体系最为关键的内容之一。因为土地是被征地农民赖以生存的物质基础，离开了相依为命的土地以后，在社会保障体系不健全的情况下，不少被征地农民在找不到就业岗位的情况下，收入来源减少，特别是对年龄稍大一些的农民来说，养老保障成为最大的问题，他们主要依靠安置补偿费维持生活，一旦坐吃山空，生活就没了着落。因此，他们对自身基本的生存最关心，养老保险是被征地农民最为迫切的需求之一。构建新型农村社会保障体系确保被征地农民“老有所养、病有所医、困有所济”应该是被征地农民养老保险的目标，其核心是建立被征地农民的养老保险制度。

10.3.2.2 基本思路

被征地农民的养老保障按其土地承包期30年一次性缴清，由农民、集体和政府三方承担；养老保障水平以不低于农民征地前人均收入的水平为准，其中农民缴纳的部分从安置补偿款中一次性支取，年缴费标准不低于农民的年人均耕地收入水平；集体缴纳的部分从土地补偿款中支取，不低于农民人均基本生活标准；政府将按农民人均收入水平缴足剩余部分，所需资金从土地出让金中提取。养老保障按被征地农业人口计取，本着公平的原则，所有依赖土地为生的、失去土地的在册农业人口均可享有。

10.3.2.3 被征地农民养老保障缴费额度计算

（1）湖北省被征地农民人均耕地收入水平

湖北省有农业人口4237.47万人，占全省人口的70.6%。全省现有耕地面积4 718 081公顷，农业人口人均耕地0.1113公顷。据实地调研得知，湖北省单位耕地年产值16 775.70元/公顷，折合人均耕地收入1868元/年。

（2）被征地农民人均基本生活标准

据湖北省统计数据，湖北省农民家庭年人均生活消费支出2430.19元。各市县农民人均生活消费支出按当地各市县的收入水平计算如表10-3所示。

表10-3 湖北省各市县农民人均生活消费支出 单位：元

地 区	人均消费	地 区	人均消费
全 省	2 430.19	荆州市	2 524.37
武汉市	3 325.74	黄冈市	2 089.63
黄石市	2 208.19	咸宁市	2 268.74
十堰市	1 611.16	随州市	2 536.98
宜昌市	2 470.55	恩施州	1 339.55
襄樊市	2 573.14	仙桃市	3 039.84
鄂州市	2 719.46	天门市	2 595.85
荆门市	3 051.61	潜江市	2 674.05
孝感市	2 416.74	神农架	1 602.75

（3）被征地农民人均收入水平

据湖北省统计数据，湖北全省农民年人均收入在3099元，各市县农民人均收入水平如表10-4所示。

表 10-4　湖北省各市县农民人均收入水平　　单位：元

地　区	人均收入	地　区	人均收入
全　省	3 099	荆州市	3 108
武汉市	4 341	黄冈市	2 644
黄石市	2 810	咸宁市	2 911
十堰市	1 990	随州市	3 223
宜昌市	3 108	恩施州	1 643
襄樊市	3 191	仙桃市	3 818
鄂州市	3 495	天门市	3 273
荆门市	3 738	潜江市	3 398
孝感市	3 028	神农架	2 164

（4）缴费标准的计算

$$P = \frac{A}{i - s}\left[1 - \left(\frac{1 + s}{1 + i}\right)^n\right] \qquad (10\text{-}1)$$

$$A = A_1 + A_2 + A_3$$

式中，P 为征地单位需替被征地农民缴纳的养老保险金；A_1 为征地单位应为农民一次性缴纳的养老保障金缴费基数；A_2 为征地单位应代集体向农民一次性缴纳的养老保障金缴费基数；A_3 为当地政府应替农民一次性补缴的养老保障金缴费基数；s 为年通货膨胀率，$s = 4.2\%$ ；i 为投资收益率，采用五年期银行存款利率，$i = 5.85\%$ 。

1）按征地单位应为农民一次性缴纳的养老保障金计算——从征地安置补偿款项中列支。按上述基本思路，养老保障缴费额度的计算起到保证被征地农民在失去土地后仍能继续维持当前较低农业收入水平的作用，并由农民、集体和政府三方承担。因此，基于机会成本的角度考虑，被征地农民在失去土地后相当于其至少失去了未来 30 年继续从事农业耕作的基本收入，为此应至少保证其土地被征前人均耕地年收入得以从征地安置补助款中缴足，以满足其今后的养老保障或最低生活保障的基本需要。该标准可结合全省各市人均耕地面积、人均耕地年收入指标加以计算。以湖北省的平均水平为例，全省农业人口人均耕地 0.1113 公顷，单位公顷耕地年产值在 16 775.70 元，农业人口人均耕地收入在 1868 元/年。考虑到土地属长期投资，为此以五年期银行存款利率 5.58% 为收益率，以近期年通货膨胀率 4.2% 作为经济收入增长系数。按等比增长公式式（10-1）计算，得出需要为每个被征地农业人口每年缴纳养老保障金 1868 元，按 30 年土地承包期计算，全额需一次性缴纳 42 541.45 元。该款项纳入征地成本，从征地补偿款中计提。

2）按征地单位应代集体向农民一次性缴纳的养老保障金计算——从土地补偿款项中列支。据湖北省统计数据，湖北省农民家庭年人均生活消费支出 2430.19 元。为保证被征地农民的消费水平在征地发生前后保持一致，征地单位应代集体向农民一致性缴纳的养老保障金应为农民生活消费支出扣除耕地年收入的剩余部分。按上述思路，各市县农村集体应为单位被征地农业人口缴纳的养老保障金如表10-5所示。该款项纳入征地成本，从土地补偿款中列支。

3）按当地政府应替农民一次性补缴的养老保障金计算——从土地出让收益款项中列支。各市县政府应保证农民在失去土地这一生活主要来源之后，生活仍能维持当前的较低水平。为此，以各市县农民的人均收入为标准，人均收入扣除人均消费支出后的剩余部分是市县政府应当向被征地农民缴纳的养老保障金，湖北省各市县政府应缴纳的养老保障金额度如表10-5所示。该款项由市县政府从各市县土地出让收益中列支。

4）征地单位及政府等各方对被征地农民养老保障金缴纳的比例分析。综合上述计算，以全省平均水平为例，征地单位和政府需要一次性替被征地农民缴纳70 582.07元/人的养老保障金。其中，纳入征地成本，由征地单位一次性缴纳的缴费额度达55 349.42元/人，占养老保障金缴费总额的78.42%；市县政府从土地出让收益中提取款项，替被征地农民一次性缴纳的养老保障金为15 232.65元/人，占21.58%。以全省农业人口人均耕地0.111 3公顷计算，平均每征1公顷耕地，需向被征地农民缴纳养老保障金634 160.56元（42 277.37元/亩）。

表10-5 湖北省各市县被征地农业人口养老保障纳费额度

地区	养老保障缴费标准/（元/年）			缴费总额度/元			总额
	农民	村集体	政府	农民	集体	政府	
全省	1 868	562.19	668.81	42 545.12	12 804.30	15 232.65	70 582.07
武汉市	2 593	732.55	1 015.26	59 057.54	16 684.38	23 123.32	98 865.24
黄石市	1 737	470.94	601.81	39 561.49	10 726.02	13 706.68	63 994.18
十堰市	2 286	0.00	378.84	52 065.38	0.00	8 628.37	60 693.75
宜昌市	1 657	813.32	637.45	37 739.43	18 523.98	14 518.41	70 781.82
襄樊市	1 423	1 149.93	617.86	32 409.90	26 190.53	14 072.23	72 672.66
鄂州市	1 440	1 279.29	775.54	32 797.09	29 136.80	17 663.51	79 597.40
荆门市	1 622	1 430.11	686.39	36 942.28	32 571.84	15 633.05	85 147.17
孝感市	1 324	1 092.60	611.26	30 155.10	24 884.79	13 921.91	68 961.81
荆州市	1 366	1 158.75	583.63	31 111.68	26 391.41	13 292.62	70 795.71
黄冈市	1 298	791.14	554.37	29 562.93	18 018.81	12 626.20	60 207.94
咸宁市	1 426	842.30	642.26	32 478.23	19 184.02	14 627.96	66 290.21
随州市	1 417	1 119.94	686.02	32 273.25	25 507.48	15 624.63	73 405.36
恩施州	1 827	0.00	303.45	41 611.31	0.00	6 911.30	48 522.61
仙桃市	1 199	1 841.26	778.16	27 308.13	41 936.09	17 723.18	86 967.41
天门市	1 694	901.89	677.15	38 582.13	20 541.23	15 422.60	74 545.97
潜江市	1 431	1 243.13	723.95	32 592.11	28 313.23	16 488.51	77 393.85
神农架	1 508	94.61	561.25	34 345.84	2 154.81	12 782.89	49 283.55

10.3.2.4 湖北省被征地农民养老保障实施办法

（1）养老保障金的享受条件

将征地养老保障和基本生活保障相结合，为此参加被征地农民养老保障的对象为行政区域内被征地的具有本市常住农业户籍人员（以下简称“被征地农民”）。被征地农民的征地养老费由征用地单位和市县政府向市县政府指定的征地养老服务机构一次性缴纳。征地时已达到劳动年龄段以上的人员，直接实行养老保障，定期领取养老金至终身；征地时尚未达到劳动年龄段以上的人员，若征地后生活达不到当地最低生活保障标准的，可申请从养老保障金账户中按月领取生活费，生活费按当地最低工资标准计算，所领生活费直接从个人养老保障金账户中扣除。

1）男年满60周岁，女年满55周岁以上，达到法定退休年龄的被征地农民，从征地后的下一个月起逐月领取基本养老金。被征地农民在领取养老金期间死亡的，其个人养老保险账户储存额中个人缴费额的余额，可以一次性退给其经法定程序认定的继承人。

2）男年满16周岁不满60周岁，女年满16周岁不满55周岁的，达到退休年龄后逐月领取基本养老金；若遇到特殊时期，被征地后月生活水平低于最低生活保障标准的，可申请从养老保障金账户中按月领取基本生活费，所提部分从个人养老账户中扣除。待进入供养年龄后以账户余额为计提基准，按月享受养老保险待遇。被征地农民在领取养老金前或者在领取养老金期间死亡的，其个人养老保险账户储存额中个人缴费额的余额，可以一次性退给其经法定程序认定的继承人。

3）未达到劳动年龄的人员，包括在校学生，由其监护人代管养老保障金，其达到劳动年龄或毕业后，所缴纳的养老保障金列入个人账户；如需要提取作为生活费用或教育开支的，也可一次性支取。

（2）建立被征地农民养老保险基金个人账户

被征地农民的养老保险费由政府、村集体经济组织和个人共同筹集、合理分担。缴费标准如表10-5所示，其中县市政府出资部分从土地出让收益中列支；村集体经济组织出资部分从土地补偿费中列支，由征地单位向市县政府指定的征地养老服务机构一次性缴纳到位；被征地农民个人出资部分从征地安置补助款中抵交，由征地单位向市县政府指定的征地养老服务机构一次性缴纳。个人、集体经济组织和政府缴纳的农村社会养老保险费全部记入个人账户。农民养老保险基金不得挪用，被征地农民养老保险基金必须专款专用，不得转借、截留或挤占、挪用。保险费积累利率按不低于五年期的银行同期存款利率确定。如按此缴费标准，每人月养老金水平仍达不到当地农村最低生活保障标准120%的，资金缺口部分由征地所在市、县财政兜底，从当地国有土地有偿收入中列支。各市、县政府在新增建设用地、存量土地、闲置土地供应时，从政府土地出让总价款中提取15%作为被征地农民的养老保险专项基金，养老保险专项基金不足以保证养老保险费缴纳的，由当地政府从国有土地有偿使用收入结余中解决。

（3）被征地农民养老保险基金的管理和监督机制

被征地农民的养老保险基金以县（含县级市、省辖市的区）为单位统一筹集、核算和管理。指定的养老保险管理机构应在银行开设“被征地农民养老保险基金专户”，实行专户储存、专款专用。禁止任何部门、单位和个人将被征地农民养老保险基金挪作他用。被征地农民养老保险基金除留足需现支付的养老金外，应按有关规定要求使其保值增值。养老保险基金不得直接用于投资，保值增值的途径主要是购买国家发行的债券，存入金融机构，增值部分并入养老保险基金。储存、管理被征地农民养老保险基金的单位，应保证向投保人如期足额兑付，保证基金的保值增值，负责基金的安全运行和承担相应的风险。

10.3.3 被征地农民失业保障实施办法

失业人员是指在劳动年龄内有劳动能力，目前无工作，正在以某种方式寻找工作的人员。被征地农民养老保障金的领取年龄为男60周岁，女55周岁。因此，在确定失业保险缴纳人员时，也只需考虑男20～60周岁，女20～55周岁这部分人员。参照《失业保险条例》（国务院令第258号）规定：失业人员失业前所在单位和本人按照规定累计缴费时间满1年不足5年的，领取失业保险金的期限最长为12个月；累计缴费时间满5年不足10年的，领取失业保险金的期限最长为18个月；累计缴费时间10年以上的，领取失业保险金的期限最长为24个月。在被征地农民失业保险具体实施时，同样根据其实际从事农业劳动时间，按每2年折算为1年缴费时间的标准由征地单位代其缴纳失业保险。

本省境内凡是新增的被征地农业劳动力，男在20～60周岁，女在20～55周岁的，都须由征地单位按国家和湖北省失业保险征缴的相关规定，替其按农业从业时间缴纳足失业保险费。参加失业保险的人员失业后依照《条例》和本实施办法的规定，享受失业保险待遇。

参考《湖北省失业保险实施办法》对城镇职工失业保险缴费基数的相关规定：缴费单位职工月平均工资低于当地上年全部职工月平均工资60%的，按当地上年全部职工月平均工资的60%和单位职工人数确定缴费基数；缴费单位按本单位当月职工工资总额的2%缴纳失业保险费；缴费个人按本人月工资的1%缴纳失业保险费，由所在单位从本人工资中代为扣缴。考虑被征地农民以农业种植为岗、以土地为生，且其人均收入远远低于城市职工工资水平。据湖北省统计数据，2005 年湖北省农民人均收入 3099 元，仅相当于全省职工工资水平的 23.25%。农民 2 年的农业收入也只相当于城镇职工年均工资的 46.5%，低于全省职工平均工资的 60%。为此，被征地农民失业保险费由征地单位一次性缴纳，并列入征地成本。征地单位按征地当年当地职工年均工资的 60% 的 3% 为缴费基数缴纳失业保险费，缴费时间按被征地农民每从事 2 年农业生产折算为 1 年缴费时间的标准缴纳。以 2005 年湖北省各市县职工年均工资水平为例，各市县需为被征地农业劳动力年均缴纳的失业保险金如表 10-6 所示。

表 10-6　湖北省各市县被征地农民失业保障纳费额度

地　区	职工平均工资/元	失业保险缴费额度/（元/年）	地　区	职工平均工资/元	失业保险缴费额度/（元/年）
全　省	13 330	239.94	荆州市	9 745	175.41
武汉市	18 505	333.09	黄冈市	9 266	166.79
黄石市	12 397	223.15	咸宁市	10 179	183.22
十堰市	16 316	293.69	随州市	10 112	182.02
宜昌市	11 826	212.87	恩施州	13 035	234.63
襄樊市	10 156	182.81	仙桃市	8 553	153.95
鄂州市	10 277	184.99	天门市	12 088	217.58
荆门市	11 571	208.28	潜江市	10 211	183.8
孝感市	9 449	170.08	神农架	10 762	193.72

要估算出征用单位耕地需要缴纳的失业保险金数额，需要有湖北省各市县详细的劳业人口平均农业从业年限的相关数据。但因数据缺乏，为此仅以湖北省人口年龄结构作为替代数据，粗略地估算出全省农业人口平均的农业从业年限，以此粗略估算出各市县需要平均为每一位农业人口缴纳的失业保险金。湖北省人口年龄结构如表 10-7 所示，从事农业生产的时间从 20 岁开始计算，男性至 60 岁，女性至 55 岁，每 2 年农业劳动时间折合 1 年缴费年数，计算得出全省平均需要替每位劳业人口缴纳约 5.04 年的失业保险金。按此计算，征地单位需要向各市县平均每位被征地农民一次性缴费的失业保险金如表 10-8 所示。

表 10-7　湖北省人口年龄结构及平均失业保险缴纳年数

年龄段/岁	总人口	男　性	女　性	纳费年数	平均年数
总　计	100	52.02	47.98	—	5.04
<20	29.34	15.7	13.64	0	0
20～24	5.8	2.96	2.84	2	0.12
25～29	8.12	4.12	4	4	0.32

续表

年龄段/岁	总人口	男　性	女　性	纳费年数	平均年数
30～34	10.86	5.54	5.32	6	0.65
35～39	11.26	5.9	5.36	9	1.01
40～44	7.1	3.77	3.33	11	0.78
45～49	7.14	3.68	3.46	13	0.93
50～54	5.77	3.04	2.73	15	0.87
55～59	4.03	2.11	7.29	17	0.36
≥60	10.58	5.21	—	—	—

表 10-8　湖北省各市县被征地农民失业保障纳费额度

地　区	失业保险缴费基数/（元/年）	失业保险缴纳额度/元	地　区	失业保险缴费基数/（元/年）	失业保险缴纳额度/元
全　省	239.94	1 209.3	荆州市	175.41	884.07
武汉市	333.09	1 678.77	黄冈市	166.79	840.61
黄石市	223.15	1 124.66	咸宁市	183.22	923.44
十堰市	293.69	1 480.19	随州市	182.02	917.36
宜昌市	212.87	1 072.85	恩施州	234.63	1 182.54
襄樊市	182.81	921.35	仙桃市	153.95	775.93
鄂州市	184.99	932.33	天门市	217.58	1 096.62
荆门市	208.28	1 049.72	潜江市	183.8	926.34
孝感市	170.08	857.21	神农架	193.72	976.33

10.3.4　被征地农民医疗保障实施办法

农民社会保障制度作为农村社会保障体系中不可缺少的一个组成部分，不仅关系到广大农民的身体健康，而且关系到整个国民身体素质的提高和全面建设小康社会目标的实现，是建设和谐社会与社会主义新农村的重要举措，而为被征地农民构建一个完善的医疗保障制度显得尤为重要。

10.3.4.1　基本思路

为适应城市化发展的趋势，促进城乡统筹、协调发展，被征地农民医疗保障制度必须尽量与现有城镇社会医疗保障体系相衔接，且可以通过充分借鉴城镇居民医疗保障制度的成功经验来建设和运行被征地农民的医疗保障制度。

在资金的来源上，主要是依靠征地单位和地方政府财政的拨付，即征地单位按被征地农民征地前的平均医疗费用开支状况，一次性替其缴纳足额的医疗保险费，不足部分由地方政府从土地出让金中拿出一部分给予补贴。政府从土地出让金中拿出一部分为被征地农民构建医疗保障体系也是为了让农民分享社会发展的成果，分享土地城市流转中增值的收益。具体政府需要补贴部分视各地情况而异。从医疗保障对象的范围来说，承包地被征用的所有被征地农民必须全部纳入医疗保障体系。

10.3.4.2 基本原则

构建被征地农民医疗保障制度必须遵循一定的原则，应当在尊重地区社会经济差异的基础上，尽量体现社会公平和公正，尽量扩大社会医疗保障体系的覆盖范围，必须将所有被征地农民都纳入医疗保障体系。同时，在确定医疗待遇水平上，既要做到不降低被征地农民现有合理的医疗待遇水平，又要合理地确定被征地农民基本医疗保障的缴费基数。此外，被征地农民医疗保障制度要与城镇居民的社会医疗保险相衔接，便于社会保障制度的城乡统筹、协调发展。

10.3.4.3 不同地区被征地农民医疗保障制度的构建与完善

湖北省地区自然差异较大，不同地区的社会经济发展水平差异也很大，因此在构建被征地农民社会保障制度时应当因地制宜，有所区别。目前，城镇居民社会医疗保险费的缴纳标准是根据各地城镇职工的平均工资水平来确定，且目前征地补偿费标准也是根据不同地区的社会经济发展水平、土地资源禀赋确定的。因此，不同地区（一般以县市为单位）被征地农民的医疗保险费缴纳标准也应当有所区别，各县社会保障管理部门应当根据自身条件制定缴费标准。但在被征地农民社会医疗保障制度覆盖范围、被征地农民身份的确认、医疗社会保障制度建设的基本原则、农民集体和地方政府分担的费用比例等方面应当制定全省统一的标准。

10.3.4.4 湖北省被征地农民医疗保障缴费额度计算

（1）湖北省农民年人均医疗消费支出

据统计年鉴，湖北省农民家庭人均医疗消费支出在135.37元/年。

（2）缴费基数的计算

参照《关于建立城镇职工基本医疗保险制度的决定》（国发［1998］44号）相关规定：基本医疗保险基金由统筹基金和个人账户构成。职工个人缴纳的基本医疗保险费，全部计入个人账户。用人单位缴纳的基本医疗保险费分为两部分：一部分用于建立统筹基金，一部分划入个人账户。划入个人账户的比例一般为用人单位缴费的30%左右，具体比例由统筹地区根据个人账户的支付范围和职工年龄等因素确定。湖北省《关于建立城镇职工基本医疗保险制度的决定》要求，“城镇职工的基本医疗保险费由用人单位和职工共同缴纳，用人单位缴费率控制在职工工资总额的6%左右，职工缴费率一般为本人工资收入的2%”，“国有企业下岗职工的基本医疗保险费，包括单位缴费和个人缴费，均由再就业服务中心以当地上年度职工平均工资的60%为基数缴纳”。参考上述规定，结合湖北省各市县情况，被征地农民医疗保险具体实施时，要求征地单位替被征地农民缴纳至少30年的医疗保险统筹费。缴费标准按当前各市县农民人均医疗消费开支计提，并列入征地成本中，从征地补偿款中列支。所有被征地农民不分年龄和性别均享有医疗保障金，并记入被征地农民医疗保障个人账户（表10-9）。湖北省当前农民人均医疗开支在135.37元，各市县按人均收入差异系数分别计算，按此标准，根据等比增长公式，征地单位需向被征地农民人均一次性缴纳3083.15元医疗保障金。

计算公式为

$$P = \frac{A_1}{i - s}\left[1 - \left(\frac{1 + s}{1 + i}\right)^n\right]$$

式中，P 为征地单位需替被征地农民缴纳的医疗保险金；A_1 为被征地农民当前人均年医疗消费支出；s 为年通货膨胀率，$s = 4.2\%$；i 为投资收益率，采用五年期银行存款利率，$i = 5.85\%$。

表10-9 湖北省各市县被征地农业人口医疗保障纳费额度

地区	人均收入/(元/年)	收入比率	医疗开支/(元/年)	医疗保障金/元	地区	人均收入/(元/年)	收入比率	医疗开支/(元/年)	医疗保障金/元
全　省	2 890	1.00	135.37	3 083.15	孝感市	2 874	0.99	134.62	3 066.08
武汉市	3 955	1.37	185.26	4 219.33	荆州市	3 002	1.04	140.62	3 202.64
黄石市	2 626	0.91	123.00	2 801.51	黄冈市	2 485	0.86	116.40	2 651.09
十堰市	1 916	0.66	89.75	2 044.06	咸宁市	2 698	0.93	126.38	2 878.32
宜昌市	2 938	1.02	137.62	3 134.36	随州市	3 017	1.04	141.32	3 218.64
襄樊市	3 060	1.06	143.33	3 264.52	恩施州	1 593	0.55	74.62	1 699.47
鄂州市	3 234	1.12	151.48	3 450.15	仙桃市	3 615	1.25	169.33	3 856.61
荆门市	3 629	1.26	169.99	3 871.55	天门市	3 087	1.07	144.60	3 293.32
孝感市	2 874	0.99	134.62	3 066.08	潜江市	3 180	1.10	148.95	3 392.54
荆州市	3 002	1.04	140.62	3 202.64	神农架	1 906	0.66	89.28	2 033.39

10.3.4.5 被征地农民医疗保险基金的管理和监督机制

为提高被征地农民医疗保障制度构建和运行的效率，简化程序、降低交易成本，在土地征用过程中，被征地农民的医疗保险金由征地单位向市县政府指定的被征地农民医疗管理机构一次性缴纳到位，直接划入被征地农民社会医疗保险专用账户，由指定的相关机构统一管理，与农民社会医疗保险定点医院之间进行结算。且资金的运行必须符合国家社会保障资金运行管理规范，不得将其投入风险高的证券市场或挪作他用。

被征地农民基本医疗保险基金纳入财政专户管理，专款专用，不得挤占挪用。社会保险经办机构负责基本医疗保险基金的筹集、管理和支付，并建立健全的预决算制度、财务会计制度和内部审计制度。社会保险经办机构的事业经费不得从基金中提取，由各级财政预算解决。基本医疗保险基金的银行计息办法：当年筹集的部分，按活期存款利率计息；上年结转的基金本息，按三月期整存整取银行存款利率计息；存入社会保障财政专户的沉淀资金，比照三年期零存整取储蓄存款利率计息，并不低于该档次利率水平。被征地农民医疗保险个人账户的本金和利息归个人所有，可以结转使用和继承。各级劳动保障和财政部门，要加强对基本医疗保险基金的监督管理。审计部门要定期对社会保险经办机构的基金收支情况和管理情况进行审计。

10.3.5 被征地农民社会保障所需资金估算

我国城镇企业职工社会保障实行“统账结合”模式，即“社会统筹账户 + 个人账户”的模式，将社会保险和储蓄保险两种模式有机结合起来，实现横向社会共济保障和纵向个人自我保障的有机结合。例如，养老保障的社会统筹账户就是基础养老金，包括企业、雇主、单位缴纳部分和国家财政补贴部分，社会统筹基金属于全体参保人员，由社会保险机构集中管理，统一调剂使用，它要确保参加养老保险的退休人员在退休之后能获得基本的生活保障。个人账户为个人缴纳部分形成的资金，可以结转和继承。失业和医疗保险同样也需要考虑到个人缴纳和社会统筹两部分的问题。总的来讲，当前城镇企业职工的社会保障资金都是由三部分组成：国家补贴、单位和个人缴纳。由于被征地农民在征地之前以土地为生产资料，以土地为社会保障，不存在就业和雇佣单位。因此，征地实施机构对被征地农民进行社会保障安置资金测算时，需要考虑到征地单位缴纳和政府补贴的两部分费用。其中，征地单位要按相应标准缴足被征地农民的养老统筹和医疗保险，按被征地农民的从业年龄缴纳失业保障。个人和集体缴纳部分列入征地成本，从征地补偿款中列支；政府缴纳部分从土地出让金净额中提取。

表 10-10 湖北省各市县被征地农民社会保障缴纳额度估算

地 区	平均需被征地农民缴纳的保障金/（元/人）				征用单位耕地需缴纳的社会保障金/（元/亩）			
	养老保障	医疗保障	失业保障	合计	养老保障	医疗保障	失业保障	合计
全 省	70 582.07	3 083.15	1 209.30	74 874.52	42 277.39	1 846.75	724.35	44 848.49
武汉市	98 865.24	4 219.33	1 678.77	104 763.34	59 218.50	2 527.30	1 005.55	62 751.35
黄石市	63 994.18	2 801.51	1 124.66	67 920.35	38 331.36	1 678.05	673.65	40 683.07
十堰市	60 693.75	2 044.06	1 480.19	64 218	36 354.46	1 224.36	886.61	38 465.43
宜昌市	70 781.82	3 134.36	1 072.85	74 989.03	42 397.04	1 877.43	642.62	44 917.08
襄樊市	72 672.66	3 264.52	921.35	76 858.53	43 529.62	1 955.39	551.87	46 036.88
鄂州市	79 597.4	3 450.15	932.33	83 979.88	47 677.41	2 066.58	558.45	50 302.44
荆门市	85 147.17	3 871.55	1 049.72	90 068.44	51 001.62	2 318.99	628.76	53 949.37
孝感市	68 961.81	3 066.08	857.21	72 885.1	41 306.88	1 836.53	513.45	43 656.86
荆州市	70 795.71	3 202.64	884.07	74 882.42	42 405.36	1 918.32	529.54	44 853.22
黄冈市	60 207.94	2 651.09	840.61	63 699.64	36 063.47	1 587.96	503.51	38 154.94
咸宁市	66 290.21	2 878.32	923.44	70 091.97	39 706.64	1 724.06	553.12	41 983.83
随州市	73 405.36	3 218.64	917.36	77 541.36	43 968.49	1 927.91	549.48	46 445.88
恩施州	48 522.61	1 699.47	1 182.54	51 404.62	29 064.17	1 017.95	708.32	30 790.44
仙桃市	86 967.41	3 856.61	775.93	91 599.95	52 091.91	2 310.04	464.77	54 866.72
天门市	74 545.97	3 293.32	1 096.62	78 935.91	44 651.69	1 972.64	656.86	47 281.19
潜江市	77 393.85	3 392.54	926.34	81 712.73	46 357.52	2 032.07	554.86	48 944.45
神农架	49 283.55	2 033.39	976.33	52 293.27	29 519.96	1 217.96	584.80	31 322.73

按上述养老保障、医疗保障及失业保障的缴纳基数，湖北省农业人口人均耕地面积0.1113公顷，征地时全省平均每位被征地农业人口需要由征地单位及政府替其一次性缴纳养老保障金70 582.07元，由征地单位替其缴纳医疗保障金和失业保障金3083.15元和1209.30元，合计需要替每位被征地农业人口一次性缴纳74 874.52元社会保障金。根据各市县经济发展水平及人均耕地状况计算的社会保障缴费款如表10-10所示。按此估算，湖北省每征用单位公顷耕地需要替农民缴费养老保障、医疗保障及失业保障金672 727.04元（44 848.47元/亩），其中，由征地单位代农民缴纳的保障金为420 822.73元/公顷（28 054.85元/亩），占62.55%；征地单位代集体缴纳的保障金为115 043.13元/公顷(7669.54元/亩)，占17.10%；由政府缴纳的保障金为136 861.19元/公顷（9124.08元/亩），占20.34%。直接纳入征地成本，由征地单位承担的每公顷的社会保障金为535 865.86元（35 724.39元/亩）；从土地出让收入中计提，由当地政府替被征地农民缴纳的社会保障金为136 861.19元/公顷（9124.08元/亩）。

10.3.6 被征地农民失地后享有社会保障的标准估算

10.3.6.1 被征地农民失地后享有养老金的标准估算

上述按被征地农民征地后享有的养老金应不低于其征地前的人均经济收入水平作为养老保障缴费估算的基本思路，并由征地单位和地方政府共同筹集资金一次性足额缴纳被征地农民的养老保障金。按上述关于“被征地农民养老保障缴费额度测算”，当征地行为发生时各方需要为涉及其中的被征地农民人均一次性缴纳养老保险 70 582.07 元，并纳入被征地农民的养老保障个人账户中。但因被征地农民失地时处在不同的劳动年龄段，且这种时间的差异性致使被征地农民将在失地后的不同年期分别领取养老金。因此，虽然每位被征地农民的养老保障账户启动资金相同，但资金的时间价值会致使被征地农民在不同时间段领取养老金的标准不一。按等额系列支付的现值计算公式为

$$A = P(1+i)^{n1}\left[\frac{i(1+i)^{n2}}{(1+i)^{n}-1}\right]$$

其中，A 为被征地农民每月可领取的养老金标准；P 为征地单位和政府为被征地农民个人账户中一次性缴纳的养老金。例如，全省平均水平为 70 582.07 元/人；i 为投资收益率，采用五年期银行存款利率，$i = 5.85\%$；$n1$ 为被征地农民达到领取养老金年龄时距征地发生时间的时间间隔，如征地当年男达到 60 岁，女达到 55 岁，则 $n1 = 0$；$n2$ 为预计被征地农民领取养老金的年限，预先考虑 $n2 = 30$。

按照全省各市县被征地农民养老保障金缴费额，可以计算出被征地农民在距征地发生时间的不同年限里领取养老金的不同数额，实际每月可领取的养老金标准，计算结果如表 10-11 所示。以武汉市为例，如被征地农民在征地当年年龄≥60 岁，则从征地当年起每年可领取养老金 588.96 元/月；若征地发生时被征地农民（男性）仅有 40 岁，需要在 20 年后方可领取养老金，如果其养老保障账户在此 20 年期间从未曾因生活困难预先支取过，那么他在 20 年后每月可领取养老金 1836.14 元。从测算结果可见，按全省平均水平估算，在征地当年年龄≥60 岁的失地农民平均可领取养老金 420.47 元；各市县当中，最高的每月养老金在 588.96 元（武汉），最低的每月养老金在 293.59 元（神农架），均高于当地城镇居民最低生活保障标准（如武汉市城镇居民最低生活保障标准为人均 300 元/月），可满足被征地农民的生活需要。

表 10-11　湖北省被征地农民在不同时间段领取养老保障金的发放标准及额度

单位:元

征地后距养老金领取年限	全省		武汉		黄石		十堰		宜昌		襄樊	
（征地后距其达到领取养老金年龄(男 60 岁,女 55 岁)的年数）	年额度	月额度	年额度	月额度	年额度	月额度	年额度	月额度	年额度	月额度	年额度	月额度
0 年	5 045.68	420.47	7 067.55	588.96	4 574.73	381.23	4 338.80	361.57	5 059.96	421.66	5 195.13	432.93
1 年	5 340.85	445.07	7 481.00	623.42	4 842.36	403.53	4 592.62	382.72	5 355.97	446.33	5 499.05	458.25
2 年	5 653.29	471.11	7 918.64	659.89	5 125.63	427.14	4 861.29	405.11	5 669.29	472.44	5 820.74	485.06
3 年	5 984.01	498.67	8 381.88	698.49	5 425.48	452.12	5 145.67	428.81	6 000.95	500.08	6 161.25	513.44
4 年	6 334.08	527.84	8 872.22	739.35	5 742.87	478.57	5 446.69	453.89	6 352.00	529.33	6 521.69	543.47
5 年	6 704.62	558.72	9 391.25	782.60	6 078.83	506.57	5 765.32	480.44	6 723.59	560.30	6 903.20	575.27
6 年	7 096.84	591.40	9 940.64	828.39	6 434.44	536.20	6 102.59	508.55	7 116.92	593.08	7 307.04	608.92
7 年	7 512.00	626.00	10 522.16	876.85	6 810.86	567.57	6 459.60	538.30	7 533.26	627.77	7 734.50	644.54
8 年	7 951.46	662.62	11 137.71	928.14	7 209.29	600.77	6 837.48	569.79	7 973.96	664.50	8 186.97	682.25
9 年	8 416.62	701.38	11 789.27	982.44	7 631.04	635.92	7 237.48	603.12	8 440.44	703.37	8 665.91	722.16
10 年	8 908.99	742.42	12 478.94	1 039.91	8 077.45	673.12	7 660.87	638.41	8 934.20	744.52	9 172.87	764.41
11 年	9 430.16	785.85	13 208.96	1 100.75	8 549.99	712.50	8 109.03	675.75	9 456.85	788.07	9 709.48	809.12
12 年	9 981.83	831.82	13 981.68	1 165.14	9 050.16	754.18	8 583.41	715.28	10 010.08	834.17	10 277.48	856.46
13 年	10 565.77	880.48	14 799.61	1 233.30	9 579.59	798.30	9 085.54	757.13	10 595.67	882.97	10 878.72	906.56
14 年	11 183.86	931.99	15 665.39	1 305.45	10 140.00	845.00	9 617.04	801.42	11 215.51	934.63	11 515.12	959.59
15 年	11 838.12	986.51	16 581.81	1 381.82	10 733.19	894.43	10 179.64	848.30	11 871.62	989.30	12 188.76	1 015.73

续表

征地后距养老金领取年限	全省		武汉		黄石		十堰		宜昌		襄樊	
	年额度	月额度	年额度	月额度	年额度	月额度	年额度	月额度	年额度	月额度	年额度	月额度
16 年	12 530. 65	1 044. 22	17 551. 85	1 462. 65	11 361. 08	946. 76	10 775. 15	897. 93	12 566. 11	1 047. 18	12 901. 80	1 075. 15
17 年	13 263. 69	1 105. 31	18 578. 63	1 548. 22	12 025. 70	1 002. 14	11 405. 49	950. 46	13 301. 23	1 108. 44	13 656. 55	1 138. 05
18 年	14 039. 62	1 169. 97	19 665. 48	1 638. 79	12 729. 21	1 060. 77	12 072. 71	1 006. 06	14 079. 35	1 173. 28	14 455. 46	1 204. 62
19 年	14 860. 94	1 238. 41	20 815. 91	1 734. 66	13 473. 87	1 122. 82	12 778. 97	1 064. 91	14 902. 99	1 241. 92	15 301. 11	1 275. 09
20 年	15 730. 30	1 310. 86	22 033. 64	1 836. 14	14 262. 09	1 188. 51	13 526. 54	1 127. 21	15 774. 82	1 314. 57	16 196. 22	1 349. 69
21 年	16 650. 52	1 387. 54	23 322. 61	1 943. 55	15 096. 42	1 258. 04	14 317. 84	1 193. 15	16 697. 65	1 391. 47	17 143. 70	1 428. 64
22 年	17 624. 58	1 468. 71	24 686. 98	2 057. 25	15 979. 56	1 331. 63	15 155. 43	1 262. 95	17 674. 46	1 472. 87	18 146. 61	1 512. 22
23 年	18 655. 62	1 554. 63	26 131. 17	2 177. 60	16 914. 37	1 409. 53	16 042. 03	1 336. 84	18 708. 41	1 559. 03	19 208. 18	1 600. 68
24 年	19 746. 97	1 645. 58	27 659. 84	2 304. 99	17 903. 86	1 491. 99	16 980. 48	1 415. 04	19 802. 86	1 650. 24	20 331. 86	1 694. 32
25 年	20 902. 17	1 741. 85	29 277. 94	2 439. 83	18 951. 23	1 579. 27	17 973. 84	1 497. 82	20 961. 32	1 746. 78	21 521. 28	1 793. 44
26 年	22 124. 95	1 843. 75	30 990. 70	2 582. 56	20 059. 88	1 671. 66	19 025. 31	1 585. 44	22 187. 56	1 848. 96	22 780. 27	1 898. 36
27 年	23 419. 25	1 951. 60	32 803. 66	2 733. 64	21 233. 38	1 769. 45	20 138. 29	1 678. 19	23 485. 53	1 957. 13	24 112. 92	2 009. 41
28 年	24 789. 28	2 065. 77	34 722. 67	2 893. 56	22 475. 53	1 872. 96	21 316. 38	1 776. 37	24 859. 44	2 071. 62	25 523. 52	2 126. 96
29 年	26 239. 45	2 186. 62	36 753. 95	3 062. 83	23 790. 35	1 982. 53	22 563. 39	1 880. 28	26 313. 71	2 192. 81	27 016. 65	2 251. 39
30 年	27 774. 46	2 314. 54	38 904. 06	3 242. 01	25 182. 09	2 098. 51	23 883. 35	1 990. 28	27 853. 07	2 321. 09	28 597. 12	2 383. 09

续表

征地后距养老金领取年限	鄂州		荆门		孝感		荆州		黄冈		咸宁	
	年额度	月额度	年额度	月额度	年额度	月额度	年额度	月额度	年额度	月额度	年额度	月额度
0年	5 690.16	474.18	6 086.89	507.24	4 929.85	410.82	5 060.95	506.10	4 304.07	358.67	4 738.87	394.91
1年	6 023.03	501.92	6 442.98	536.92	5 218.25	434.85	5 357.02	535.70	4 555.86	379.66	5 016.09	418.01
2年	6 375.38	531.28	6 819.89	568.32	5 523.52	460.29	5 670.40	567.04	4 822.37	401.86	5 309.54	442.46
3年	6 748.34	562.36	7 218.85	601.57	5 846.64	487.22	6 002.12	600.21	5 104.48	425.37	5 620.14	468.35
4年	7 143.12	595.26	7 641.16	636.76	6 188.67	515.72	6 353.25	635.33	5 403.10	450.26	5 948.92	495.74
5年	7 560.99	630.08	8 088.16	674.01	6 550.71	545.89	6 724.91	672.49	5 719.18	476.60	6 296.93	524.74
6年	8 003.31	666.94	8 561.32	713.44	6 933.93	577.83	7 118.32	711.83	6 053.75	504.48	6 665.30	555.44
7年	8 471.50	705.96	9 062.16	755.18	7 339.56	611.63	7 534.74	753.47	6 407.89	533.99	7 055.22	587.94
8年	8 967.08	747.26	9 592.29	799.36	7 768.93	647.41	7 975.52	797.55	6 782.75	565.23	7 467.96	622.33
9年	9 491.66	790.97	10 153.44	846.12	8 223.41	685.28	8 442.09	844.21	7 179.55	598.30	7 904.83	658.74
10年	10 046.92	837.24	10 747.42	895.62	8 704.48	725.37	8 935.95	893.60	7 599.55	633.30	8 367.26	697.27
11年	10 634.66	886.22	11 376.14	948.01	9 213.69	767.81	9 458.71	945.87	8 044.12	670.34	8 856.75	738.06
12年	11 256.79	938.07	12 041.65	1 003.47	9 752.69	812.72	10 012.04	1 001.20	8 514.70	709.56	9 374.87	781.24
13年	11 915.31	992.94	12 746.09	1 062.17	10 323.22	860.27	10 597.75	1 059.78	9 012.81	751.07	9 923.30	826.94
14年	12 612.36	1 051.03	13 491.73	1 124.31	10 927.13	910.59	11 217.72	1 121.77	9 540.06	795.01	10 503.81	875.32
15年	13 350.18	1 112.52	14 281.00	1 190.08	11 566.37	963.86	11 873.95	1 187.40	10 098.16	841.51	11 118.28	926.52

续表

征地后距养老金领取年限	鄂州		荆门		孝感		荆州		黄冈		咸宁	
	年额度	月额度	年额度	月额度	年额度	月额度	年额度	月额度	年额度	月额度	年额度	月额度
16 年	14 131.17	1 177.60	15 116.44	1 259.70	12 243.00	1 020.25	12 568.58	1 256.86	10 688.90	890.74	11 768.70	980.73
17 年	14 957.84	1 246.49	16 000.75	1 333.40	12 959.22	1 079.94	13 303.84	1 330.38	11 314.20	942.85	12 457.17	1 038.10
18 年	15 832.88	1 319.41	16 936.79	1 411.40	13 717.33	1 143.11	14 082.11	1 408.21	11 976.08	998.01	13 185.92	1 098.83
19 年	16 759.10	1 396.59	17 927.59	1 493.97	14 519.79	1 209.98	14 905.92	1 490.59	12 676.68	1 056.39	13 957.29	1 163.11
20 年	17 739.51	1 478.29	18 976.36	1 581.36	15 369.20	1 280.77	15 777.91	1 577.79	13 418.27	1 118.19	14 773.79	1 231.15
21 年	18 777.27	1 564.77	20 086.47	1 673.87	16 268.30	1 355.69	16 700.92	1 670.09	14 203.24	1 183.60	15 638.06	1 303.17
22 年	19 875.74	1 656.31	21 261.53	1 771.79	17 220.00	1 435.00	17 677.93	1 767.79	15 034.12	1 252.84	16 552.89	1 379.41
23 年	21 038.47	1 753.21	22 505.33	1 875.44	18 227.36	1 518.95	18 712.08	1 871.21	15 913.62	1 326.14	17 521.23	1 460.10
24 年	22 269.22	1 855.77	23 821.90	1 985.16	19 293.67	1 607.81	19 806.74	1 980.67	16 844.57	1 403.71	18 546.22	1 545.52
25 年	23 571.97	1 964.33	25 215.48	2 101.29	20 422.35	1 701.86	20 965.44	2 096.54	17 829.97	1 485.83	19 631.18	1 635.93
26 年	24 950.93	2 079.24	26 690.58	2 224.22	21 617.05	1 801.42	22 191.91	2 219.19	18 873.03	1 572.75	20 779.60	1 731.63
27 年	26 410.56	2 200.88	28 251.98	2 354.33	22 881.65	1 906.80	23 490.14	2 349.01	19 977.10	1 664.76	21 995.21	1 832.93
28 年	27 955.57	2 329.63	29 904.72	2 492.06	24 220.23	2 018.35	24 864.31	2 486.43	21 145.76	1 762.15	23 281.93	1 940.16
29 年	29 590.98	2 465.92	31 654.15	2 637.85	25 637.11	2 136.43	26 318.88	2 631.89	22 382.79	1 865.23	24 643.92	2 053.66
30 年	31 322.05	2 610.17	33 505.92	2 792.16	27 136.88	2 261.41	27 858.53	2 785.85	23 692.18	1 974.35	26 085.59	2 173.80

续表

征地后距养老金领取年限	随州		恩施		仙桃		天门		潜江		神农架	
	年额度	月额度	年额度	月额度	年额度	月额度	年额度	月额度	年额度	月额度	年额度	月额度
0 年	5 247.51	437.29	3 468.72	289.06	6 217.02	518.09	5 329.05	444.09	5 532.63	461.05	3 523.12	293.59
1 年	5 554.49	462.87	3 671.64	305.97	6 580.71	548.39	5 640.80	470.07	5 856.29	488.02	3 729.22	310.77
2 年	5 879.43	489.95	3 886.43	323.87	6 965.68	580.47	5 970.78	497.57	6 198.88	516.57	3 947.38	328.95
3 年	6 223.37	518.61	4 113.79	342.82	7 373.17	614.43	6 320.07	526.67	6 561.52	546.79	4 178.30	348.19
4 年	6 587.44	548.95	4 354.45	362.87	7 804.51	650.38	6 689.80	557.48	6 945.37	578.78	4 422.73	368.56
5 年	6 972.80	581.07	4 609.18	384.10	8 261.07	688.42	7 081.15	590.10	7 351.67	612.64	4 681.46	390.12
6 年	7 380.71	615.06	4 878.82	406.57	8 744.34	728.70	7 495.40	624.62	7 781.75	648.48	4 955.33	412.94
7 年	7 812.49	651.04	5 164.23	430.35	9 255.89	771.32	7 933.88	661.16	8 236.98	686.42	5 245.22	437.10
8 年	8 269.52	689.13	5 466.34	455.53	9 797.35	816.45	8 398.01	699.83	8 718.84	726.57	5 552.06	462.67
9 年	8 753.28	729.44	5 786.12	482.18	10 370.50	864.21	8 889.30	740.78	9 228.89	769.07	5 876.86	489.74
10 年	9 265.35	772.11	6 124.61	510.38	10 977.17	914.76	9 409.32	784.11	9 768.78	814.07	6 220.65	518.39
11 年	9 807.37	817.28	6 482.90	540.24	11 619.34	968.28	9 959.76	829.98	10 340.26	861.69	6 584.56	548.71
12 年	10 381.10	865.09	6 862.15	571.85	12 299.07	1 024.92	10 542.41	878.53	10 945.16	912.10	6 969.76	580.81
13 年	10 988.40	915.70	7 263.58	605.30	13 018.57	1 084.88	11 159.14	929.93	11 585.45	965.45	7 377.49	614.79
14 年	11 631.22	969.27	7 688.50	640.71	13 780.15	1 148.35	11 811.95	984.33	12 263.20	1 021.93	7 809.07	650.76
15 年	12 311.65	1 025.97	8 138.28	678.19	14 586.29	1 215.52	12 502.95	1 041.91	12 980.60	1 081.72	8 265.90	688.83

续表

征地后距养老金领取年限	随　州		恩　施		仙　桃		天　门		潜　江		神农架	
	年额度	月额度	年额度	月额度	年额度	月额度	年额度	月额度	年额度	月额度	年额度	月额度
16 年	13 031.88	1 085.99	8 614.37	717.86	15 439.59	1 286.63	13 234.37	1 102.86	13 739.97	1 145.00	8 749.46	729.12
17 年	13 794.24	1 149.52	9 118.31	759.86	16 342.80	1 361.90	14 008.58	1 167.38	14 543.75	1 211.98	9 261.30	771.78
18 年	14 601.20	1 216.77	9 651.73	804.31	17 298.86	1 441.57	14 828.09	1 235.67	15 394.56	1 282.88	9 803.09	816.92
19 年	15 455.38	1 287.95	10 216.35	851.36	18 310.84	1 525.90	15 695.53	1 307.96	16 295.15	1 357.93	10 376.57	864.71
20 年	16 359.51	1 363.29	10 814.01	901.17	19 382.03	1 615.17	16 613.72	1 384.48	17 248.41	1 437.37	10 983.60	915.30
21 年	17 316.55	1 443.05	11 446.63	953.89	20 515.88	1 709.66	17 585.62	1 465.47	18 257.44	1 521.45	11 626.14	968.85
22 年	18 329.56	1 527.46	12 116.26	1 009.69	21 716.05	1 809.67	18 614.38	1 551.20	19 325.50	1 610.46	12 306.27	1 025.52
23 年	19 401.84	1 616.82	12 825.06	1 068.76	22 986.44	1 915.54	19 703.32	1 641.94	20 456.05	1 704.67	13 026.18	1 085.52
24 年	20 536.85	1 711.40	13 575.33	1 131.28	24 331.15	2 027.60	20 855.96	1 738.00	21 652.72	1 804.39	13 788.22	1 149.02
25 年	21 738.26	1 811.52	14 369.48	1 197.46	25 754.52	2 146.21	22 076.04	1 839.67	22 919.41	1 909.95	14 594.83	1 216.24
26 年	23 009.95	1 917.50	15 210.10	1 267.51	27 261.16	2 271.76	23 367.49	1 947.29	24 260.19	2 021.68	15 448.62	1 287.39
27 年	24 356.03	2 029.67	16 099.89	1 341.66	28 855.94	2 404.66	24 734.48	2 061.21	25 679.42	2 139.95	16 352.37	1 362.70
28 年	25 780.86	2 148.41	17 041.73	1 420.14	30 544.01	2 545.33	26 181.45	2 181.79	27 181.66	2 265.14	17 308.98	1 442.42
29 年	27 289.04	2 274.09	18 038.67	1 503.22	32 330.84	2 694.24	27 713.07	2 309.42	28 771.79	2 397.65	18 321.56	1 526.80
30 年	28 885.44	2 407.12	19 093.93	1 591.16	34 222.19	2 851.85	29 334.28	2 444.52	30 454.94	2 537.91	19 393.37	1 616.11

10.3.6.2 被征地农民失地后享有医疗费用的标准估算

上述已测算出征地单位应当为被征地农民个人账户一次性缴纳的医疗费用总额，同理，按等额系列支付的现值计算公式，可计算出被征地农民失地后每年可报销的医疗费用，即

$$A = P\left[\frac{i(1+i)^n}{(1+i)^n - 1}\right]$$

其中，A 为被征地农民每年可报销的医疗费用标准；P 为征地单位为被征地农民个人账户中一次性缴纳的医疗保障金；i 为投资收益率，采用五年期银行存款利率，$i = 5.85\%$；n 为预计被征地农民领取养老金的年限，预先考虑 $n = 30$。

表 10-12 湖北省被征地农民每年可报销的医疗费用 单位：元/人

地 区	医疗保障金总额	每年可报销医疗费用	地 区	医疗保障金总额	每年可报销医疗费用
全 省	3 083.15	220.40	荆州市	3 202.64	228.95
武汉市	4 219.33	301.63	黄冈市	2 651.09	189.52
黄石市	2 801.51	200.27	咸宁市	2 878.32	205.76
十堰市	2 044.06	146.12	随州市	3 218.64	230.09
宜昌市	3 134.36	224.07	恩施州	1 699.47	121.49
襄樊市	3 264.52	233.37	仙桃市	3 856.61	275.70
鄂州市	3 450.15	246.64	天门市	3 293.32	235.43
荆门市	3 871.55	276.76	潜江市	3 392.54	242.52
孝感市	3 066.08	219.18	神农架	2 033.39	145.36

10.3.6.3 被征地农民失业后享受的失业金标准估算

如前测算，征地单位按征地当年当地职工年均工资的60%的3%作为缴费基数为被征地农民缴纳失业保险费，缴费时间按被征地农民每从事2年农业生产折算为1年缴费时间的标准缴纳。征地单位代被征地农民向相关管理机构缴纳足额的失业保险金并纳入其个人账户，同时参照《湖北省失业保险实施办法》施行。为此，参照《湖北省失业保险实施办法》，若被征地农民的失业保险金缴费时间满1年的，其失业后可发给3个月的失业保险金，缴费时间每增加1年，增发2个月的失业保险金，领取失业保险金的期限最长为24个月。失业保险金的发放标准参照《湖北省失业保险实施办法》施行，按照低于当地最低工资标准、高于城市居民最低生活保障标准的水平确定。被征地农民在领取失业保险金期间死亡的，其家属可以向社会保险经办机构申请领取丧葬补助金和其供养的配偶、直系亲属的一次性抚恤金。丧葬补助金和一次性抚恤金标准，参照当地在职职工享受的标准。

第 11 章 公平高效的征地补偿方案探讨

《中共中央国务院关于推进社会主义新农村建设的若干意见》提出："要加快征地制度改革步伐，按照缩小征地范围、完善补偿办法、拓展安置途径、规范征地程序的要求，进一步探索改革经验。"十七届三中全会指出："改革征地制度，严格界定公益性和经营性建设用地，逐步缩小征地范围，完善征地补偿机制。依法征收农村集体土地，按照同地同价原则及时足额给农村集体组织和农民合理的补偿，解决好被征地农民就业、住房、社会保障问题。在土地利用规划确定的城镇建设用地范围外，经批准占用农村集体土地建设非公益性项目的，允许农民依法通过多种方式参与开发经营并保障农民合法权益。"这是改革现行国家征地补偿制度的主要依据。建立高效的征地补偿资金分配制度，实际上包含三部分内容：一是资金在不同主体之间的分配制度，特别是对农民和农民集体的补偿制度；二是资金保障制度；三是征地补偿资金流的监管制度。资金在征地过程中不同主体之间的分配制度，特别是对农民和农民集体的补偿制度是分配制度的关键所在。

我国《土地管理法》规定，征地给予农民和农民集体的补偿分为青苗补偿、安置补助费、土地补偿费、地上附着物补偿。其中，青苗费和地上附着物补偿直接给予农户，而安置补助费给予劳力安置单位，而在目前由于被征地农民普遍文化程度低、劳动技能不高，难以安置，因此，很多地区将安置补助费直接给予农户让其自谋生路，土地补偿费的大概70%给予了农户，30%给予了村集体。根据课题组在江浙及湖北等地的调查显示，目前征地补偿主要存在以下问题：第一，总体而言，补偿标准较低，农民满意度不高；第二，同一区域，征地时间不同、批次不同、用途不同，其补偿标准相差较大，造成征地补偿满意度下降；第三，相邻不同区域征地补偿标准协调不够，难体现同地同价；第四，征地补偿资金分配过程不够透明，易导致补偿金截留和引起农民不满情绪；第五，征地补偿多以货币补偿为主，未能有效为被征地农民解决保障，从长远看，不利于被征地农户可持续发展，不利于城乡统筹发展和城市化进程和谐进行。

征地补偿不是中国特有的经济现象，世界上许多国家，如美国、德国、日本等都存在。经济发达国家的征地补偿标准大都接近或等于土地的市场价格。就各国立法看，对征地的补偿范围和补偿标准呈逐步放宽的趋势，其基本特点是：以土地市场交易价格为补偿的依据；补偿的范围广、项目细化。征地补偿不仅包括直接补偿，如被征土地的价值损失补偿、地上附着物的价值损失补偿、剩下的小块土地的价值损失补偿等，还包括间接可得利益的补偿，如租赁合同规定的余期土地使用权的收益损失补偿，以及租赁合同延期的收益损失补偿。由于经济和社会快速发展，城市化、工业化速度不断加速，农地转用需求不断增加，在征地过程中也存在一些问题。本章将综合前文从资源价值角度、产权角度和福利经济学角度对征地补偿所做的相关分析，得出优化征地补偿费分配方案，提出最为合理的征地补偿政策制度。

11.1　三种补偿方案评述分析

11.1.1　从资源价值角度研究合理的征地补偿结论

在研究农地资源价值时，前提假设是将农民集体和农民作为一个主体。若干个农民组成一个农民集体，他们共同拥有土地所有权。政府征收农民集体（包括农民）的土地，农民和农民集体所有的农地权利消失，因此，必须给予相应补偿，同时，补偿应该公平合理。从资源价值角度来看，农地之于农民和农民集体的所有效用即为农地对于农民和农民集体的价值。随着征地的发生，农民和农民集体的这部分价值完全消失，因此，从公平角度来看，对农民和农民集体的公平补偿至少应该体现这一部分价值。

当前，学者们将农地价值分为市场价值和非市场价值。由于非市场价值部分不能在现实交易市场上得到充分体现，因此，我们对于其非市场价值部分采用假设市场来进行测度，使用方法为特征价值法。在本书中通过对湖北省武汉市、仙桃市、荆门市、宜昌市的实地调查，获得共约 400 份有效调查问卷，通过计算，得到农民和农民集体的农地补偿意愿为 7.06 万元/亩，农民和农民集体的农地支付意愿为 6.58 万元/亩。根据本书第 7 章内容，可得到以下主要结论。

第一，从 WTP 和 WTA 计算结果来看，WTA 高于 WTP，这完全和国际通行的研究结论相符，但是两者差距不是很大，WTA 比 WTP 值高出 7.14%，每亩 0.43 万元。可以采纳 WTP 作为农地的价值估计量。本书的农地价值计量与实际补偿标准的巨大差距为我们今后逐步提高补偿标准提供了理论依据。第二，在影响意愿价格的因素中，具有显著影响的因素是最近一次农民实际获得的补偿水平、离省会城市的距离、离最近城市中心的距离，这显示了城市和区位对农地价值具有的巨大影响，这也为征地区片地价政策完善提供了理论依据。并且本书认为，区片综合地价是一种可行的制度改进，应予推广。第三，本书选取的样本位于城市郊区，所以农地价值相对较高，对于城市远郊的农地可能需要另外的估价方法，但是这不影响决策者在制定区片综合地价时对远郊农地赋予较低的补偿标准。第四，在全省范围内目前可以以 6.58 万元/亩作为征地补偿标准的加权平均，并可根据实际情况加以调整。

11.1.2 基于阿马蒂亚·森的可能能力理论的征地补偿结论

传统的福利经济学中，福利被认为是个人或集体偏好的反映，是由于消费一定的商品或服务而得到的效用。在由边沁、艾奇沃斯、马歇尔、庇古等建立起来的这一传统效用理论框架中，效用反映的是一个人所获得的幸福、满足程度或者愿望的实现。由于度量“满足程度”在技术上的困难，在实证研究中，往往用收入来代替效用。但是，无论是效用还是收入，对于我们所讨论的农地城市流转中农民福利变化的分析都具有局限性。

在本书中，有些地方由于国家的征地补偿政策不能得到很好的执行，使用效用衡量法则可能不能正确反映由农地城市流转带来的客观福利变化。同时，客观环境相同的情况下，由于个体差异，不同的人也会获得不同的效用。并且，以收入作为衡量福利的指标太过粗略，它至多体现在个人效用最大化的经济理性下所得货币多少的差异。

阿马蒂亚·森提出的可行能力方法重新定义了福利的概念，他根据一个人实际能做什么和能成为什么来描述个人福利。阿马蒂亚·森实际上强调，影响个人福利水平或者生活水平的不是物品本身，而是物品能够为人们带来什么，以及人们能够利用这些物品做些什么。在衡量福利的指标选择上，阿马蒂亚·森提出了五大指标，即政治自由、经济条件、社会机会、透明性保证和防护性保障。这些工具性自由能直接扩展人们的可行能力，它们之间相互补充、相互强化。一般的，农民福利也应包括很多内容，这里主要评价农地城市流转前后可能发生变化的农民福利的主要功能性活动，即根据我国的实际情况以及农地城市流转的现实特征，选择针对被征地农民的功能性活动，进行“突出的可行能力比较”。对于农地城市流转过程涉及的农民来说，他们失去的不仅是土地本身，还包括土地带来的财富和权利，即农地的发展权、农民的就业权以及农民享受优美的田园风光的权利等诸多内容。在本书中，为衡量农民福利状况，我们选择了家庭经济收入、社会保障、居住条件、社区生活、环境、心理六大指标，对征地前后农民福利变化进行了模糊评价。

研究的主要结论有以下两点。

第一，湖北省农地城市流转前后农户福利变动幅度较大，从接近中等福利水平的 0.451 降为 0.276 这一福利获得程度较低的水平上，变动了 0.175 个单位。武汉、宜昌、荆门、仙桃四市不论在农地城市流转前还是流转后农户福利的差异都不大，四市的农户福利在农地城市流转前都处于0.400~0.500的水平上，接近于0.500的福利模糊状态，即不好也不坏。其中，宜昌市农户的福利在流转前是四个城市中最好的，次之是武汉市的农户，荆门市农户福利指数最低，但四市中农户福利的极差也只有0.027。在农地城市流转后，四个城市的农户福利水平都有一定程度的下降，其中，宜昌市农户福利指数变化最大，并处于四市的最低水平，而武汉市农户福利指数变化最小。农地城市流转对农民福利各功能获取情况的影响在四市之间各不相同，但总体来看，社会保障的获取和美好环境的获得功能都是受损最为严重的功能性活动。以下是对各功能性活动和指标变化情况的详细分析。

第二，从福利的总体水平来看，表9-2的结果显示，农地城市流转前，湖北省绝大部分的农户福利评价值为0.301~0.600，处于中等福利水平，这其中，有15.6%的被调查农户福利指数大于0.500，超越了不好不坏的模糊状态。但在农地城市流转后，福利指数大于0.500的农户比重直线下降到了0.8%，另外，还有12.2%的农户福利状况明显降低，填补了流转前没有农户的福利指数小于0.201的空白。武汉、宜昌、荆门和仙桃各市农户的总体福利变化情况基本相似，在此不再赘述，具体计算结果如表9-3~表9-6所示。从中可以看出，农地城市流转对绝大多数被征地农户的福利状况产生了很大的影响，农户福利格局发生了变化。

从补偿政策建议来看，阿马蒂亚·森强调对于被剥夺的群体应该通过地位独立和素质提升来增强他们的声音和主体性。对于被征地农民也是如此。虽然被征地农民的福利水平有上升也有下降，但农民总体福利水平不高，多数处在隶属度小于0.501这样较差的阶段中，因此，改善农民的福利状况仍有很长的路要走。

从功能指标来看，家庭经济状况、社会保障和环境的权重很大，说明这三项功能是影响农民福利获得的主要因素。要使被征地农民福利水平上升，主要应增加他们的经济收入，跟进社会保障措施，同时注意对环境的保护，改善社区的生活条件。农地城市流转后，被征地农民的福利水平从0.462降到0.293，这说明当前国家实行的单一货币化补偿方式并未增进农民福利或至少维持农民以前的福利水平，反而对农民福利有所损害。

根据本书第9章研究，国家的征地补偿安置方式不应只是发放补偿金，而应以促进农民就业为主。对家庭收入低、被抚养人口多、文化水平低的农户应给予特别关注和照顾。作为长效机制，国家应加大基础教育投入力度，增强农民获得非农就业机会的能力，与此同时，完善农民社会保障体系，尽量减少他们的医疗和教育支出。

11.1.3 基于产权角度研究合理的征地补偿结论

根据对我国农村土地产权的研究结论，征收的土地使用权的价值与土地所有权的关系是：前者与后者的价值比值为剩余承包经营年限的土地使用权与无限期土地使用权的价值比值，而无限期土地使用权价值就等于土地所有权价格。根据表4-2，可以得出30年土地承包经营使用权价格约为土地所有权价格的70%。

由于土地对于农民具有经济收益、生存保障等功能，因此，可从土地对农民的功能来测算农地对农民的价值，然后以价值为等值补偿额。在计划经济时期，对失地农民的安置多采取一次性的货币安置方式，但是货币资金的补偿在我国一直以来都是按照土地原农业用途下农业产值的倍数进行计算，而当前土地补偿标准较低，难以维持农民原有的生活水平，在土地被征用后，农民失去了土地所给予的经济、保障等功能，他们所要求的土地补偿费仅仅是希望未来基本生活有保障，能够解决养老和医疗问题。因此，我们可以根据不同的年龄段，采取不同的补偿办法。对30岁以下的农民，采取培训、安排就业的方式；对征地时年龄在40岁以下的农民，应以就业安置或一次性货币安置为主。若选择一次性货币安置，补偿费中的安置补助费应当包括农民失去土地时必须得到的基本生存风险保障，主要有最低生活保障、养老保障、医疗保障、失业保障、技能培训费这五个部分（鲍海君和吴次芳，2002）。考虑到目前湖北省实际情况，尚不能将失地农民全都纳入城镇居民社会保障体系，所以失地农民所获得的基本生存风险保障应以农村居民最低生活保障为标准。经大致测算，安置一位失地农民（仅仅含社会保障价值）大约需要4万~6万元。如果以全省人均耕地0.0816公顷来计算，则征地安置价格约为4.9万~7.3万元/亩。

11.1.4 研究结论的对比

对征地补偿费分配制度研究的核心问题是，在当前湖北省经济和社会发展水平上，给予被征地农民和农民集体的合理补偿标准到底是多少，被征地农民和农民集体如何合理分配这些土地补偿费，被征地农民如何进行安置，以及实现合理分配土地补偿费的政策措施保障。

根据意愿价值法评估结论，在全省范围内目前可以以6.58万元/亩作为征地补偿标准的加权平均，并可根据实际情况加以调整。仔细分析这个结论，这个结论并不包含农地的经济价值。根据蔡银莺和张安录（2007）的研究结论，湖北省典型区域的水田、旱地、园地、养殖水面的经济价值分别为14 269元/亩、11 125元/亩、61 780元/亩、50 231元/亩、34 900元/亩，将水田、旱地和菜地的经济价值加总取平均值可得耕地的经济价值约为29 058元/亩。于是，如果给予农民完整的补偿，则其补偿价值应该等于农地的经济价值和非经济价值之和。将两者相加，得到不同地类的农地的完全补偿价格。在计算过程中，由于湖北省绝大部分林地处于国家天然林保护区内，处于禁伐和限伐的管制状态，其对农民的经济价值有限，因此不计其经济价值，如表 11-1 所示。

而从以可行能力方法为基础的农民补偿价格测算来看，如果给予被征地农民 15 500 元/亩的经济补偿，农民的经济受损状况将恢复到原来的收入水平。而根据第 10 章中农民的社会保障资金测算，则安置一个被征地农民需要的资金总额为 44 848 元/亩，所测算的养老保障水平还处于较低的水平。为恢复农民被征地前的福利状况，征收一亩农地的完全补偿价格为 60 348 元/亩。从统筹城乡的角度来看，完全失地的农民应该转变为真真切切的市民，其社会保障应该最终与城市居民的社会保障水平完全一致，因此，其补偿标准应进一步提高。

而从产权角度分析土地补偿的研究结论来看，30 年土地承包经营权的价格约为土地所有权价格的 70%。事实上，农民所拥有的土地承包经营权可能并不止 30 年，因为在农村如果土地承包经营权到期，只要农民集体成员愿意继续承包，则基本上就会继续拥有土地承包经营权。因此，从权能角度来看，集体拥有土地所有权，集体成员拥有土地使用权，一旦土地被征用，则集体可留用的土地补偿费用应不超过总额的 30%，甚至有一些学者认为可以减小到 20%。而经初步测算，湖北省农村土地的社会保障价格约为 4. 9 万 ~7. 3 万元/亩，取平均值约为 6. 12 万元/亩。表 11-1 对三种方法的计算结果进行了比较。

表 11-1　湖北省不同地类农地征用的补偿价格　　单位：万元/亩

方法	评估结果								
	经济价值				保障价值	合计			
	耕地	园地	养殖水面	林地		耕地	园地	养殖水面	林地
CVM 方法	2. 91	5. 02	3. 49	0	6. 58	9. 49	11. 6	10. 07	6. 58
模糊评判法	1. 55	1. 55	1. 55	1. 55	4. 48	6. 03	6. 03	6. 03	6. 03
权能法	2. 91	5. 02	3. 49	0	6. 12	9. 03	11. 14	9. 61	6. 12
平均值	—	—	—	—	—	8. 18	9. 59	8. 57	6. 24

从表 11-1 来看，当前湖北省不同地类的完全补偿价格大约在 6. 24 万 ~9. 59 万元/亩。在补偿价格的差距选择上，林地补偿价格最低，约为 6. 24 万元/亩；耕地其次，约为 8. 18 万元/亩；养殖水面（鱼塘）较高，约为 8. 57 万元/亩；而园地的补偿价格为最高，约为 9. 59 万元/亩。

比较以上三种方法，可以得出这样的结论，即在当前社会经济水平下，湖北省为做好征地补偿安置工作，每征用一亩耕地总补偿费用为 6. 24 万 ~9. 59 万元，如果求取区间平均值，则大约为 7. 9 万元/亩。如果征地补偿费用能达到此标准，则农民在获得一定的补偿费用后，还能够享受征地后的养老保障、失业保障和医疗保障。随着社会经济水平的发展，人民生活水平的进一步提高，以及建设社会主义新农村政策的进一步深化，征地补偿安置标准应进一步调高，最终减小城乡差别，达到城乡统筹发展。

11.2 最优补偿方案的确定

11.2.1 近些年关于征地补偿安置的政策法规梳理

目前，征地补偿是焦点问题。对于这一焦点问题，国家及湖北省等相关部门制定和实施了有关政策，以妥善解决征地补偿安置问题。这些文件规定和相关政策，可作为湖北省进行征地制度改革的指针。

2004 年，国务院 28 号文明确指出要完善征地补偿办法和妥善安置被征地农民，要采取切实措施使被征地农民的生活水平不因征地而降低；可适当增加安置补助费，并做到同地同价；要建立社会保障制度、留地安置、安排工作岗位、土地使用权入股或异地移民安置等方式，使得被征地农民的长远生计有保障。2004 年 10 月，国土资电发 67 号随之明确指出，要切实做好征地补偿安置工作，维护农民合法权益和社会稳定。文中强调要执行 28 号文的决定，并做好政策衔接。

国土资发 238 号文则细化了 28 号文，对土地补偿费提出了四点要求：一是要制定统一年产值标准，二是要确定年产值倍数，三是制定征地区片价，四是对土地补偿费的分配则要求省级人民政府制定合理标准。对于被征地农民的安置，则提出了农业生产安置、重新择业安置、入股分红安置、异地移民安置等方式。

随着农民对征地补偿的日益关注和补偿标准的不断提高，在实施征地中发生的矛盾、纠纷和冲突不断增加，国土资发［2006］133 号则指出要加快推进征地补偿安置的争议协调裁决制度。133 号文中针对征地补偿标准改革提出要在对被征地农民原有生活水平调查、统计的基础上，逐步引入中立的中介组织对被征地土地进行评估，进一步量化合理性审查的标准。这一规定实际上指出了量化补偿合理性的改革思路。

《湖北省土地管理实施办法》针对土地补偿费的规定与《土地管理法》的相关规定基本一致，总补偿金额仍采用年产值倍数法确定。规定支付土地补偿费和安置补助费，尚不能使需要安置的农民保持原有生活水平的，经省人民政府批准，可以增加安置补助费，但土地补偿费、安置补助费总和不得超过该土地被征用前三年平均年产值的 30 倍。

2007 年，劳动和社会保障部与国土资源部联合发文，即劳社部发［2007］14 号文，要求切实做好被征地农民的社会保障工作。文件进一步明确了被征地农民社会保障工作责任，要求确保被征地农民的社会保障所需资金，严格征地中对农民社会保障落实情况的审查，规范被征地农民社会保障资金管理，并加强对被征地农民社会保障工作的监督检查。

2007年3月16日，第十届全国人民代表大会第五次会议通过的《中华人民共和国物权法》（简称《物权法》）对征地补偿安置也做了相应的规定：“征收集体所有的土地，应当依法足额支付土地补偿费、安置补助费、地上附着物和青苗补偿费等费用，安排被征地农民的社会保障费用，保障被征地农民的生活，维护被征地农民的合法权益。”不仅如此，《物权法》还规定：“所有权人对自己的不动产或者动产，依法享有占有、使用、收益和处分的权利。”因此，对征收的农民集体所有的农地，要给予其补偿以维护其占有、使用、收益和处分集体土地的权利不受损害。

从以上法律的政策走向来看，国家和各级政府愈加重视被征地农民的社会保障工作，今后征地补偿改革应朝复合补偿方式改进，即改变过去的一次性货币补偿，而改为既有征地补偿，又有社会保障的方式，解决农民被征地的后顾之忧，在有条件的地方，可积极发展土地入股等补偿安置方式。更重要的是，我国在物权法律上的崭新规定表明，土地补偿不再仅仅被看做是单一的一种损失补偿，而上升为是对农民集体所有权的一种完整维护和尊重。

11.2.2　当前湖北省征地制度改革的主要内容

2007年10月到11月，课题组选择湖北省武汉市、仙桃市、荆门市和宜昌市作为实地调研的主要区域。选择这些地区作为调查区域是因为这些区域在征地补偿方面进行过一定程度的制度改革，在地形上也具有一定的代表意义。这些地区在征地制度改革上主要有以下一些制度改进。

第一，给予农民的征地补偿费标准在逐步提高。根据课题组的调查，如2000年宜昌市夷陵区征收水田的补偿标准为：一级水田平均年产值为1000元/亩，二级为800元/亩，三级为700元/亩。而到2006年，则其补偿标准分别为1150元/亩，1050元/亩，950元/亩，补偿倍数也相应得到提高。湖北省其他地区征地补偿标准也都有不同程度的提高。

第二，强化征地补偿资金的拨付管理。对原来征地补偿资金层层拨付的方式进行了改革，采取“直通车”的方式将征地资金直接拨付到被征地的村，在征地补偿资金直接到被征地的村的基础上，积极探索给被征地农民和村组直接办理银行存折、征地补偿费直接划账拨付的方式，有效地避免了征地补偿资金层层拨付、层层截留挪用的现象发生。

第三，拓宽失地农民安置渠道，探索解决失地农民长远生计问题的长效机制。在城乡结合部、有条件的地区积极推进社会保障安置，防止失地农民“用完征地补偿费后，生活无着落”而导致征地纠纷不断的情况发生，实行复合安置与社保安置、养老保险安置、就业安置等多种安置方式并行的办法。建立留地安置、土地开发整理安置、社会保险安置、发放养老金安置、就业安置、调地安置、发展乡镇企业安置、征地补偿费入股安置等安置方式，强化建立货币安置与留地安置，货币安置与调地安置等复合方式。

11.2.3 征地补偿费分配过程中存在的主要问题

根据课题组实地调研和前文研究结论，目前湖北省征地补偿费分配过程中存在的主要问题有以下几点。一是征地补偿费用偏低，被征地农民的实际生活水平有所下降，农民普遍有强烈增加补偿的意愿。二是征地补偿费用分配在实际操作中不够透明，特别是征地补偿费用到达村一级后公平公开分配存在较大改进余地。三是存在同地不同价现象，不同的征地用途补偿标准有时候存在很大差距。四是征地后被征地农民社会保障建设滞后，被征地农民抵抗失业风险、健康风险和养老风险的能力下降，农民长远生计难以得到保障。

11.2.4 公平高效的征地补偿费分配模式探讨

从国家政策指向以及江浙等经济发达地区征地补偿模式来看，征地补偿分配制度改革的关键问题有以下几方面：一是确立合理的征地补偿模式；二是农民和农民集体之间如何分配补偿费；三是如何确保征地补偿资金。其中，征地补偿资金的筹集将在后文中论述。根据前文理论及实证研究，并借鉴江浙等经济发达地区的征地补偿经验，我们针对征地补偿分配制度进行以下讨论。

第一，征地补偿安置费用分配模式。关于征地的货币补偿如何在集体和集体成员之间如何分配，目前国内也有多种做法。一是部分留用模式。村集体留用土地补偿费总额的30%左右，其余部分发放到被征地农民手中。二是全部留用模式。征地补偿费全部由村集体留用用于发展村办企业，农民从村办企业中获利，或者是在这些企业中上班获取工资，或是参与企业利润分配。三是全部瓜分模式。征地补偿费通过村民代表大会确定分配方案，被征地农民或是全村村民将其分配完毕，村集体不予留用。以上三种方案各有优缺点。

部分留用模式的优点是：目前我国农村实行家庭年产承包责任制并取消农业税后，集体自身经济实力很弱，发展集体公共事业存在很大的资金难度，通过留用土地补偿费用，可在一定程度上解决农村集体的资金来源问题。但缺点也很明显：使用征地补偿费用短期内作为发展公共事业可提供一定保障，但从长远来看，通过留用征地补偿费并不是一种可持续的资金来源，同时留用资金的监管也成问题。

完全留用模式在江浙不少地方存在。这种模式的优点是可以将大笔征地补偿费作为资本进行投资，为企业特别是集体所属企业提供大量资金，待其赢利后再在集体成员间进行利润分配，这个利润往往大于原来的征地补偿，被征地农民可以获得更大实惠，集体企业也能更好发展。但缺点也同样存在，一是因为企业经营风险比较大，经营好坏往往由集体经济领导人的素质决定，一旦经营不善，被征地农民损失很大。二是征地补偿资金的监管同样存在问题，容易形成“腐败随着补偿走”的局面。

完全瓜分模式在经济不发达地区存在得多一些。根据调查，在江浙一些地方，当补偿费用抵达被征地村集体后，村集体召开村民大会，确定补偿标准进行补偿费的完全分配。这种分配方式的好处是征地补偿费用分配公开公平、容易实施，群众也比较满意。但缺点是如果把征地补偿费用全部瓜分，一方面不利于集体经济的发展，另一方面不利于被征地农民生计的长远保障，一旦征地补偿费用花光，农民再无经济来源，生活将陷入困境。

目前，湖北省绝大部分城市城乡结合部的经济发展水平比较低，农民对土地所提供的经济产品、社会保障产品需求尤其强烈，因此，目前在湖北省征地补偿安置的改革过程中，最重要的就是对被征地农民及其集体提供经济补偿和社会保障。结合前文分析，为给当前被征地农民未来的长远生计提供保障，必须对被征地农民建立社会保障体系。目前，比较好的征地补偿安置方式为“货币补偿+社会保障”模式。根据前文研究，湖北省每征用农地一亩，合理的土地补偿总额约为8.5万元。而根据本书社会保障测算，湖北省每征收一亩农地约需付出社会保障资金4.5万元。而根据被征地农民福利指数测算，为达到农民经济收益至少不下降，则每亩至少应支付经济补偿1.6万元。因此，给予农民（包含农民集体）货币补偿的合理区间为1.5万~4万元/亩，给予农民的社会保障资金（含养老保障、医疗保障和失业保障）约为4.5万元/亩。

第二，确定征地补偿的货币部分如何在农民和农民集体之间分配。根据《中华人民共和国土地管理法》第47条规定：“征收耕地的补偿费用包括土地补偿费、安置补助费以及地上附着物和青苗的补偿费。”其中，地上附着物和青苗的补偿费直接补偿给被征地农民，安置补助费给予被征地农民安置单位，如果无安置单位，则直接给予被征地农民；土地补偿费在实际操作中存在多种分配方式，但大多数情况下土地补偿费用在集体和农民之间的分配比例为3∶7，不过在课题组的实际调查中，89.1%的受访者反对集体留用土地补偿费。1998年11月通过的《中华人民共和国村民组织法》第19条第3款规定：“从村集体经济所得收益的使用，应该提请村民会议决定。”因此，从该法律的规定来看，土地补偿费的分配应该由村民代表决定。根据前文对农村土地产权的研究，特别是土地所有权和土地使用权关系的研究，以湖北省农村经济发展的实际情况来看，如果村集体确实需要留用土地补偿费，则应该首先经过村民代表大会同意，且留用比例不宜超过30%。

在土地管理法规定的征地补偿的四个组成部分中，安置补助费和土地补偿费主要用于解决农民安置问题和长远生计问题，因此，这部分可作为“货币补偿+社会保障”模式中被征地农民的社会保障体系的建设资金来源，而青苗费和地上附着物补偿则可作为该模式中农民货币安置资金的来源。因此，笔者认为“货币补偿+社会保障”模式与土地管理法有关征地补偿规定并不矛盾。

11.2.5 实现“货币补偿+社会保障”分配模式的政策建议

“货币补偿+社会保障”分配模式既有政策基础，又有实际的制度需求，因此，该分配方式确实可行。目前应尽快建立被征地农民社会保障体系，对于农民货币补偿部分，应根据相关法律规定由相关权利主体来进行分配，政府部门则应该做好相关的监管工作，以保障货币补偿部分能够真正落实。根据当前我国及湖北省征地补偿费分配制度实施的实际情况，特提出以下政策建议。

第一，确实落实征地前必须对被征地农民办理社会保障的征地政策，建立征地补偿专用账户，加强监管，切实保障失地农民的利益。由于农村财务缺乏有效监管，村委会为了达到种种目的，会忽略失地农民的利益，将卖地款用于其他用途，这样就会损害失地农民的利益。为了切实保障失地农民的根本利益，必须建立征地补偿专用账户，专款专用，加强监管。

第二，全省各地市州加强对征地补偿安置的研究，制定出合乎当时实际情况的征地货币补偿标准和社会保障标准。湖北省社会和经济发展不平衡，全省其他城市与武汉的发展水平相差较大，全省各地应根据实际情况制定合适的补偿政策，做到既不损害被征地农民和农民集体的利益，也不妨碍经济发展。在制定征地补偿和社会保障标准时，可与制定征地区片价结合起来进行研究，同时，应做到征地补偿相对公平合理，同地同价。

第三，实行征地补偿标准动态化管理。应根据征地年份的不同，做到补偿标准不同。例如，征地补偿标准可随年份的增加适当增加，增加方式可根据实际情况，通过提高补偿基数或是保持基数不变而提高补偿增长率来实施，如根据前文动态最优分析。当政府开发农用地的边际效用为正，持有农用地的边际效益为负时，且开发商的建设用地的边际效益较大，大于农民持有的农用地的边际效益时，即式（7-13）右边为负时，要增加征地补偿的年增长率，并且要大于预期折现率，以增加流转的经济激励。反之，则应小于预期折现率，从而减轻经济激励。

第四，应加强农村集体的组织建设和制度建设，增加对村级财务特别是征地补偿费使用的检查和监督工作。加强对农民集体经济组织的组织建设和制度建设，有利于规范村集体权利代理人的经济活动，最大限度保障集体成员的利益。同时，好的组织和制度有利于集体经济的健康发展，最终使得其成员获得更大收益。增加对村级财务特别是土地补偿费的使用监管，可防止土地补偿费被侵占挪用或贪污等现象的发生。

第五，做好新旧征地补偿政策实施的衔接工作。这个衔接工作比较麻烦，涉及不同征地时间引起的衔接，以及合法征地和非法征地引起的衔接。对于仅仅是因为征地时间不同而补偿政策变化（如先前被征地未获得社会保障）导致的补偿安置差异，宜按照现今的社会保障标准给予其社保资格。如果是由违规违法征地造成的征地补偿安置差异，则应由土地使用单位负责对被征地农民给予社会保障资金，并追究其违法用地责任。

早在 2500 年前，孔子就说过："丘也闻有国有家者，不患寡而患不均，不患贫而患不安。"这句话深刻描绘了当前被征地农民的心理状态。他们不过度考虑补偿少但十分在意补偿差异的不平均，不怕贫困但担心不安定。在当前湖北省解决征地补偿分配问题时，要考虑适当差别上的平均分配，同时一定要建立被征地农民的社会保障，使得他们在城市化进程中能够安心生活、就业、居住，成为我国构建和谐社会中的一分子。

第 12 章
征地补偿资金分配模式及政策制度保障

12.1 征地补偿资金来源分析

在国外，征地补偿主要是体现了“谁受益、谁补偿”的思想，符合公平原则，补偿义务人一般是征收事业的受益人，既可能是政府机关，也可能是公法人，甚至是私人。而中国对失地农民进行补偿的主要法律依据是1998 年修改执行的《中华人民共和国土地管理法》。该法第 47 条规定“征收土地的，按照被征收土地原用途给予补偿”。征收耕地的补偿费用包括土地补偿费、安置补助费以及地上附着物和青苗的补偿费，另外，还规定征收城市郊区菜地的，用地单位应当按照国家有关规定缴纳新菜地开发建设基金。以有偿方式供应土地的，用地单位还应缴纳新增建设用地有偿使用费。

按照我国法律，征地是国家为了公共利益需要而进行的，征地补偿费主要由用地单位支付，根据征地项目的性质不同，征地补偿费的资金来源也不同。根据农村土地被征用后的用途，及“谁受益，谁补偿”的原则来确定征地补偿费的资金来源是一种较符合实际情况的做法。但在目前我国征地行为还很不规范的情况下，征地行为很多都是非公益性且大多由地方政府实行，土地用途转变后产生了巨大的土地增值收益，各级政府及开发商等从中获得了大量的土地收益，而农民未能享受这部分土地发展权的收益。因此，应该充分发挥政府管理职能，从根本上改变现有土地的收益分配结构，提高对失地农民的补偿标准，同时也要实现征地补偿资金来源多样化，尽可能加强对失地农民的保障。

来源之一：用地单位支付的土地取得费

土地取得费就是按用地单位为取得土地使用权而支付的各项客观费用来计算的。征收农村土地时，土地取得费就是征地费用。征地中各项费用以待估土地所在区域政府规定的标准或以应当支付的客观费用来确定。按照我国法律法规，征地补偿费自农用地转用、征收批准之日起 30 日内，由用地单位全部支付给国土资源部门，国土资源部门按征地时协议约定的时间将补偿费支付给被征地农村集体经济组织，这是符合国家法律法规要求的征地补偿费主要来源之一。

按照湖北省政府规定，从2005年4月1日起，湖北省各类非农业建设项目在征地时，支付的土地补偿费、安置补助费不得低于省人民政府制定的地区（六类地区）最低补偿标准。同时，在实践中各地应根据片区区位适当提高补偿标准一并纳入补偿款账户，确保补偿款及社保资金足额到位。

来源之二：国有土地使用权出让收入

土地补偿费是对集体农地的财产补偿，也是对农户土地财产权的补偿，国有土地使用权出让收入（以下简称土地出让收入）作为土地发展权价值的重要表现，体现了土地资源的稀缺性，实现了土地产权价值，因此，土地出让收入也应是征地补偿款的主要来源之一。《国务院关于加强土地调控有关问题的通知》（国发［2006］31号）以及《国务院办公厅关于规范国有土地使用权出让收支管理的通知》（国办发［2006］100号）规定，土地出让收支全额纳入预算，实行“收支两条线”管理。土地出让收入的使用要确保足额支付征地和拆迁补偿费、补助被征地农民社会保障支出、保持被征地农民原有生活水平补贴支出，严格按照有关规定将被征地农民的社会保障费用纳入征地补偿安置费用。

根据国务院办公厅《关于做好被征地农民就业培训和社会保障工作指导意见的通知》（国办发［2006］29号）和国务院办公厅《关于规范国有土地使用权出让收支管理的通知》（国办发［2006］100号）的精神和有关要求，征地补偿费用、补助被征地农民社会保障支出、保持被征地农民原有生活水平不降低的补贴支出等应统一由市、县人民政府从土地出让收入中列支。

按照《湖北省人民政府关于进一步加强征地管理切实保护被征地农民合法权益的通知》要求，土地补偿费和安置补助费合计按30倍计算，尚不足以使被征地农民保持原有生活水平的，由当地人民政府统筹安排，从国有土地有偿使用收益中划出一定比例给予补贴。地方人民政府可以从土地出让收入专账中安排一部分资金用于补助被征地农民社会保障支出。因此，土地出让金等作为农地发展权价值的重要组成部分理应作为征地补偿资金的重要来源。

国土资源行政主管部门按规定比例及时办理被征收土地出让金的结算手续，将到账后的土地出让金全额纳入地方预算，缴入地方国库，实行“收支两条线”管理。首先由财政部门按政府资金筹措规定的标准确定土地出让金份额，其次由财税部门计提作为征地补偿与保障的专项基金，纳入基金专户，并由国土部门和财政、农经部门共同管理，用于支付基本征地补偿款、区位补偿款增加额与拆迁补偿费，或者用于补助农民社保资金的不足。

来源之三：开发企业主与地方政府共同承担

当国家征收土地用于以营利为目的的商业性用地时，应由项目开发的企业主与地方政府协商共同负担对失地农民的补偿。其中，征地补偿款主要来自开发企业，被征地农民就业培训所需资金主要来源于市（县）区、镇两级财政部门补贴；社会保障所需资金从当地政府批准用于被征地农户的土地补偿费中统一进行安排，几项费用尚不足以支付的，由当地政府从国有土地有偿使用收入中解决。有条件的地方，地方财政和集体经济要加大扶持力度，支持和引导被征地农民参加城乡社会保险。政府承担的被征地农民就业培训和社会保障所需资金由当地有关部门在征地过程中统一划拨。特别地，在失地农民培训和就业安置方面，还可由开发企业抽取营业利润的一部分用作专项资金予以支持。

来源之四：国家专项资金与地方政府共同承担

所谓专项资金，是国家、有关部门或上级部门下拨的具有专门指定用途或特殊用途的资金。这种资金都会要求进行单独核算，专款专用，不能挪作他用。当被征地用于国家公益性项目，如铁路、部分高速公路、大型水利设施及军事设施等时，应由国家财政专项拨款以承担失地农民征地补偿的主要责任。其余部分由地方政府负担，具体比例、数额结合当地实际确定。征地中的耕地占用税、土地管理费、征地管理费等相关税费留取在县镇一级政府并纳入本地财政。地方政府可从土地税收中提取一定比例的征地调节资金，在同级财政局设专户储存，直接发放到被征地农户手中。

同时，地方政府也可考虑不另外需要政府的财政补贴，用政府公开拍卖土地所得的部分比例作为征地补偿款和失地农民社保基金来源，发挥政府在对失地农民社会保障基金运营和监管上的主导作用。

来源之五：社会民间团体设立基金及私人捐赠

现行的《土地管理法》规定：任何单位和个人进行建设，需要使用土地的必须申请使用国有土地（本集体经济组织的企业和个人建设，经依法批准可以使用本集体的土地除外）。凡建设征收集体土地，就有一个安置农业人口的问题。而现在实行的是建设用地分批次农地转用和征地由政府报批，并由政府统一征收的政策。这样，农民的就业安置费、补偿费等包袱全部转给政府，这就使得政府特别是国土资源部门感到有关征地补偿费过低，难以有效地保障失地农民的安置问题。失地农民今后的生活和发展等问题，必须尽快而有效地加以解决。

因此，征地补偿款应以政府为主导，在“政府统筹安排、部门齐抓共管、社会广泛参与”的筹资模式指导下，同时将鼓励社会各种民间团体设立相关基金或吸引私人捐赠作为有效的资金来源渠道。以失地农民的就业培训和失业保障为例，可在政府引导下鼓励失地农民自行成立专业的就业培训安置协会，采取缴纳会费入会的方式，再以此设立基金用于会员就业技能培训和失业保障的形式，使入会的失地农民获益。

我国正处在社会主义初级阶段，经济发展水平低、资金短缺，由国家财政全部负担失地农民社会保障是不现实的。那么，如何解决失地农民征地补偿款以及社保基金的来源问题便十分重要，因此，湖北省征地补偿资金来源应多样化，明确相关主体的责权利，充分发挥各级政府、开发商以及其他社会组织在资金筹措方面的作用，保障征地补偿资金来源充足、专款专用。

12.2 征地补偿资金的分配模式

根据《土地管理法》第47条第2款、第25条、第26条及有关司法解释的规定，土地补偿费归农村集体经济组织所有，只能用于发展生产和安排就业，不能挪用和私分。地上附着物与青苗补偿费应归地上附着物及青苗的所有者所有。关于印发《关于完善征地补偿安置制度的指导意见》的通知（国土资发［2004］238号）中也指出，按照土地补偿费主要用于被征地农户的原则，土地补偿费应在农村集体经济组织内部合理分配，具体分配方法由省级人民政府制定。土地被全部征收，农村集体经济组织撤销建制的，土地补偿费全部用于被征地农民生产生活安置。《土地管理法》第49条规定："被征地的农村集体经济组织应当将征收土地的补偿费用的收支状况向本集体经济组织成员公布，接受监督。禁止侵占、挪用被征收土地单位的征地补偿费用和其他有关费用。"

农村土地纠纷已取代税费争议而成为目前农民维权抗争活动的焦点，是当前影响农村社会稳定和发展的首要问题，农村土地纠纷问题主要集中于征地补偿实施过程当中。当前的法律法规确定了征地补偿费的分配对象、主要用途等内容，但未能就补偿资金具体的分配模式等形成较统一的认识，资金分配使用缺乏规范和引导，引发了一系列社会问题。湖北省位于中国中部，近年来全省征地发生呈加快趋势，在调研中发现，全省各地征地补偿安置也多以一次性货币安置为主，农民在耗尽有限的补偿款后，自身能力的有限和职业技能的匮乏将会使他们面临最严重的生存问题，很多人无法适应从农村到城市生活的转变，从而被动地成为城市中新的贫困群体，这不利于全省社会经济的稳定协调与可持续发展。因此，研究国内外各种征地补偿款的分配模式，探寻适合湖北省特点的资金分配模式就显得尤为必要。

12.2.1 调研分析

本课题组调查了浙江、江苏、上海、湖北等四个省市的近20个村，采取面对面询问形式，共计约400户农户，其中，江浙地区6份，湖北的武汉109份、宜昌95份、荆门115份、仙桃73份。

调查中发现，由于调查区域经济发展水平参差不齐，各地在补偿款分配模式、土地收益分配方式等方面存在着很大的差异性。从目前看来，纯货币化安置方式无法从长远的角度上解决农民的安置问题。南方江浙一带地区如上海、江苏昆山、浙江宁波等地政府对失地农民的补偿标准较高，分配方式合理且多样化，开始实行以货币化安置为主、参股、折股、留地安置等多种安置手段并存的补偿方式，安置措施效果明显，农民参与意识较高，较大程度上保障了失地农民的生活状况。

湖北省处于内陆，经济发展相对滞后，大部分地区处在城市化发展阶段，土地资源供求矛盾突出，征地补偿数额偏低。股份制模式需要有较稳定预期收益的实施项目，具有一定风险性，而留地安置需要当地有较充足的土地资源才能实行，因此，应根据全省各地具体情况采取适当的征地补偿模式，不能在各地搞“一刀切”。

在对湖北省调研的过程中，当问到村集体是否有权参与分配征地补偿费时，约有 57. 88% 的农民选择无权，28. 5% 的农民选择有权，8. 6% 的农民选择根本不应该，5. 2% 的农民选择无所谓，总共约 66. 3% 的农民认为集体不应该分配征地补偿费，这说明湖北省大多数失地农民并不愿意村集体经济组织参与部分征地补偿费的分配。

当问到村集体留用补偿款比例是多少时，约 19. 5% 的受访者选择 10% 以下，19. 6% 的受访者选择 10% ～20%，9. 8% 的受访者选择 20% ～30%，4% 的受访者选择 30% ～40%，39. 1% 的受访者选择 70% ～80%。调查结果显示，即便农民认可村集体留用部分征地补偿费，他们也认为由集体支配留用的补偿款比例应控制在很小比例内。

当问到地方政府获得的土地出让金以及征收中以税费形式获得的收益需要“提高、不变、降低”时候，约有 83. 5% 的受访者选择“降低”，约有 15% 的受访者选择“不变”，只有不到 3% 的受访者选择“提高”。这说明绝大多数失地农民认为当前征地过程中地方政府部门所获得的土地利益比例过大，应减少政府部门在土地增值分配中拥有的份额。

调查也发现，大部分村集体留用征地补偿费后缺乏生产投资活动，尽管失地农民很关心被留用到集体的征地补偿款，但最关心的是留用给集体后自家所得到的保障程度；很多地方征地补偿费的分配缺乏具体细则，各地安置补偿费分配比较混乱，征地补偿款大量被非法拖欠、截留，其管理主体不明确、分配混乱无序。

因此，湖北省征地补偿资金的分配必须根据各县市实际情况，对有长期稳定收益的项目用地，在农户自愿的前提下，被征地农村集体经济组织经与用地单位协商，可以以征地补偿安置费用入股，如果当地土地资源相对较充裕，可以考虑实行留地安置划地归失地农民支配。如果地区条件不允许，则应该主要考虑对补偿费采取“封闭运行，直补农户，偏重社保”的分配模式，政府土地管理部门主导的补偿要从货币补偿向就业能力补充转变，在选择补偿费分配模式时将较大比例的征地补偿款直接分配给农民，减少村集体留用补偿款的比例，降低政府部门在土地增值收益分配中的比例，并且分配侧重于农民社会保障问题的解决，从而共同实现征地补偿资金分配的科学化、合理化，最大限度保障失地农民的持久生活需要，保持社会的协调稳定发展。

12.2.2 模式构建

为维护被征地农户和农村集体经济组织的合法权益，依法做好被征地农民的补偿安置工作，根据《中华人民共和国农村土地承包法》和国家有关规定，结合本省实际，需要制定出切实可行的征地补偿费分配及管理方案。

依据《湖北省人民政府关于进一步加强征地管理切实保护被征地农民合法权益的通知》及省政府鄂政发［2005］11号文件的有关规定，根据各村民大会讨论结果和补偿方案安排，由村集体经济组织提供具体名单，市国土部门会同财政部门、农经部门，从用地单位支付的征地补偿款账户及政府土地出让金划拨的专项基金里以发放银行卡或者存折的方式将不少于70%的土地补偿费、安置补助费以及至少70%比例的征地补偿费增加量直接发给被征地农民。如果村民自己安排就业则应该将全部安置补助费分给农民。如果村集体或用人单位安排失地农民工作则应该将安置补助费直接支付给农村集体经济组织或安置单位。

按照土地管理法规定以及省人民政府的通知，地上附着物及青苗的补偿费应该依照征地安置方案确定的标准，根据征地补偿登记一同由国土部门会同财经、农经部门从补偿资金账户及征地出让金专项账户里划拨出去，也采取银行卡或存折方式直接支付给地上附着物及青苗的所有者。

村民大会必须对发放的对象、方式和范围进行严格界定，同时要综合考虑年龄、职业、户籍等因素，讨论确定不同人群参与分配村征地补偿费的权利及比例，征地补偿费的分配对妇女与男子享有平等的权利。

扣除直接支付给被征地农民的部分后，其余约30%的土地补偿费以及补偿费增加量也应由国土部门等部门直接拨付给被征地的农村集体经济组织。这笔款项中至少有80%用于支付失地农民的社会保险，其余20%补偿费积累用于兴办公益事业或投资于经营项目，为村集体提供公共服务，发展集体经济。留用在村组内的安置补助费部分（占总体30%），由村组设立专项基金，再分为就业支持基金以及社会保障基金两大部分，基金两部分比例约为3∶7。留用集体部分的征地补偿款划拨到集体账户后，应将留用的这两部分资金（土地补偿费以及安置补助费）中用于社会保障的部分合并建立村级社保专项账户，专门用于对失地农民的社会保障支出。留用集体的补偿费属于集体资产，应专户专账核算，财务事项发生时必须由村民代表大会通过并签字盖章，再经乡镇政府批准方可使用，并定期公开账目。

各地区社会保障的水平应按照《城市居民最低生活保障条例》（国务院令第271号）有关规定，以确保农民的生活水平不低于被征地前为基准，被征地农民社会保障所需费用，应在征地补偿安置方案批准之日起3个月内，按标准足额划入“被征地农民社会保障资金专户”，按规定记入个人账户或统筹账户。在社保资金支付结构中，农民、集体、政府按照2∶1∶7的比例出资。由财经、审计、国土、劳动保障部门等监督社保个人账户的支出情况，账户不足部分由政府财政、政府土地拍卖收入、社会捐助基金等来补贴。

12.3 征地补偿费分配政策和措施

12.3.1 当前征地补偿分配过程中存在的主要问题

围绕土地征用补偿费的分配问题，各利益主体间矛盾重重，纠纷不断，失地农民上访频繁，征地问题已经不仅仅是个经济问题，更是影响国家长治久安的社会政治问题。根据课题组的实地调查发现，当前，并不是农民反对征地，之所以存在这么多的征地问题，其主要原因还是在于征地补偿制度不合理，补偿费分配过程中存在着一些问题。结合实地调查我们发现，主要有以下四方面问题。

1）征地中失地农民土地产权权益被剥夺，损失土地未来发展权收益，未能建立明确清晰的农地土地产权制度。

2）农民觉得征地补偿标准太低，政府征收和出让土地的巨大价差让农民觉得不合理、不公平。虽然国土资源部公布了土地征收补偿的参照标准，但由于本身的补偿标准太低，补偿标准的弹性度很大，各地并没有完全按照标准进行补偿，导致各地区甚至同一地区类似地块的补偿额度相差悬殊，征地补偿费分配不合理，引发合理性和公平性问题。

3）由于缺乏有效的监控和审计措施，在征地的过程中容易滋生腐败问题。由于现行的征地补偿实施标准并不完全统一，各地类似地块的补偿额度也不一样，并且拖欠、截留和挪用农民征地补偿款的事件时有发生，易产生权力寻租行为，并滋生腐败现象。在征地补偿费分配过程中，征地后土地增值收益分配及税费收取中政府侵占过多，税收制度不合理。

4）资金分配中社会保障部分考虑缺失、安置分配方式单一，造成征地补偿过程透明度降低和失地农民就业困难。

如何从征地补偿费的分配政策和措施上进行创新和改进，替代现行的征地补偿费分配政策，以协调和保障农民、农村集体、用地单位、当地政府和中央政府的各方利益，对维护农民土地权益，使征地过程得以顺利进行，具有极大的现实意义。

12.3.2 征地补偿费分配制度构建思路

12.3.2.1 加强征地补偿过程中土地产权制度建设

在征地补偿过程中，明晰土地权属是推进征地补偿有序进行的重要基础。通过对产权的确认，可以明确真正的交易主体，并使交易主体可以获得基于所有权和使用权的财产权补偿。而限制征地范围则是对政府征地权的限制，目的是实现土地发展权的赔偿，保护个人财产权。要实现公平、公正地解决征地补偿问题，必须在明晰了产权和征地范围的情况下才能实现。

对于产权的确认，可以通过对农地的产权主体和农地产权边界的界定来实现，而对于土地发展权的补偿，解决办法可以有两个。一是严格将征地范围限定于公共利益目的，非公共利益性质的用地交易，交由市场机制来加以解决，让用地者自己跟农民通过谈判达成交易，为了符合城市土地国有的法律规定，可以在土地交易手续办理过程中转变土地所有权性质。如果一定要坚持“涨价归公”，可以参照土地增值税条例，将部分土地增值收益收归国有。二是在不改变现行有关土地征收的法律框架条件下，区别公共利益目的和非公共利益目的两种不同性质的征地行为，设定土地发展权，修改土地征用办法，对于非公共利益性质的征地项目在补偿内容中增加土地发展权补偿一项。土地发展权补偿价格由独立的土地估价机构来测算。农地所有权人除应拥有土地占有权、使用权、收益权外，还应拥有比较完整的土地处分权，如转让、出租、抵押等，以便土地所有权能比较充分地实现。

土地如何处置以获得最大收益为目标，收益多少又以处置的方式为前提。目前这两项权能被限制于非常单一的形式：农地处置权仅局限于向农户发包，农地收益权仅局限于向发包农户收取地租。在不违背国家政策法规的前提下，农地处置权、收益权应是充分的、独立的、具有排他性的。农地处置权、收益权的作用形式可以拓宽到：农地所有者以农地所有权作为股份，把土地资本投入到土地股份合作社或农业合作社，有获得股份红利的权利；土地市场发育到一定程度时，土地所有权、使用权遵循市场经济规律的自由横向转移的权利。

12.3.2.2 遵循市场原则合理制定补偿标准和模式

当农用地改变农业用途时，土地的价值决定于土地的特点和位置优势，土地的用途和价值决定于最高投标者。大部分非市场经济国家和转轨国家，土地的用途和价值决定于政府定价。

农地补偿时除了直接一次性货币分配外，更强调入股、留地安置等多种补偿费分配模式。目前，世界上大多数国家和地区对被征收土地的补偿，都是根据当时的市场价格或以市场价格为基础来确定的。我国应结合现阶段基本国情，借鉴大多数国家和地区的做法，以市场作为基础，将土地补偿费、青苗及建筑物、构筑物补偿费、残地补偿费等主要补偿项目的补偿价格参照当前土地市场的价格，充分体现效率、公平原则。

从我国目前农村的经济情况分析，农用地为集体所有，农民承包土地经营权30 年不变，以后也主要是按照农村集体经济组织内人口的变化进行土地面积的再分配，农民还能够继续获得土地承包经营权。所以，按照被征收农地的市场交易价格计算所得到的土地征收收入应当绝大部分直接分给被征地农民，农村集体经济组织留成部分，主要是用于公益性事业的发展。城镇居民最低生活保障待遇，由用地单位和国家财政共同支付，征地时不能够直接给农民。失地农民再就业培训费要专款专用，可以采用类同于城市住房公积金的办法管理，在农民接受再就业培训时支付。

目前，执行的土地征收补偿费主要由土地补偿费、安置补助费、地上附着物和青苗补偿费等组成，土地征收补偿标准主要是在计划经济时期形成的，已经落后于社会经济的发展水平，应当进行修正。按照上述两个方面的计算方法，重新建立土地征收补偿标准，将耕地征收的市场交易价格和土地非农开发价格增值收益（土地发展权收益）的一部分完全支付给失地农民，并不是在现有土地市场情况下不可接受的。借鉴日本、德国等发达国家的经验，土地征收的补偿方式既可以采用货币补偿，也可以采用实物补偿。其中，实物补偿又可以采取留地补偿、迁移代办和工程代办补偿、替代地补偿等相结合的方式。结合我国实际国情，我们建议创办一套以货币安置为主，以留地安置、土地开发整理安置、社会保险安置和农民集体土地入股为辅的补偿安置模式。

在征地补偿利益标准的确定过程中，各地不断地尝试建立市场化补偿制度。该制度大致分为货币补偿和非货币补偿两方面。在货币补偿方面：征地补偿以土地市场价值为基础，从公正补偿原则出发，充分考虑土地的时间成本和机会成本。土地使用权人有权通过谈判与政府或开发商达成补偿协议。在非货币补偿方面：为了减少征地的外部性，应当通过土地交易税建立失业保险、养老保险和健康保险。政府应当加强职业教育，帮助农民再就业。职业教育成本应纳入征地社会成本，以政府土地收益作为经费。

征地补偿的标准可以根据个人对集体的贡献大小和承包权限，以及劳动贡献大小来确定，建议采用根据征地时农龄的长短来确定股份或者作为集体资产进行分割时的权重。

在进行确定时需要考虑两种不同类型的征地农业人员：一类是被征地劳动力以及退出劳动力年龄的被征地养老人员，按照其在土地被征收前的实际农龄（即从被征地劳动力16岁至土地被征收时截止）计算；另一类则是土地被征收时未达劳动力年龄的人员。按照规定，未满16岁的人员由于他们未曾对集体作出贡献，无权参与集体资产分割。但由于土地的征收剥夺了他们未来对土地的使用权和经营权，所以应考虑给予他们适当的补偿份额。

同时，应该争取与安置相匹配的资金手段，实现有发展的安置。在以发展为目的的安置中，政策目标并不是恢复或赔偿特定的损失，而是使离开家园的人重新建立生产力，并提高他们的生活水平。赔偿是实现这一目标的手段之一，但并不充分，要想真正实现加速发展，就必须在对原有资产作出赔偿之外，还向他们提供以发展为目的的投资和就业，使其安居乐业。

12.3.2.3 改革土地增值收益分配制度、税收制度

合理分配征地补偿费用、加强监控，调节各主体间收益分配达到福利均衡，通过税收等方面的改革减少政府以及开发商的侵占比例。

征地补偿的分配是中国特有的问题。我国实行的是土地国家所有和集体所有两种所有制形式，但现行法律对“集体”界定模糊，从而使少数村干部成为土地征收补偿的分配者，这是造成了失地农民权益受损的客观因素。因此，国家必须进一步界定农村土地征收补偿的收益主体，这样不仅能有效地保护农民的合法权益，也可以防止集体财产的流失。

关于土地补偿费的分配方法，《中华人民共和国土地管理法》第47条规定：“征收耕地的补偿费用包括土地补偿费、安置补助费以及地上附着物和青苗的补偿费。”对于以上各项补偿费如何进行分配，应视其补偿性质而定。

安置补助费是对失地农民经营权的补偿，它实际是对土地所有权人的另一种补偿，也应主要归拥有土地所有权的集体经济组织所有成员共有。在分配方面，在集体经济组织成员平均承包土地的情况下，一般的方式是用被征收的土地数量除以征地前被征收单位平均每人占有耕地的数量计算出应安置人口，然后把安置补助费平均发放给每一个被安置人口，即人们通常所说的“征谁的地给谁钱”。

补偿款可采取以下方式分配：地上附着物补偿和青苗补偿归投资人所有；投资人为农民集体的，由农民集体所有；土地补偿费主要由拥有土地的集体经济组织成员共同所有；安置补助费主要由拥有土地所有权的集体经济组织成员共同所有；在分配上要首先对由于土地被占失去承包经营权的农民进行补偿，在补偿方式上可先确定被占土地的年产值或年纯收入。

采取此种方式分配土地补偿费，主要基于以下几点考虑：一是农民在本集体经济组织土地被征收过程中，都得到了相应的资金补偿，心理上容易平衡；二是在安置补助费分配上兼顾了同一集体经济组织中被征地农民和未被征地农民二者的利益，被征地农民失去了农村土地二轮承包期内剩余年限的承包经营权，但得

到了剩余年限的资金补偿；未被征地农民少得了资金补偿，但二轮承包期剩余年限内仍有一份承包地，利益相对均衡；三是考虑了被征地农民的长远利益。采取以上分配方式实际上是给被征地农民留下了一条生产和生活的后路，一是土地被征以后他们可以继续获得相应的土地补偿，二是农村土地二轮承包期满他们仍然可以获得相应的承包地。

12.3.2.4 失地农民社会保障模式的构建和完善

目前，失地农民主要集中在大中城市的近郊区，与偏远地区相比较，近郊的农民可以利用区位优势向城市提供经济作物，还可以发展观光休闲娱乐性的农副产业，他们对于土地的依赖性比偏远地区的农民更大。虽然农民的土地被征收之后会有安置补偿费用，但结合实地调查发现，当前采用的补偿标准大都不高，并且大多采取单一的货币补偿形式，对农民的未来保障问题考虑不够。因此，利用土地补偿款，提高资金使用效率，建立政府主导下的覆盖失地农民的社会保障制度，是解决失地农民未来生活保障问题的有效途径。

失地农民既不享有农民的土地保障，也不享受城市居民拥有的社会保障，但最低生活保障是全体国民应享受的基本权利。由于社会保障体系作为普遍的社会安全网是解决失地农民安置问题的长远之计，因而可以探索先建立健全针对失地农民的社会保障体系，以解决被征地农民的长远问题，从而先给失地农民吃一颗定心丸。其保障内容包含以下四个方面。

（1）确定保障对象

保障对象，即规定享受“失地农民”基本生活保障的对象。农业保障人口在征地时应登记入册，并且经村集体经济组织或村民代表大会讨论，乡政府核准后确定，为其发放保障权益证。

（2）确定保障重点

根据“失地农民”不同的年龄段来区别对待，实行不同的保障。保障的重点是劳动年龄段以上的人员；实行分类保障。

1）征地时已经是劳动年龄段以上的人员，直接实行养老保障，定期领取养老金至终身。

2）对征地时属于劳动年龄段内的人员，实行系列保障。重点是促进其就业，这些人员在未就业前发放不超过两年以上的阶段性生活补助，补助期满后仍未就业并符合城市低保条件的，纳入城市低保就业系统，按政策规定参加城镇职工基本养老保险。

3）就业后又失业的将纳入失业保险渠道，因年龄偏大或其他原因不能就业的人员，到达养老年龄时，享受与劳动年龄段以上人员相同的养老保障待遇。

4）对征地时未达到劳动年龄段的人员，按征地补偿规定一次性发放给征地安置补助费，当他达到就业年龄段或学校毕业后，作为城市新生劳动力，享受相关的社会保障。

(3) 保障资金的来源

被征地农民基本生活保障制度所需资金，应由政府、村集体经济组织、个人三方共同承担，按照其各自在征地补偿中所得的利益比例来出资。例如，政府出资部分不低于保障资金总额的30%，从土地出让金收入中列支；村集体经济组织出资部分不低于保障资金总额的40%，从土地补偿中列支；个人承担部分从征地安置补助费中抵支。同时，按保障基金总额的一定比例，从土地出让金中提取"失地农民基本生活保障风险准备金"，以应对今后的支付风险。上述四部分资金，由各地国土资源管理部门在征地费用拨付过程中统一办理，并及时足额转入当地财政部门设定的基金账户中，确保失地农民基本生活保障资金在规定时间内全额到位，并规定失地农民"基本生活保障资金"实行收支两条线和财政专户管理，单独建立账户，专款专用，不得转借、挪用或截留、挤占。

(4) 失地农民基本养老制度的构建与完善

养老保险是我国社会保险体系中最重要、最基本的部分，通常采用社会统筹和个人账户相结合的方式。参加基本养老就要履行相应的缴纳保险费的义务，城市职工一般是在工作期间采取分期缴纳的逐渐累积模式，而失地农民基本上是利用土地补偿金，采取一次性缴费的完全累积模式。一次性缴足养老保险费后，失地农民可以等到约定的年龄之后再按期领取基本养老保险金。对于超过劳动年龄和丧失劳动能力的，可以在一次性缴足保险费后直接享受养老保险待遇。对于尚在劳动年龄内的失地农民，如其在城市就业后参加了城市职工基本养老保险，可在补足以前的差额和利息之后，与同年龄段的城镇职工一样采取分期缴费的逐渐累积模式继续参加基本养老保险。

目前，各地建立的失地农民养老保险并不等同于城镇职工基本养老保险，而是带有典型的商业保险特性：从开办方式上来讲，目前的失地农民养老保险采取的是自愿原则，而社会保险则通常由国家立法、用国家机器强制推行，凡属于社会保险覆盖范围的均应无条件参加；从缴费主体上来讲，对于失地农民的养老保险，国家一般只是提供政策上的支持而不承担直接的财力支持，集体组织的补助也往往落空，往往大多由失地农民自己承担，究其实质属于带有个人储蓄性质的商业保险，而社会保险的缴费通常是由国家、企业和个人三方分别按照一定的比例来共同承担。这些都使得失地农民的养老保险带有典型的商业保险特性。因此，发挥市场机制的作用，利用商业保险解决失地农民的养老保险问题既是政府解决失地农民养老问题的当务之急，也是建立多元化、多层次社会保障体系的现实选择。在具体操作方式上可以分为信托制和保险制两种。

1) 以政府主导为前提，建立多方资金支持、商业保险提供具体平台的信托模式。由政府、集体和个人各出一部分资金，由商业保险机构作为承办主体，在收取部分手续费的基础上，根据政府部门的政策设计，具体负责基金的保值增值、养老金发放等工作。在这种模式下，商业保险机构属于信托制的代人理财，不承担盈亏责任，类似于部分地区商业保险公司经营的补充性医疗保险。

2）以失地农民的自我需求为导向，由保险公司提供差异化服务的保险模式。商业保险公司可以运用其准确的精算技术，科学合理地测算出不同年龄段的失地农民的生存概率、待遇水平、投资收益，从而分门别类地收取养老保险费。在这种模式下，保险监管机构需要加大对这项业务的监管，切实防范并化解保险经营风险，从而借助于商业保险机构来承担失地农民的养老保险责任。

3）建立失地农民基本医疗保险制度。基本医疗保险是失地农民社会保障的重要内容。结合实地调查发现，绝大部分失地农民已参加农村合作医疗保险，在个人生命的整个周期内都存在发生支付的可能性。

4）积极促进农民就业安置。大力发展农村服务业，增加农民收入渠道和就业机会。在农村的城市化过程中大力发展第三产业，如旅游业、服务业等，并给予一定的政策扶持，这不仅能够壮大乡村两级的经济实力，也有助于增加农村的就业机会。这样，在解决被征地农民就业的同时也减轻了城市就业的压力，并能为被征地农民提供更好的就业服务。由政府或社会所提供的培训必须针对被征地农民普遍技能低下、市场竞争意识较差的状况，为被征地农民提供公益性的、符合市场需求的技能培训。例如，加强市场信息服务，帮助农民获得与自身能力相符的就业信息和择业指导。

12.3.2.5 增强补偿费分配时农民的民主决策力度

集体土地的征收由国务院或省级人民政府批准，在县级国土资源管理部门制定了征地计划、补偿方案和安置计划等方案后由县级人民政府组织实施，并通知农民。这个过程由政府主导，缺乏农民的参与，政府作出征地决定前，农民得不到足够的信息，并表达意见。补偿款也不直接分配给农民，易被挪用和拖欠。征地程序和信息应当便于农民参与，相关信息应通过媒体公布，或直接送达农民，进一步完善听证和冲突解决机制。政府应当利用土地收益建立利益分享机制，如健康、老龄保险等，同时加强征地过程监督，对非法批地、擅自降低土地补偿标准等行为及时发现和处罚。此外，由组织部门定期对主要领导进行评价。国土资源督查机构应当对地方政府领导的提升有建议权。从而，促进农民参与市场的意识和市场谈判能力的提高，为征地制度改革、村集体资产的分配、新型集体经济组织及其发展模式的创新奠定基础。

参考文献

阿马蒂亚·森.2002. 以自由看待发展. 任赜，于真译. 北京：中国人民大学出版社.

保护耕地问题专题调查组.1997. 我国耕地保护面临的严峻形势和政策建议. 中国土地科学，(1)：2－11.

鲍海君，吴次芳.2002. 论失地农民社会保障体系建设. 管理世界，(10)：37－42.

蔡银莺.2007. 农地价值与农地关系——湖北省不同类型地区的实证研究. 武汉：华中农业大学.

蔡银莺，张安录.2007. 武汉市农地非市场价值评估. 生态学报，27 (2)：763－773.

陈晨.2004. 关注城市化进程的弱势群体——对被征地农民经济补偿、社会保障与就业情况的考察. 经济体制改革，(1)：15－20.

陈传锋.2005. 被征地农民的社会心理与市民化研究（第1版）. 北京：中国农业出版社.

陈江龙，曲福田.2002. 土地征用的理论分析及我国土地征用制度改革. 江苏社会科学，(2)：55－59.

陈江龙，曲福田，陈雯. 2004. 农地城市流转效率的空间差异及其对土地利用政策调整的启示. 管理世界，(8)：37－42.

陈利根，陈会广.2003. 土地征用制度改革与创新：一个经济学分析框架. 中国农村观察，(6)：40－47.

陈琳，吴开泽，王辉等.2006. 建设项目征地过程中村民生活状况与感受调查. 中国房地产研究，(1)：143－157.

陈泉生.1994. 论土地征用之补偿. 中国土地科学，(5)：56－61.

陈锡文.2002. 农民增收需打破制度障碍. 经济前沿，(11)：4－6.

陈莹，李翠华，张安录.2005. 农地生态与农地价值的关系. 中国房地产研究，(4)：158－167.

陈莹，张安录.2006. 武汉市城乡结合部征地制度调查研究——基于农户与村级问卷调查. 广东土地科学，(4)：26－32.

陈莹，张安录.2007. 丘陵地区农地非市场价值研究——以湖北省荆门市为例. 国土资源科技管理，(1)：1－5.

陈映芳.2003. 征地农民的市民化——以上海市的调查. 华东师范大学学报（哲社版），(3)：88－95.

程文仕，曹春，陈英等.2006. 意愿调查法在征地区片综合地价评估中的应用———以兰州市安宁区城市规划区征地区片综合地价评估为例. 中国土地科学，20 (5)：20－25.

程衍方.2005. 中国人居住小康标准解读. 小康，(3)：45－46.

登姆塞茨 . 1994. 关于产权的理论//R. 科斯，A. 阿尔钦，D. 诺斯等 . 财产权利与制度变迁（第 1 版）. 上海：上海三联书店，上海人民出版社：96 – 97.
樊纲 . 1999. 公有制宏观经济理论大纲 . 上海：上海人民出版社 .
方福前，吕文慧 . 2007. 从社会福利函数的演进看我国公平问题 . 天津社会科学，(3)：69 – 74.
高鸿业 . 1999. 西方经济学（第二版）. 北京：中国人民大学出版社：404 – 406.
高梦滔，姚洋 . 2006. 农户收入差距的微观基础：物质资本还是人力资本 . 经济研究，(12)：71 – 80.
高珊，徐元明 . 2004. 江苏省农村土地征用与收益分配研究 . 中国人口、资源与环境，(2)：54 – 57.
高魏 . 2007. 农地城市流转供给与需求研究 . 武汉：华中农业大学 .
高魏，闵捷，张安录 . 2007. 基于岭回归的农地城市流转影响因素分析 . 中国土地科学，(3)：51 – 58.
韩俊 . 2003-11-11. 将农民土地集体所有制界定分为按份共有制，中国经济时报 .
韩乾 . 2005. 土地资源经济学 . 台湾：沧海书局 .
郝晋珉，任浩 . 2004. 土地征用制度中农民权益损害的分析 . 公共管理学报，1（2)：25 – 31.
胡道玖 . 2006. 可行能力：阿马蒂亚·森经济伦理方法研究 . 苏州：苏州大学 .
黄朝明，陈建文，石宏伟等. 2004. 试析征地过程中的主体利益分配 . 农村经济，(7)：21 – 24.
黄东东 . 2002. 公益征收出探 . 现代法学，(5)：119 – 122.
黄东东 . 2003. 土地征用公益目的性理解 . 中国土地，(1)：36 – 38.
黄贤金 . 1996. 论地价歧视 . 农业经济问题，(7)：16 – 20.
黄贤金 . 2000. 耕地总量动态平衡政策存在问题及改革建议 . 中国土地科学，(3)：15 – 18.
黄贤金，濮励杰，尚贵华 . 2001. 耕地总量动态平衡政策存在问题及改革建议 . 中国土地科学，(4)：2 – 6.
黄中显 . 2006. 集体土地“隐形”市场的法律对策 . 经济与社会发展，(12)：147 – 153.
黄祖辉，王晖 . 2002. 非公共利益性质的征地行为与土地发展权补偿 . 经济研究，(5)：66 – 95.
姜开勤 . 2004. 征用土地增值收益分配分析 . 农业经济，(10)：14 – 16.
蒋省三，刘守英 . 2003. 土地资本化与农村工业化——广东省佛山市南海经济发展调查 . 管理世界，(11)：87 – 97.
蒋省三，刘守英，李青 . 2007. 土地制度改革与国民经济成长 . http：//www. hubeidrc. gov. cn/2007/11 – 12/09514660237. html [2008-08-17].
蒋中一 . 1999. 动态最优化基础 . 北京：商务印书馆：189 – 190.
孔祥智，顾洪明，韩纪江 . 2007. 失地农民“受偿意愿”影响因素的实证分析 . 山西财经大学学报，29（6)：14 – 19.
雷寰 . 2005. 北京市郊区城市化进程中失地农民利益问题研究 . 北京：中国农业大学 .
李国安 . 1996. 还原利率与使用权年限的关系及应用 . 宁波大学学报（理工版)，9（2)：27 – 33.
李国健，韩立民 . 2007. 农村土地的社会功能及其补偿依据 . 山东社会科学，(1)：73 – 75.
李明月，江华 . 2005. 征地补偿标准的公平性研究 . 调研世界，(4)：19 – 26.
李全伦 . 2007. 土地直接产权与间接产权；一种新农村土地产权关系 . 中国土地科学，(1)：

10－16.
李珍贵．2001．美国土地征用制度．中国土地，(4)：45－46.
李珍贵，唐健，张志宏．2006．中国土地征收权行使范围．中国土地科学，20（1）：12－15.
厉以宁．2002．福利与人权．求是学刊，29（3）：49－51.
联合国开发计划署．2004．2004年人类发展报告．北京：中国财政经济出版社．
林毅夫．2004．征地：应走出计划经济的窠臼．中国土地，(6)：32－33.
刘传江，李桂芝．2004．城市化进程中的“新三农”现象及其出路．人口与计划生育，(12)：42－44.
刘慧芳．2000．论我国农地地价的构成与量化．中国土地科学，14（3）：15－18.
刘世奎．1999．四川省土地租税费体系分析与完善措施研究．国土经济，(5)：38－41.
刘田．2002．征地问题沉思录．中国土地，(8)：13－16.
刘卫东，彭俊．2006．征地补偿费用标准的合理确定．中国土地科学，(2)：7－11.
刘向南．2005．土地征用制度改革问题综述．南京农业大学学报（社会科学版），(4)：25－32.
刘正山．2005．让市场法则说话——征地补偿标准的过去、现在和未来．中国土地，(10)：4－7.
卢海元．2003．土地换保障：妥善安置失地农民的基本设想．中国农村观察，(6)：48－54.
陆红生，韩桐魁．2003．关于征地制度改革的若干问题的思考．华中农业大学学报（社会科学版），(1)：73－75.
鹿心社．2002．研究征地问题探索改革之路．北京：中国大地出版社．
吕彦彬．2005．不同用途下土地征地补偿比较．河北北方学院学报（自然科学版），(4)：47－51.
吕彦彬，王富河．2004．落后地区土地征用利益分配——以M县为例．中国农村经济，(2)：50－56.
罗丹，严瑞珍，陈洁．2004．不同农村土地非农化模式的比较利益分配机制比较研究．管理世界，(9)：87－96.
马贤磊，曲福田．2006．经济转型期土地征收增值收益形成机理及其分配．中国土地科学，20（5)：3－12.
毛泓，杨钢桥．2000．试论土地利益分配．中南财经大学学报，(2)：31－33.
庞浩，李南成．2001．计量经济学．成都：西南财经大学出版社．
钱弘道．2002．法律经济学的理论基础．法学研究，(4)：3－17.
钱忠好．2003a．农地承包经营权市场流转：理论与实证分析．经济研究，(2)：83－91.
钱忠好．2003b．中国农地保护政策的理性反思．中国土地科学，17（5）：14－18.
钱忠好．2004a．土地征用：均衡与非均衡——对现行中国土地征用制度的经济分析．管理世界，(12)：50－59.
钱忠好．2004b．中国土地征用制度：反思与改革．中国土地科学，18（5）：5－11.
邱长生，刘定祥．2006．中国土地征用补偿制度之功能分析．中国农学通报，(2)：427－430.
曲福田，冯淑怡，俞红等．2001．土地价格及分配关系与农地非市场化经济机制研究——以经济发达地区为例．中国农村经济，(12)：54－60.

任浩，郝晋珉，2003. 剪刀差对农地价格的影响. 中国土地科学，(3)：38－43.
沈建国. 2000. 世界城市化的基本规律. 城市发展研究，(1)：6－11.
孙海兵，张安录. 2006. 农地外部效益内在化与农地城市流转控制. 中国人口·资源与环境，16（1)：83－87.
唐华俊，蔡为民，陈佑启，张风荣. 2004. 近20年黄河三角洲典型地区农村居民点景观格局，资源科学，26（5)：89－97.
唐健. 2004. 征地制度改革观点综述. 中国土地，(6)：20－23.
陶菊春，吴建民. 2001. 综合加权评分法的综合权重确定新探. 系统工程理论与实践，(8)：43－48.
汪辉. 2002. 城乡结合部的土地征用：征用权与征地补偿. 中国农村经济，(2)：40－46.
汪辉，黄祖辉. 2004. 公共利益、征地范围与公平补偿——从两个土地投机案例谈起，经济学季刊，4（1)：249－262.
王克强，刘红梅，杨义群等. 1998. 地产对农民多重效用理论的实证分析. 农业技术经济，(4)：40－41.
王克强，刘红梅. 2005. 土地对中国农民究竟意味着什么. 中国土地，(11)：9－12.
王卫国，赵红梅，石广华等. 2002. 中国土地权利的法制建设. 北京：中国政法大学出版社.
王小映. 2007. 土地征收公正补偿与市场开放. 中国农村观察，(5)：22－31.
王正立，刘丽. 2004. 国外土地征用补偿标准方式及支付时间. 国土资源情报，(1) 9－13.
王竹梅. 2005. 土地征收补偿制度中的农民权益保护研究. 北京：中国人民大学.
吴殿廷. 2003. 区域经济学. 北京：科学出版社.
武汉市统计局. 2006. 武汉统计年鉴2006，北京：中国统计出版社.
萧景楷. 1999. 农地环境保育效益之评价. 水土保持研究，6（3)：60－71.
肖明，赵宏伟，王晓峰. 2007. 用熵确定权重方法研究. 商场现代化，(2)：21－22.
肖屹，钱忠好. 2005. 交易费用、产权公共域与农地征用中农民土地权益侵害. 农业经济问题，(9)：58－63.
肖屹，曲福田，钱忠好等. 2008. 土地征用中农民土地权益受损程度研究——以江苏省为例. 农业经济问题，(3)：77－83.
姚明霞. 2005. 福利经济学. 北京：经济日报出版社.
姚洋. 1999. 关注社会最底层的经济学家. 读书，(3)：63－71.
姚洋. 2001. 自由可以这样来追求. 经济学（季刊)，1（1)：207－218.
姚洋. 2002. 自由、公正和制度变迁. 郑州：河南人民出版社.
尹成杰. 2006. 提高征占用地补偿标准严格耕地保护制度. 城市开发，(3)：26.
游珍. 2004. 征地补偿应该市场化. 中国土地，11：42－43.
于恩和，乔志敏. 1997. 重新认识级差地租及其与土地收益分配的关系. 经济问题，(3)：9－10.
于建嵘. 2005. 农民土地维权抗争的调查. http：//www.agri.gov.cn/jjps/t20050623_399813.htm［2008-8-17］.
俞奉庆，蔡运龙. 2003. 耕地资源价值探讨. 中国土地科学. 17（3)：3－9.
原玉延. 2005. 城市土地管理："三权分离"与收益分配. 经济问题，(1)：21－23.

曾艳 . 2001. 农地城市流转模型与政策研究 . 武汉：华中农业大学 .
张安录 . 1999a. 城乡生态经济交错区土地资源可持续利用与管理研究 . 武汉：华中农业大学 .
张安录 . 1999b. 城乡生态经济交错区农地城市流转与土地价值增值研究 . 华中农业大学学报（社会科学版），(4)：4 –6.
张安录 . 2000. 农地城市流转与土地一级市场均衡 . 华中师范大学学报（自然科学版），6 (2)：232 –236.
张合林 . 2006. 公共利益与征地及政府边界 . 决策探索，(7)：74 –75.
张恒喜，郭基联，朱家元 . 2002. 小样本多元统计分析方法及应用 . 西安：西北工业大学出版社 .
张宏斌 . 2001. 土地非农化机制研究 . 杭州：浙江大学 .
张会，吴群，保守春等 . 2007. 基于农地经济价值功能的征地补偿价格研究 . 华中农业大学学报（社会科学版），(6)：58 –62.
张晓玲，卢海元，米红 . 2006. 失地农民贫困风险及安置措施研究 . 中国土地科学，20 (1)：2 –6.
张翼飞，刘宇辉 . 2007. 城市景观河流生态修复的产出研究及有效性可靠性检验—基于上海城市内河水质改善价值评估的实证分析 . 中国地质大学学报，7 (2)：39 –44.
张宇 . 2007. 全面深入地理解更加关注社会公平的方针 . 南开学报（哲学社会科学版），(2)：12 –14.
赵红梅 . 2006. 我国土地征收制度的政府——社会联动模式之构想 . 法商研究，(2)：27 –34.
赵红梅 . 2006. 无需区分“公共利益”与“非公共利益”——征地制度的政府、社会联动新模式构想 . 中国土地，(8)：17 –19.
赵红平 . 2007. 基于不同计量经济学软件的逐步回归法 . 统计教育，(9)：8 –9.
赵军，杨凯 . 2006. 自然资源与环境价值评估：条件评估法及应用原则探讨 . 自然资源学报，21 (5)：834 –843.
赵锡斌，张扬 . 2002. 现行土地征用制度滋生腐败问题研究 . 经济前言，(10)：33 –35.
赵锡斌，温兴琦，龙长会 . 2003. 城市化进程中失地农民利益保障问题研究 . 中国软科学，(8)：158 –160.
征地制度改革研究课题组 . 2000. 征地制度改革的初步设想 . 中国土地，(4)：16 –18.
郑振源 . 1996. 中国土地的人口承载力研究 . 中国土地科学，(4) 33 –38.
周长城，袁浩 . 2002. 生活质量综合指数建构中权重分配的国际视野 . 江海学刊，(1)：94 –99.
周长城，陈群 . 2004. 全面建设小康社会之比较研究 . 理论月刊，(6)：28 –30.
周诚 . 2003-3-25. 现阶段中国农地征用中的是是非非 . 中国经济时报 .
周玲，杨钢桥 . 2004. 土地隐形市场的经济学分析 . 国土资源科技管理，(1)：9 –12.
周应恒，彭晓佳 . 2006. 江苏省城市消费者对食品安全支付意愿的实证研究——以低残留青菜为例 . 经济学（季刊），5 (4)：1319 –1341.
朱道林，强真，毕继业 . 2006. 中国农地征转用的价格增值分析 . 中国土地科学，20 (4)：24 –27.
诸培新 . 2003. 以资源环境经济学角度考察土地征用补偿价格构成 . 中国土地科学，(3)：10 –14.

诸培新. 2006. 农地城市流转配置：公平、效率与公共福利——基于江苏省南京市的实证分析. 南京：南京农业大学.

诸培新，曲福田. 2006. 农地城市流转配置中的土地收益分配研究——以江苏省 N 市区为例. 南京农业大学学报（社会科学版），(3)：1-6.

Alberini A. 1995. The price effects of urban growth boundaries in Metropolitan Portland, Oregon. Land Economics, 61 (1): 26-35.

Alkire S, Black R. 1997. A practical reasoning theory of development ethics: furthering the capabilities approach. Journal of International Development , 9 (2): 263-279.

Alkire S. 2002. Valuing Freedoms: Sen. s capability approach and poverty reduction. Oxford: Oxford University Press.

Atkinson A B. 1999. The contributions of Amartya Sen to welfare economics. Scandinavian Journal of Economics, (2): 173-190.

Barlowe R. 1978. Land Resource Economics. New Jersey: Prentice Hall, Inc

Beitz C R, Sen A. 1986. Resources, values and development, economics and philosophy, 12 (2): 282-291.

Beteman I J, Ian H Langford, Alistain Munro, et al. 2000. Estimating the four hicksian welfare measures for a public good: a contingent valuation investigation. Land economics, 76 (3): 355-373.

Blume L E, Rubinfeld D L, Shapiro P. 1984. The taking of land: when should compensation be paid? Quarterly Journal of Economics, 99 (1): 71-92.

Blume L, Rubinfeld D L. 1984. Compensation for takings: an economic analysis California Law Review, 72 (4): 569-628.

Bockstael N E, McConnell K E. 1980. Calculating equivalent and compensating variation for natural resource facilities. Land economics, 56 (1): 56-63.

Brandolini A, D'Alessio G. 1998. Measuring well-being in the functioning space. http://www.uia. mx/humanismocristiano/seminario_ capability/pdf/3. pdf. [2006-07-05].

Bratt R. 2002. Housing and family well-being. Housing Studies, 14 (1): 13-26.

Brownlie I. 1998. Principles of Public International Law. Oxford University Pres.

Burrows P. 1991. Compensation for Compulsory Acquisition. Land Economics, 67 (1): 49-63.

Cameron T A. 1991. Interval estimates of non-market resource values from referendum contingent valuation surveys. Land economics, 67 (4): 413-421.

Cerioli A, Zani S. 1990. A fuzzy approach to the measurement of poverty//Dagum C, Zenga M. Income and wealth distribution, inequality and poverty. Studies in Contemporary Economics. Berlin: Springer Verlag.

Cheli B, Lemmi A. 1995. A 'totally' fuzzy and relative approach to the multidimensional analysis of poverty. Economic Notes, 24 (1): 115-133.

Cheli B. 1995. Totally fuzzy and relative measures of poverty in dynamic context-an application to the British household panel survey, 1991-1992. Metron, 53 (3): 183-205.

Clark D A. 2005. The capability approach: its development, critiques and recent advances. http://

www. gprg. org [2008-08-17] .
Clark D A. 2002a. Visions of development: a study of human values. Cheltenham: Edward Elgar.
Clark D A. 2002b. Development ethics: a research agenda. International Journal of Social Economics, 29 (1): 830 - 848.
Clark D A. 2003. Concepts and perceptions of human well- being: some evidence from South Africa, Oxford Development Studies, 31 (2): 173 - 196.
Cooper J, Loomis J. 1992. Sensitivity of willingness- to- pay estimates to bid design in dichotomous choice contingent valuation models. Land economics, 68 (2): 211 - 224.
Cummings R G, Taylor L O. 1998. Does realism matter in contingent surveys. Land economics, 74 (2): 203 - 215.
Dagum C, Gambassi R. Lemmi A. 1992. New approaches to the measurement of poverty//Poverty measurement for economies in transition. Polish Statistical Association & Central Statistical Office, Warsaw, 201 - 226.
Dasgupta P. 1999. Valuation and evaluation: measuring the quality of life and evaluating policy. http: //sticerd. lse. ac. uk/dps/de/dedps22. pdf [2006-07-05] .
Desai M. 1995. Poverty and capability: towards an empirically implementable measure//Meghnad Desai. Poverty Famine, Economic Development. Aldershot: Edward Elgar.
Di Tommaso M L. 2006. Measuring the well being of children using a capability approach an application to indian data. http: //www. child-centre. it/papers/child05_ 2006. pdf [2007-07-15] .
Dugard J. 2001. International Law-a South African Perspective. Cape Town: Juta & Co. ltd.
Erikson R. 1992. Descriptions of inequality: the Swedish approach to welfare research//Nussbaum M, Sen A. The quality of life. Oxford: Clarendon Press.
Esposto F G. 1996. The political economy of taking and just compensation. Public Choice , 89 (3) : 267 - 282.
Fischel Shapiro P. 1988. Takings, insurance, and michelman: compensation on economic intrepretation of just compenastion law. Journal of Legal Studies, (17): 269 - 293.
Fishel W A. 1996. The political economy of just compensation: lessons from the military draft for the takings issue. Harvard Journal of Law and Pubic Policy, (20): 23 - 63.
Giammarino R. 2005. Loggers versus campers: compensation for the taking of property Rights. Federal Reserve Bank of Cleveland The Journal of Law, Economics, & Organization, 21 (1): 136 - 152.
Gowdy J M. 2004. The revolution in welfare economics and its implications for environmental valuation and policy. Land economics, 80 (2): 239 - 257.
Haab T C, McConnell K E. 1998. Referendum models and economic values: theoretical, intuitive, and practical bounds on willingness to pay. Land economics , 74 (2): 216 - 229.
Hammack J, Brown G. 1974. Waterfowl and wetlands: towards bioeconomic analysis. Hammack: The Johns Hopkins University Press.
Hanemann W M. 1991. Willingness to pay and willingness to accept: how much can they differ. American Economic Review, 81 (3): 635 - 647.

Hart J F. 1976. Urban encroachment on rural areas. Geography Review, 66 (1): 1 -7.

Heyde J M. 1995. Is contigent valuation worth the trouble. The university of Chicago law review, 62 (1): 331 -362.

Hotelling H. 1931. The economics of exhausible resources. Journal of Political Economy, (4): 137 - 175.

Ian H. 1984. Uncertainty, irreversibility and the loss of agricultural land. Journal of Agricultural Economics, 35 (2): 191 -202.

Inne, R. 2000. The economics of taking and compensation when land and its public value are in private hands. Land Economics , 76 (2): 195 -212.

Innes R, Polasky S, Tschirhart J. 1998. Takings, compensation and endangered species protection on private land. Journal of Economic Perspectives, 12 (3): 35 -52.

Janssen M C W, Jansen L, Niehoff M. 1996. The price of land and the process of expropriation: a game theoretic analysis of the Dutch situation. Journal of De Economist 144 (1): 63 -77.

Johnson R J, Swallow S K, Bauer D M. 2002. Spatial factors and stated preference values for public goods: consideration for rural land use. Land economics, 78 (4): 481 -500.

Kahneman D, Kentsch J, Thaler. 1991. The endowment effect, loss aversion and status quo-bias. Journal of Economic Perspectives, (5): 193 -206.

Kentsch J L. 1989. The endowment effect and evidence of nonreversible indifference curves. The American Economic Review, 79 (5): 1277 -1284.

Knetsch J L, Sinden J A. 1984. Willinghess to pay and compensation demanded: experimental evidence of an unexpected disparity in measures of value. The Quarterly Journal of Economics, 94 (3): 507 -521.

Kristom B. 1990. A non-parametric approach to the estimating of welfare measures in discrete response valuation studies. Land Economics, 66 (20): 135 - 139.

Lelli S. 2001. Factor analysis vs. fuzzy sets theory: assessing the influence of different techniques on Sen' s functioning approach. CES Discussion Paper Series, 21, Katholieke Universiteit Leuven.

Lewis T R, Matthews S A, Burness H. 1979. Monopoly and the rate of extraction of exhausible resources: note. American economic Review, (4): 227 -230.

Loomis J, Gonzalez-Caban A, Gregory R. 1994. Do reminders of substitutes and budget constraints influence contingent valuation estimates. Land Economics, 70 (4): 499 -506.

Mackenzie J. 1993. A comparison of contingent preference models. American Journal of agricultural economics, 75 (3): 593 -603.

Mangone G J. 2002. Private property rights: the development of takings in the United States. The International Journal of Marine and Coastal Law , 17 (2): 195 -233.

Martinetti E C. 2000. A multidimensional assessment of well- being based on Sen' s functioning approach . http: //www. st-edmunds. cam. ac. uk/vhi/sen/papers/martinet. pdf [2006-07-05] .

Miceli D. 1998. Measuring poverty using fuzzy sets. http: //www. natsem. canberra. edu. au/ publications/papers/dps/dp38/dp38. pdf [2008-08-17] .

Moyo S. 2005. Land and natural resource redistribution in Zimbabwe: access, equity and conflict.

African and Asian Studies, 4 (2): 187 - 224.

Nordhaus W, Tobin J. 1972. Is growth obsolete New York: Columbia University Press.

Novak T J, Blaesser B W, Gesebracht T F. 1994. Landowner strategies in the face of condemnation. National Law Journal, (9): 112 - 124.

Nussbaum M. 1988. Nature, function and capability: aristotle on political distribution. Oxford Studies in Ancient Philosophy, Supplementary Volume: 145 - 184.

Nussbaum M. 1995. Human capabilities, female human beings//Nussbaum M, Glover J. Women, Culture and Development, (45): 61 - 105.

Nussbaum M. 2000. Women and human development. The Capabilities Approach. Cambridge: Cambrideg University Press.

Nussbaum M. 2003. Capabilities as fundamental entitlements: sen and social justice. Feminist Economics, 9 (2-3): 33 - 59.

Olson R K, Olson A H. 1999. Farmland Loss in America. Bowdler: Westview Press.

Peterson A L. 1990. The takings clause: in search of underlying principles: part II taking as intentional deprivations of property without moral justification. California Law Review, 78 (1): 53 - 62.

Portney P R. 1994. The contingent valuation debate: why economistsshould care. The journal of economic perspectives, 8 (4): 3 - 17.

Reiling S D, Boyle K J, Phillips M L, et al. 1990. Temporal reliability of contingent values. Land economics, 66 (2): 128 - 134.

Robeyns I. 2003. Sen's capability approach and gender inequality: selecting relevant capabilities. Feminist Economics, 9 (2-3): 61 - 92.

Sax J L. 1964. Takings and police power. The Yale Law Journal, 74 (1): 36 - 76.

Sax J L. 1971. Takings , private property and public rights. The Yale Law Journal, 81 (2): 149 - 186.

Schulze W D, D'Aege R C, Brookshire D S. 1981. Valuing the environmental commodities: some recent experiments. Land economics, 57 (2): 151 - 172 .

Schwarzwalder B. 1999. Compulsory acquisition, in legal impediments to effective rural land relations in eastern Europe and central Asia. World Bank Technical Paper No. 436.

Sen A. 1992. Inequality reexamined. Cambridge: Harvard University Press.

Sen A. 1993. Capability and well-being//Nussbaum M, Sen A K. The quality of life. Oxford: Clarendon Press.

Sen A. 1996. Freedom, capabilities and public action: a response. Notizie di Politeia, (12): 107 - 125.

Singh J. 2006. Separation of powers and the erosion of the 'right to property' in India. Constitutional politic Economics , 17 (3): 303 - 324.

Stiglitz J E. 1976. Monopoly and the rate of extraction of exhausible resources. American Economic Review, (9): 655 - 661.

Thompson Jr B H. 1997. The endangered species act: a case study of takings and incentives. Stanford Law Review, 49 (2): 305 - 380.

Treeger C. 2004. Legal analysis of farmland expropriation in Namibia. Analyses and Views. Konrad-Adenauer-Stiffung.

Trefzger J W, Colwell P F. 1996. Investor efficiency in the face of takings. The Journal of Real Estate Finance of Economics, 12 (1): 23 -35.

William son O E, 1985. The economic institutions of capitalism. New York: Free Press.

后　记

本书是在国家社会科学基金项目“土地使用权征用的制度安排与农民损失及补偿政策研究”（08BZZ026）、国家自然科学基金项目“农地城市流转中不同利益集团福利变化测度与福利均衡研究”（70773047）、湖北省国土资源厅项目“湖北省征地补偿资金分配制度研究”和华中农业大学国家重点学科农业经济管理建设项目的共同资助下完成的。

本书是集体智慧的结晶。张安录、匡爱民、王一兵和乔荣锋负责总体设计、课题调研计划制订和报告撰写、修改和统稿工作。我指导的博士研究生分别参加了项目的调研报告和相关章节的撰写工作：第1~6章（华中科技大学陈莹博士）、第7章和第9章（天津师范大学的高进云博士）、第8章（广东商学院张鹏博士）、第10~12章（天津师范大学的高进云、天津工业大学乔荣锋和华中农业大学蔡银莺博士）。我的博士研究生和硕士研究生，华中农业大学土地管理学院的陈竹博士、彭开丽博士、胡伟艳博士、任艳胜博士、宋敏博士、崔新蕾博士、穆向丽博士、王湃博士、王雨濛博士、聂鑫博士、徐唐奇博士、汪晗博士、张雄硕士、陈波硕士、徐平平硕士、胡漪硕士、王珊硕士等参加了项目的讨论和课题的调研工作。湖北省国土资源厅征地事务中心的王厚鹏、冯庆华、张骏、宋洁、王春红、方怡、艾萍、雷飞、王亮华、谢晓鸣、胡斌等也为本书的调查和资料的收集做了大量工作。